Reinhard Habeck

KRÄFTE,
die es nicht geben dürfte

Irreale Phänomene und Erscheinungen
aus aller Welt

UEBERREUTER

GEWIDMET

zwei wunderbaren Menschen,
die mich seit meiner Geburt mit guter Laune
und positiver Kraft anstecken:

Inge und Walter Garn

Das säurefreie und alterungsbeständige Papier EOS liefert Salzer, St. Pölten
(hergestellt aus chlorfrei gebleichtem Zellstoff aus nachhaltiger Forstwirtschaft).

ISBN 978-3-8000-7452-5
Alle Rechte vorbehalten. Das Werk darf – auch teilweise –
nur mit Genehmigung des Verlages wiedergegeben werden.
Covergestaltung: Kurt Hamtil, Verlagsbüro Wien
Coverfoto: Reinhard Habeck
Copyright © 2010 by Verlag Carl Ueberreuter, Wien
Gedruckt in Österreich
5 7 6

Ueberreuter im Internet: www.ueberreuter.at

Inhalt

Hademar Bankhofer: Zwischen Himmel und Erde ist
alles möglich 7

Die Realität des Irrealen 11

ÜBERSINNLICHE SOUVENIRS 15
Verborgene Wirklichkeiten, versteinerte Mysterien und
mystische Gegenstände 16
  Gespenstervideos und Geisterfotos 17
  Transvision aus dem Überraum 21
  Fotografierte Gedanken 27
  Eine Psychovision namens »Oscar« 33
  Wie von unsichtbarer Hand gemalt 40
  Kreuzvision, Bluthostie und ein Altargeheimnis 45
  Antike Steinverformung 54
  Glasklare Rätsel aus Bergkristall 60
  Der Schädel aus Lubaantun 64
  Noch mehr sonderbare Häupter 68

GESTÖRTE NATURKRÄFTE 73
Irritierte Schwerkraft, wundersame Erscheinungen und
bizarre Naturphänomene 74
  Die »Pioneer-Anomalie« 75
  Verkehrte Welt in Rocca di Papa 79
  Galileos Erben und die »Steine des Gehorsams« 84
  Stigmata und fliegende Tomaten für Pater Pio 89
  Schützende Retter von »drüben«? 95
  Seltsamer Fischregen und mysteriöse Kugelblitze 103
  Irrwische und Kreise im Korn, Gras und Eis 111
  Die Strahlenjäger vom Bürserberg 132
  Pyramidenzauber und das leuchtende Auge Gottes 140
  Wissenschaft und Glaube 150

SAGENHAFTE ZEITEN 155
Untersberger Sagenschatz, unterirdische Mächte und
unheimliche Zeitrisse 156
  Und ewig lockt der »Wunderberg« 156
  Lazarus und der »Untersberg-Code« 161
  Die Entdeckung der »Spiegelwelt« 165
  Weissagung aus dem Schattenreich. 169
  Zurück in die vertraute Realität 173
  Unheimliche Begegnungen aus jüngerer Zeit. 176
  Clark Darlton und »Die neun Unbekannten« 182
  Die »Geisterhöhle« 189
  Kryptowurm, Himmelsspuk und Marmorzwerge 196
  Das Geheimnis von Ettenberg 200

Abgesang mit Dank 209

Literatur und Links 213

Zwischen Himmel und Erde ist alles möglich

»Wir alle sind Pilger auf dem Weg ins Unbekannte.«

Paulo Coelho

Seit 35 Jahren befasse ich mich als Medizin-Publizist mit dem Thema Gesundheit. Seit 25 Jahren präsentiere ich dieses Thema im Fernsehen und im Radio. In all den Jahren habe ich mit vielen Ärzten, Wissenschaftlern, Naturheilexperten und Betroffenen gesprochen. Und da gab es Fälle, wo mir absolut nüchterne Mediziner bei der einen oder anderen Genesung eines Patienten aufrichtig gestanden haben: »Es gab absolut keine Chance. Diese Heilung ist ein Wunder!« Im Grunde war es eine Gesundung, die nach den Maßstäben des Machbaren in der Medizin nicht möglich war. Vermutlich haben Sie, liebe Leser, auch schon von solchen Wunderheilungen gehört. Welche Kräfte sind hier am Werk?

Ebenso habe ich mit Menschen gesprochen, die dem Tod mehr als nahe waren, die bereits ihr Leben in rasantem Tempo vor ihren Augen ablaufen sahen und mir anvertrauten: »Ich war bereits tot.« Jedes Mal dachte ich dann: Da ist etwas Unbegreifliches passiert, das es im Grunde genommen gar nicht geben kann. An das alles habe ich mich erinnert, als ich das Manuskript des genialen Zeichners und feinsinnigen Autors Reinhard Habeck lesen durfte. Er berichtet von geheimnisvollen Kräften, geisterhaften Erscheinungen und bizarren Phänomenen, die uns beweisen, dass zwischen Himmel und Erde viele Dinge geschehen, die wir nur deshalb nicht akzeptieren wollen, weil wir sie (noch) nicht verstehen. Sie werden in diesem Buch von großen, faszinierenden Vorkommnissen lesen – ich will da nicht vorgreifen.

Zur Einstimmung möchte ich von kleinen Ereignissen und Begebenheiten berichten, hinter denen ebenfalls oft verborgene Kräfte stecken, die unseren Verstand herausfordern. Vielleicht haben Sie selbst schon ähnlich Unglaubliches erlebt. Und wenn nicht: Eines Tages könnte es so sein und Sie werden sich dann staunend fragen: War das nur ein Zufall oder waren übersinnliche Mächte im Spiel?

Ich stehe zu den wunderbaren Kräften, die meinen Weg unvermutet gekreuzt haben. Sie beweisen mir, dass in unserem Leben einfach alles möglich ist. Wir sollten deshalb gegenüber außergewöhnlichen Ereignissen, die nicht ins vertraute, logische Weltbild passen, aufgeschlossen sein.

Ich lebe seit meiner Kindheit mit Katzen, weil ich die Nähe dieser Tiere als Bereicherung meines Lebens empfinde. Eine besonders starke Bindung hatte ich vor vielen Jahren zu meinem Kater Möbius. Er ist nicht alt geworden, hatte ein schweres Blasenleiden und überlebte die zweite heikle Operation nicht. Ich war verzweifelt und sehr traurig. Ein paar Tage nach seinem Tod lag ich in einer schwülen Sommernacht im Bett, im Halbschlaf. Und da konnte ich es auf einmal deutlich hören: Tapp, tapp, tapp. Kater Möbius kam übers Parkett ins Schlafzimmer und kletterte aufs Bett. Es war unheimlich. Ich spürte die Tritte seiner Pfoten auf meiner Bettdecke. Ein Gefühl von Glück und Freude erfüllte mich. Ich weiß, dass er noch einmal da war, entweder um mir Trost zu geben oder um mir mitzuteilen, dass es ihm gut geht.

Eine andere Begebenheit: Es war ein eiskalter Wintertag in Wien. Ich musste zu einem sehr dringenden Termin: Vertragsunterzeichnung für ein neues Ratgeberbuch. Ich war spät dran und nahm deshalb die Abkürzung durch einen Park. Dort gab es eine Treppe, die im Winter normalerweise niemand benützt. Sie war mit einer glatten Eisschicht überzogen. Ich glitt aus, riss die Arme hoch und wusste, ich würde jetzt schlimm stürzen und mir vermutlich sämtliche Knochen brechen. Doch es kam anders. Wie durch ein Wunder habe ich plötzlich mein Gleichgewicht wiedergewonnen. Ich hatte das bestimmte Gefühl, als würden mich unsichtbare Kräfte auffangen, tragen und wieder sicher auf den Boden stellen. Ich stand erleichtert da und sagte leise vor mich hin: »Danke!« Rückblickend denke ich, dass ich meinen Schutzengel meinte. Oder hatte ich einfach Glück?

Noch ein Vorfall bleibt mir im Gedächtnis: Auch wenn man, so wie ich, im Leben bereits weit über tausend Fernsehsendungen moderiert hat, wenn man in vielen Talkshows zu Gast sein durfte, so ist es doch immer wieder aufregend in einer Live-Sendung mit dabei zu sein. Und dann kam ein ganz besonders wichtiger Tag für mich.

Udo Foth, der Unterhaltungschef des MDR, gab mir die Chance, gemeinsam mit dem beliebten Fernsehstar Gunther Emmerlich und der ARD-Wetterlady Claudia Kleinert die große Abendshow »Deutschland singt« zu moderieren. Wissen Sie, wie aufregend das ist, wenn Sie hinaus ins Rampenlicht treten und ahnen, dass da etwa sechs Millionen Menschen vor den Fernsehgeräten sitzen? Kurz vor dem Live-Auftritt stand ich da, nervös, aufgeregt. Plötzlich spürte ich eine unterstützende Energie in mir und ich vernahm aus mir heraus die Worte: »Du schaffst das! Ich bin bei dir!« Es war eine Kraft, die ich mir nicht erklären konnte, aber ich fühlte deutlich: Es waren die Worte meiner Mutter, die schon lange verstorben war.

Dies sind unvergessliche Erlebnisse im alltäglichen Leben. Und wer oft in sich hineinhört, wird mir bestätigen: Diese außersinnlichen Wahrnehmungen gibt es. Und sie geben einem viel positive Kraft, weil es hinter den Kulissen unseres Lebens noch etwas gibt. Wir sollten wieder viel mehr in uns hineinhorchen. Dann können wir viele rätselhaft anmutende Phänomene besser verstehen und würden nicht bloß ungläubig den Kopf darüber schütteln.

Ich gehe in diesem Zusammenhang noch einen Schritt weiter, denn ich bin überzeugt: Wer dieses Feingespür in unserer Zeit nach wie vor beherrscht, der wird gesünder und länger leben, weil er auch frühzeitig Veränderungen in seinem Organismus wahrnehmen und mit seinem Arzt rechtzeitig dagegensteuern kann. Auch das ist eine Gabe, die viele verlernt haben, die wunderbare Heilungen möglich machen kann, wovon Mediziner immer wieder sprechen.

Egal, ob Sie bereits mit solchen Kräften konfrontiert wurden, ob Sie vielleicht solche Fähigkeiten an sich erlebt haben oder ob Sie noch niemals mit derlei Geschehnissen in Berührung gekommen sind: Das vorliegende Buch von Reinhard Habeck liefert einen spannenden Einblick in die Welt des Unerklärlichen. Der brisante Inhalt bietet Gelegenheit, sich mit Dingen zu beschäftigen, an die Sie sich vielleicht früher nicht herangewagt hätten.

Ihr Prof. Hademar Bankhofer

Die Realität des Irrealen

>*»Wenn es nur eine einzige Wahrheit gäbe,*
könnte man nicht hundert Bilder über dasselbe Thema malen.«

Pablo Picasso (1881–1973)

Manchmal bekommen Dinge eine unerwartete und erfreuliche Eigendynamik. Mit meinem 2008 veröffentlichten Sachbuch »*Dinge, die es nicht geben dürfte*« war das so. Ich habe darin spektakuläre archäologische Funde vorgestellt, die nicht ins vertraute geschichtliche Schema passen. Diese regelwidrigen Artefakte werden gerne von der orthodoxen Wissenschaft ignoriert, verschwinden in dunklen Kellerarchiven oder bekommen das unrühmliche Etikett »wahrscheinlich Fälschung« verpasst. Dank meiner treuen und wohlwollend kritischen Leserschaft wurde mein Buch ein Erfolg. Es folgte der Band »*Bilder, die es nicht geben dürfte*«. Darin werden mysteriöse Gemälde und Fotos aus aller Welt präsentiert, von utopischen Motiven auf Höhlenmalereien bis zu ungeklärten Weltraumfotos der NASA-Missionen.

Nun liegt der dritte Band meiner Phänomene-Reihe vor Ihnen. Diesmal stelle ich erstaunliche Kräfte und Erscheinungen zur Diskussion. Doch weshalb sollte es diese Kräfte nicht geben dürfen? Weil auch in diesem Fall bizarre Phänomene gemeint sind, die gegen alle Logik, gegen unseren gesunden Menschenverstand und das Wissen verstoßen, über das wir gegenwärtig von der Natur und ihren Gesetzen verfügen. Geschieht etwas Unglaubliches, ist das noch kein Beweis für die Wirklichkeit des Übersinnlichen. Die Wahrnehmung kann uns manchmal einen Streich spielen. Und natürlich ist es kein Geheimnis, dass Fehldeutungen und Irrtümer passieren können. Niemand bestreitet, dass es auch betrügerische Absichten im Umfeld des Paranormalen gegeben hat. Daraus das Pauschalurteil zu fällen, alles Unerklärliche sei nichts weiter als Hokuspokus und Einbildung, ist jedoch umgekehrt auch kein gültiger Gegenbeweis.

Als Freund des Fantastischen wage ich eine Vorausschau: Vieles heute noch Unfassbare wird durch weitere wissenschaftliche Forschung und Erkenntnisse fassbar werden. Anderes dagegen wird trotz gründlicher Untersuchungen nur teilweise oder gar nicht aufgeklärt werden. Und gleichzeitig wird es die Entdeckung neuer, derzeit noch völlig unbekannter »Wunderdinge« geben, die am vertrauten Weltbild rütteln werden. Schon jetzt bringen die jüngsten Experimente der Quantenphysik unsere Vorstellung der Realität ordentlich ins Schleudern. Immer mehr Wissenschaftler fragen sich: Wie wirklich ist die Wirklichkeit?

Verbirgt sich hinter der äußeren, materiellen Welt etwas völlig Fremdartiges, Körperloses und Unsichtbares? Seit prähistorischen Zeiten sind Menschen auf der ganzen Welt davon überzeugt. Aber wie lassen sich diese verborgenen Energien und paranormalen Ereignisse beweisen? Bedarf es einer neuen Sichtweise, die ein erweitertes physikalisches Weltbild notwendig macht? Sind die unverstandenen Psi-Aktivitäten übergeordnet miteinander verbunden? Oder muss jedes Phänomen im Einzelfall unterschiedlich gewertet werden? Patentlösungen für das Rätselhafte gibt es nicht. Die Wahrheitsfindung bleibt eine große Herausforderung, aber wäre alles im Leben hochtechnisiert und rational erklärbar, was wäre dann der Mensch in der Welt? Sicherlich um vieles ärmer.

Wer von diesem Buch endgültige Antworten auf rätselhafte Begebenheiten erwartet, wird enttäuscht sein. Ich bin bemüht, merkwürdige Geschehnisse möglichst wertfrei darzustellen, doch ich formuliere meine Zweifel dort, wo sie mir angebracht erscheinen. Nicht alle, aber die meisten vorgestellten Schauplätze, an denen offenbar Merkwürdiges vorgefallen ist, habe ich selbst besucht. Augenzeugen kommen zu Wort, Forscher haben mir ihre Vermutungen und Thesen – pro und contra – vermittelt. Mein Interesse gilt vor allem jenen rätselhaften Vorfällen, wo sichtbare Spuren hinterlassen worden sind: Das kann ein Schnappschuss von einem spukhaften Phänomen sein, ein schriftlicher Nachweis in einer alten Chronik oder ein versteinertes Rätsel … Jedenfalls etwas Greifbares, das man überprüfen oder besichtigen kann.

Neugierige Leser, die auf einen esoterischen Schwerpunkt gesetzt haben, werden nicht auf ihre Rechnung kommen: Astrologie, Bachblüten, Charakterkunde, Déjà-vu, Exorzismus, Fernheilen, Gurus,

12

Homöopathie, I Ging, Johanniskraut, Kaffeesatzlesen, Lichttherapie, Medien, Nostradamus, Orakel, Paracelsus, Qigong, Reiki, Satanskult, Tischrücken, Unglückstage, Voodoo, Werwolf, Xylomantie, Yoga oder Zen habe ich vernachlässigt, es gibt kompetentere Kollegen, die darüber zu berichten wissen. Auch auf die Talente des Star-Mentalisten und Löffelverbiegers Uri Geller habe ich verzichtet. Das zu beschreiben soll der nächsten Generation auf Biegen und Brechen vorbehalten bleiben.

Der geschätzte Leser mag sich nun fragen: Was bleibt denn da noch an irrealen Effekten und Erscheinungen übrig, an Phänomenen, bei denen selbst strengste Wissenschaftler nicht weiterwissen? Nun, überzeugen Sie sich selbst. Die folgenden Seiten liefern Kostproben, die unheimlich, ungelöst, spannend und durchaus auch amüsant sind.

Reinhard Habeck

ÜBERSINNLICHE SOUVENIRS

»Ihr aber seht und sagt: Warum?
Aber ich träume und sage: Warum nicht?«

George Bernard Shaw (1856–1950)

Verborgene Wirklichkeiten, versteinerte Mysterien und mystische Gegenstände

Glauben Sie an das Übersinnliche? Eine Frage, die vermutlich seit jeher populär ist. Schon Shakespeare lässt seinen Hamlet sagen, dass es mehr Dinge zwischen Himmel und Erde gibt, als die Schulweisheit uns träumen lässt. Diese Erkenntnis hat bis heute ihre Gültigkeit nicht verloren, denn immer wieder wird aus aller Welt von unglaublichen Begebenheiten berichtet, die scheinbar allen Gesetzen der Natur widersprechen: magische Relikte, Botschaften aus dem Jenseits, Bilder durch Gedankenströme, manifestierte Gesichter aus der Anderswelt, religiöse Wunder, Grenzüberschreitung zwischen Geist und Materie, morphogenetische Felder, unerklärliche Versteinerungen, Hightech-Eingriffe überirdischer »Götter«, Kristallschädel als Gedächtnisspeicher, Kanäle in andere Dimensionen, außersinnliche Wahrnehmungen, geisterhafte Manifestationen und lärmende Poltergeister. Was soll man von solchen Geschichten halten? Die Themen sind brisant und so alt wie die Menschheit. Gesicherte Antworten fehlen bis heute.

Spontaner Spuk zählt zu dem am häufigsten beobachteten Phänomen aus der Welt des Unerklärlichen. Er kann überall auftreten. Wir sagen dann: »Das darf doch nicht wahr sein!« oder »Hier spukt's!« Der alte Begriff »Spuk« stammt vermutlich ursprünglich aus einer indogermanischen Wortwurzel, die mit »leuchten« übersetzt wird. Norddeutsche Geister- oder Gespensterseher wurden »Spökenkieker« genannt. So kam das Wort »Spuk« ins Hochdeutsche – als Ersatz für »Gespenstererscheinung«. Inzwischen hat man für diese Phänomene eine wissenschaftliche Definition gefunden: »wiederkehrende spontane psychokinetische Erscheinung«, sogenannte RSPK-Phänomene (»Recurrent Spontaneous Psychokinetics«). Der Einfachheit halber bleibe ich beim althergebrachten Wortgebrauch »Spuk«. Doch wie immer man es nennt: Paranormale Aktivitäten sind Realität. Nur: Wie entstehen sie?

Gespenstervideos und Geisterfotos

Überlebt unser Energiekörper den Tod? Wo sind wir dann? Gibt es eine Möglichkeit der Rückkehr zur Erde? Und wenn ja, was kehrt zurück? Können Tote den Lebenden durch ihr Erscheinen Botschaften vermitteln? Existieren Parallelwelten und höhere Dimensionen, aus denen sich unbekannte Wesen in unsere Wirklichkeit durch spontane Bilder projizieren? Ist es möglich, dass Gedankenströme aus der Vorstellungskraft von Menschen geholt werden und sich mittels psychokinetischer Kräfte auf Filmmaterial übertragen lassen?

Solche fantastischen Fragen stellen sich seit der Entdeckung der »Geisterfotografie«, wo meist erst nach der Entwicklung Unsichtbares sichtbar wurde. Das können ätherische Gebilde sein, unbekannte und verzerrte Gesichter, mysteriöse Lichteffekte, optische Phänomene, dunkle Schatten oder schwebende Objekte und dubiose Nebelflecken. Sie lassen sich auf Polaroidfotos, Videomaterial, TV-Geräten und Computerbildschirmen finden, erscheinen aber in jüngster Zeit vermehrt auf digitalen Aufnahmen sowie Handykameras und Überwachungsvideos.

Am 15. November 2007 sorgte die Meldung einer »Geistererscheinung« weltweit für Aufsehen: Die Kamera einer Tankstelle im US-Bundesstaat Ohio hatte einen unerklärlichen blauen Nebel aufgezeichnet, der plötzlich ins Bild huschte, herumwirbelte und wieder verschwand. Das Phantom konnte fast eine Stunde lang auf dem Bildschirm beobachtet werden. Auf einer Einstellung ist zu sehen, wie sich das seltsame Wolkengebilde auf der Windschutzscheibe eines parkenden Autos niederließ. Ein echtes Gespenst? Zweifler glauben eher an einen Defekt der Kamera oder an ein Insekt, das auf der Linse herumkrabbelte.

Ein anderes Video, aufgenommen im Zentrum der englischen Stadt Bristol, löste im Oktober 2009 hitzige Debatten aus. Zu sehen ist ein bläulichweißes Licht, das größer wird, sich hin und her bewegt, scheinbar menschliche Form annimmt, kurz darauf zerfällt und Minuten später wieder erscheint, ehe sich die Gestalt endgültig in nichts auflöst. Eine kühne Erklärungshypothese nennt als Ursache »intelligente Materie«, sogenannte »Plasma Blobs«. Es könnten gespeicherte Informationen und unsichtbare Strukturen aus vergangenen Zeiten sein, die starke Eigenenergie auf für uns nicht bekannte Weise sichtbar macht. Parawissenschaftler sprechen in diesem Zusammenhang vom

Einfluss »morphogenetischer Felder«, die als »Gedächtnis der Natur« aufgefasst werden. Kritiker wollen das nicht glauben und halten auch in diesem Fall technische Kameraprobleme oder Reflexionen, bewirkt durch Scheinwerfer vorbeifahrender Autos, für wahrscheinlicher. Was bei aller Skepsis stutzig macht: Wieso sind die übrigen Aufnahmen einwandfrei und zeigen – abgesehen von der Lichtanomalie – eine völlig normale Umgebung?

Es gibt auf der ganzen Welt unzählige Beispiele für ähnliche Vorfälle. Viele davon können auf der Internet-Plattform YouTube hochgeladen und angesehen werden. Aber was davon ist im Sinne der Geisterjäger authentisch? Bereits mit Erfindung der Kamera tauchten Fotos auf, die durchsichtige Gestalten zeigen. Große Aufmerksamkeit wurde solchen »Geisterfotos« in der Blütezeit des Spiritismus geschenkt, wo auf Séancen durch Vermittlung eines Mediums angeblich Kontakt mit Verstorbenen aufgenommen wurde. Die Anfänge der »Gespensterfotografie« sind mit dem Amerikaner William H. Mumler (1832–1884) verbunden, der in New York und Boston tätig war. Auf vielen Porträts seiner Kunden sind zusätzlich undeutliche Menschen und Gesichter zu sehen. Es hieß, es seien verstorbene Angehörige oder enge Freunde der abgelichteten Personen. Das Geschäft florierte. Bis auffiel, dass die »Geistergesichter« auffällige Ähnlichkeit mit noch lebenden Einwohnern Bostons hatten. Mumler wurde verhaftet und wegen Betruges angeklagt. Obwohl ihm niemals betrügerische Absicht nachgewiesen werden konnte, war seine berufliche Karriere dahin und der bis dahin angesehene Mann verstarb in Armut. Heute gelten Mulmers Fotos als plumpe Fälschung durch Doppelbelichtung mit Verwendung von Watte, um gewünschte Nebeleffekte auf die Fotoplatte zu bannen.

Trotz berechtigter Zweifel durch Schwindel, Wichtigtuer und Geschäftemacher existieren »Geisterfotos«, die aus unverdächtiger Quelle stammen, wo Fotografen von dem abgebildeten Ergebnis überrascht wurden. Das gilt auch für das berühmteste historische Gespenstermotiv, obwohl selbst in diesem Fall die Echtheit nicht mit letzter Sicherheit bewiesen werden kann. Gemeint ist die viel publizierte und diskutierte Schwarz-Weiß-Aufnahme von Raynham Hall, einem alten britischen Landhaus in Norfolk. Hier war einst die Heimstätte Dorothy Walpoles (1686–1726), der Schwester des ersten Premierministers von England, Sir Robert Walpole. Die Legende erzählt, dass Dorothy eine voreheliche Liebesaffäre mit einem gewissen Mister Wharton hatte. Als ihr

*Geist von Raynham Hall, Foto vom 19.9.1936.
(Bild: H. C. Provand/Indre Shira)*

späterer Ehemann, Lord Charles Townshend, davon erfuhr, sei er vor Wut und Zorn nicht mehr zu bremsen gewesen. Er glaubte, die Liebesglut zum Rivalen könne neuerlich aufflammen. Um möglicher Untreue vorzubeugen, kerkerte der Wüstling seine Gemahlin jahrelang in einem Zimmer des Anwesens ein, wo sie im Alter von 40 Jahren unter mysteriösen Umständen verstarb. Als offizielle Todesursache werden Pocken genannt. Es sind aber nie Gerüchte verstummt, wonach Lady Walpole an gebrochenem Herzen gestorben sei oder durch Genickbruch, den sie sich bei einem Treppensturz zuzog. Gemunkelt wird außerdem, der brutale »Göttergatte« könnte dabei etwas nachgeholfen haben.

Und dann begann es zu spuken, drei Jahrhunderte lang und bis ins 20. Jahrhundert. Unabhängig voneinander schildern Menschen, die in dem Geisterhaus übernachtet haben, dass es dort nicht mit rechten Dingen zugine. Aus den Chroniken von Raynham Hall geht hervor, dass immer wieder beobachtet wurde, wie eine transparente Frauengestalt für kurze Momente sichtbar wurde. Da Dorothy Walpole zu

19

Lebzeiten gerne braune Seidenkleider trug, bekam sie den Spitznamen »The Brown Lady of Raynham«.

In den Annalen wird der spätere König George Augustus Frederick IV. (1762–1830) als einer der Augenzeugen genannt. Als Prinzregent logierte er im frühen 19. Jahrhundert in Raynham Hall. Der Überlieferung nach sei er dabei eines Nachts von einem weiblichen Gespenst aus den Träumen gerissen worden. Es soll im braunen Kleid, mit zerzauster Haareszier und fahlem Gesicht plötzlich vor seinem Fürstenbett gestanden und sich anschließend in Luft aufgelöst haben. Erzählt wird weiter, der Thronfolger hätte nach dem Spuk seine Koffer gepackt und wäre eiligst abgereist mit den Worten: »Nie wieder möchte ich auch nur eine Stunde in diesem verfluchten Haus verbringen!«

Am 19. September 1936 hielten sich der Profifotograf Hauptmann H. C. Provand und sein Assistent Indre Shira in Raynham Hall auf. Im Auftrag für das Magazin »Country Life« sollten sie eine Bildreportage über das Geisterhaus liefern. Als die beiden am Fuße der Haupttreppe gerade mit dem Aufbau ihrer Instrumente beschäftigt waren, passierte etwas Unerwartetes. In Shiras Protokoll heißt es dazu: »Kapitän Provand machte eine Aufnahme, während ich für das Blitzlicht zuständig war. Ich stand an seiner Seite, gleich neben der Kamera, mit dem Blitzlichtgerät in der Hand und schaute zum Treppenaufgang. Auf einmal sah ich eine körperlose, verschleierte Gestalt die Treppe herunterschweben. Ich schrie aufgeregt: Schnell, da ist etwas! Ich zögerte nicht und drückte den Finger auf den Auslöser, den ich nach der Blitzlichtaufnahme wieder verschloss.«

Sein Kollege Provand hatte von der Erscheinung nichts mitbekommen. »Er nahm das Tuch zum Verdunkeln von seinem Kopf«, erinnerte sich Shira, »drehte sich zu mir und fragte, was die Aufregung zu bedeuten hätte.« Erst nach der Filmentwicklung erkannte auch er, dass etwas Unheimliches auf dem Bild festgehalten wurde. Fachleute untersuchten damals die Fotoplatte, fanden aber keinen Hinweis für eine Manipulation. Bis heute gilt das Foto unter Geisterjägern als authentischer Bildbeleg. Wäre es nicht längst an der Zeit, die Negative mit heutigen fototechnischen Prüfungsmethoden neuerlich zu analysieren? Wo befinden sich die Originale von damals? Warum haben sich Fototechniker und Parapsychologen nicht längst schon der Sache angenommen? Ungeachtet dessen hat sich die durchsichtige »Brown Lady« später noch einige Male Gästen des Hauses gezeigt. Erst in den letzten Jahren ist es um das Gespenst von Raynham Hall totenstill geworden. Wurde Dorothys arme Seele endlich erlöst?

Transvision aus dem Überraum

Ob das gelegentlich in Erscheinung tretende Schreckbild der »braunen Dame« ein Kontaktbemühen aus dem Reich der Toten war, wird wohl niemals geklärt werden. Und wie steht es um die »Geisterfotos« der Gegenwart? Mithilfe moderner Bildbearbeitungsprogramme ist es heutzutage einfach, Fotos digital zu verändern. Manchmal so perfekt, dass es selbst Experten schwerfällt, einen vorgetäuschten Sachverhalt zu erkennen. Jene Bild- und Filmdokumente, die sich nach eingehender Prüfung durch Spezialisten weder als Fälschung noch als Irrtum herausstellten, sind dafür umso rätselhafter. Sie stehen häufig im Zusammenhang mit dem Phänomen der »instrumentellen Transkommunikation«, kurz ITK genannt. Der Begriff wurde von dem deutschen Physiker Ernst Senkowski geprägt und umfasst hörbare Stimmen (»Transaudio«), schriftliche Nachrichten (»Transtexte«) oder sichtbare Bilder (»Transvideos«). Die Durchgaben aus unbekannter Quelle können mittels elektronischer Geräte aktiviert werden. Psi-Forscher vermuten, dass die merkwürdigen Bilder eine Art »psychokinetische Verwirklichung« sind, die sich in unserer Welt durch »telepathische Übernahmen von Informationen aus dem Jenseits unserer Raumzeit« manifestieren.

Der deutsche Rundfunk- und Fernsehjournalist, Autor und Moderator Rainer Holbe hat diese »unglaublichen Geschichten« zum Thema vieler seiner Sendungen und Bücher gemacht. Ihn wundert es, dass das außergewöhnliche Phänomen Jahrzehnte nach seiner Entdeckung noch immer von der Wissenschaft und allgemeinen Öffentlichkeit weitgehend unbeachtet geblieben ist, verwunderlich deshalb, weil es »eines der wenigen Grenzphänomene ist, das sich sowohl relativ gut wiederholen lässt, als auch auf Anhieb von allen Beobachtern als paranormales Ereignis registriert werden kann. Dies ermöglicht wissenschaftliche Untersuchungen ohne den Umweg über nachträgliche statistische Auswertungen.« Dies sei umso erstaunlicher, weil der Inhalt der empfangenen Stimmen, Bilder und Texte auf ein »Weiterleben nach dem Tode« deutet.

Die ersten bizarren »Bildschirm-Geister« tauchten in den 1980er-Jahren auf. Der 1988 verstorbene deutsche Techniker Klaus Schreiber war einer der Pioniere, die sich auf dem Gebiet paranormaler Video-Experimente verdient gemacht haben. Sein Interesse wurde zunächst ganz harmlos geweckt. Auf einer Party diskutierte man im Freundeskreis über Stimmen aus dem Jenseits. Aus Spaß rief die Runde in das Mikrophon eines Kassettenrecorders nach einem Freund, der kürzlich verstorben war. Dann starre Fassungslosigkeit: Eine rätselhafte Stimme meldete sich mit den Worten »Ich grüße meine Freunde«. Schreiber ließ der Spuk keine Ruhe. Neugierig geworden, experimentierte er fortan mit Tonträgern und empfing damit Hunderte akustische Wortmeldungen, die er als Stimmen von verstorbenen Verwandten, Freunden und Unbekannten identifizierte.

Auf mehreren Aufzeichnungen erkannte er »Lebenszeichen« seiner Tochter Karin, die als 17-Jährige an einer Blutvergiftung gestorben war. Die Stimme aus dem Irgendwo nannte sich »Karinchen«, der Kosename, den der Vater seiner Tochter gegeben hatte. Von ihr kam der Tipp, einen Jenseitskontakt mittels Fernseher herzustellen. Schreiber verbrachte nächtelang vor der flimmernden Bildröhre, aber von Signalen, die als überirdische Botschaften hätten gedeutet werden können, war nichts zu merken. Dann das entscheidende Zauberwort, übermittelt durch die »Geisterstimme«: Video. Schreiber kaufte sich einen Videorekorder mit Kamera und richtete in seinem Haus in Aachen ein Kellerstudio ein. Wieder bastelte er monatelang herum, ließ Videos in unterschiedlicher Geschwindigkeit ablaufen, aber ohne Erfolg. Bis zum 30. September 1985. An diesem Tag gelang Klaus Schreiber mit Anweisungshilfe von »drüben« der große Durchbruch. Nachdem er seine Videokamera in einem bestimmten Winkel auf den Fernseher gerichtet hatte und ein leerer Kanal lief, erschien bei überprüfter Einzelbildschaltung zunächst ein »heller Nebelfleck«, der sich aber in der weiteren Bildfolge immer deutlicher zum Abbild von Karin abzeichnete.

Später verfeinerte der Jenseitsforscher seine Einspielmethodik und es kamen mit einem Spezialverstärker immer deutlichere Bilder zum Vorschein: tote Familienmitglieder, aber auch berühmte Schauspielerinnen und Schauspieler wie Romy Schneider und Curd Jürgens, beide 1982 verstorben, zeigten sich aus dem Totenreich. Neben Verwandten und Prominenten materialisierten sich auf Videobändern ebenso Per-

Klaus Schreiber empfing per Video Porträts verstorbener Angehöriger. Lebenszeichen aus dem Jenseits? (Bild: Archiv Rainer Holbe)

sonen, die bis heute nicht identifiziert werden konnten. Das gilt auch für die letzte von Klaus Schreiber auf unerklärliche Weise empfangene Aufnahme: das Gesicht einer lächelnden, unbekannten Frau.

Kann moderne Elektronik Brücken zu anderen Bewusstseinsebenen herstellen? Nach den allgemeinen Gesetzen der Physik nicht. Die Bilder hätten dann aber nicht entstehen dürfen. Doch Schreibers Videoaufzeichnungen und die Anordnung seiner technischen Geräte wurden mehrfach von versierten Spezialisten überprüft. Entlarvende Hinweise dafür, dass der deutsche Rentner bei seinen Jenseitskontakten getrickst haben könnte, wurden nie gefunden. Und doch müssen die Porträts ja irgendwie entstanden sein. Argwöhner mutmaßen, die audiovisuellen Phänomene seien durch Überlagerungen verschiener Fernsehsequenzen verursacht worden. Beweise dafür gibt es nicht. Abgesehen davon ist nicht nur Fernsehprominenz sichtbar geworden, die man eventuell als »Hintergrundstrahlung« gezeigter Filme deuten könnte. Bilder aus dem privaten Umfeld müssten anders den Weg auf den Monitor gefunden haben.

Wie geschah das Unmögliche? Eine Quizfrage, die seit dem Altertum unbeantwortet blieb. Denn wenn wir mythologische Überlieferungen beim Wort nehmen, ist die instrumentelle Transkommunikation mit dem Überirdischen keine Modeerscheinung der Gegenwart. In vielen antiken Kulturen finden wir den Begriff des Zauberspiegels, der gelegentlich sprechen konnte. Was war das für ein seltsames Wunderding? Sein Hauptzweck, so wissen es die Mythen, sei die Herstellung einer Verbindung zu höheren verborgenen Wirklichkeiten gewesen. Schon einem normalen Spiegel wurde in der Antike mystische Bedeutung beigemessen. Der Glaube, dass in ihm das Abbild der Seele stecke, war weit verbreitet. Es war Sitte, einen Spiegel beim Sterbebett eines todgeweihten Menschen zu platzieren, damit die flüchtige Seele auf magische Weise eingefangen würde. Wenn sich heute Verstorbene unerklärlich auf Fernsehmonitoren zeigen, entspricht das etwa dieser Vorstellung. Die Jenseitigen sind als Transvision sichtbar, aber letztlich im Zauberspiegel, sprich Fernseher, »gefangen«. Auch in der mitteleuropäischen Sagenwelt werden magische Spiegel mit übersinnlichen Erkenntnissen verbunden. Denken wir nur an die viel belächelte Kristallkugel. Für visionäre Zukunftsschau und als Kommunikationshilfe für Kontakte zu überirdischen Geistern und Engeln hat sie in esoterischen Zirkeln noch heute Tradition.

Ein magischer Spiegel, der angeblich dem Empfang überirdischer Botschaften diente, kann gemeinsam mit anderen okkulten Utensilien im Britischen Museum besichtigt werden. Er besteht aus hoch poliertem Obsidian und ist ein Schaustück aus dem Nachlass des englischen Astrologen und Mathematikers Doktor John Dee (1527–1608). Der Akademiker mit Cambridge-Studium schrieb rund 50 wissenschaftliche Werke und war enger Vertrauter von Königin Elisabeth I. Gleichzeitig war er übersinnlichen Geisterbeschwörungen zugetan, was ihm in der kritischen Gelehrtenwelt den Ruf des »Schwarzmagiers« einbrachte. Am 21. November 1581 will Dee selbst eine unheimliche Begegnung mit dem Überirdischen erlebt haben. Er saß in seinem Londoner Studierzimmer, als plötzlich am westlichen Fenster eine

24

von Licht umflutete Gestalt erschien. Das himmlische Wesen gab sich als »Engel Uriel« zu erkennen und überreichte dem Mystiker einen »schwarzen Kristall«, mit dessen Hilfe er von nun an Visionen bekommen sollte. In der Folge wurden beim konzentrierten Anrufen, sprich Herbeizitieren fremder Wesenheiten, kryptische Botschaften in einer »magischen Engelsprache« übermittelt. Sie wird als »henochisch« bezeichnet und ist nur Eingeweihten verständlich, die mit hermetischen und kabbalistischen Lehren vertraut sind. Die himmlische Sprache besteht aus einem individuellen Alphabet, eigenem Wortschatz und eigener Grammatik. Empfangen wurde sie in einem tranceähnlichen Zustand. Da sich Dee danach an den Inhalt der übersinnlichen Nachrichten nicht mehr erinnern konnte, wurden die Gespräche während der Übermittlung von seinem Assistenten Edward Kelley (1555–1597) aufgezeichnet. Die originalen Protokolle werden im Britischen Museum und im Ashmolean-Museum of Arts and Archaeology in Oxford aufbewahrt.

Die wahrscheinlich ältesten Hinweise auf metaphysische Transkommunikation dank bestimmter Artefakte finden sich in den altjüdischen Urtexten. Dort lesen wir vom »Spiegel des Salomon«. Es soll sich hierbei um ein Gerät gehandelt haben, das aus sieben verschiedenen Metallen bestand, und »zur Zeit des Neumondes konnte sein Eigentümer die Antwort auf alle Fragen in ihm erblicken«. Ähnliches wird vom muschelförmigen Zauberspiegel »Fang-chen« der Thai behauptet, wenn es heißt, dass mit ihm alle Dinge der diesseitigen und jenseitigen Welt erkannt werden konnten. Auch der allwissende Thot, Weisheitsgott der alten Ägypter, soll im Besitz von Apparaturen gewesen sein, die der überirdischen Nachrichtenübermittlung gedient haben. Die Mythen erzählen, dass es mit ihrer Hilfe möglich war, »bis ans Ende der Finsternis zu sehen«, und dass man »hören« konnte, »was am Himmel vorging«. Wie Thots »geheimer Zauberspiegel« funktionierte, um »das Wort der Götter« empfangen zu können, erfahren wir nicht. Interessant ist aber die altägyptische Wortbedeutung für »Spiegel«: Sie wird mit dem Begriff »Leben« gleichgesetzt.

Für die meisten Altertumsforscher sind die in den Überlieferungen als »Götter« verehrten Superwesen lediglich Ausgeburten der Fantasie. Die Annahme, dass es in der Vorzeit irgendwelche Hightech-Geräte gegeben haben könnte, wird von vielen Archäologen nach wie vor als »blanker Unsinn« bezeichnet. Woher aber will man das wissen? Wäre es nicht ebenso gut möglich, dass etliche mythologische Seltsamkeiten bloß deshalb ruhmlose Etiketten wie »Volksmärchen«, »Wunderglaube« und »imaginäre Kulte« verliehen bekommen haben, weil ihre ursächliche *technologische* Bedeutung längst vergessen ist? Was macht Gelehrte so sicher, dass »magische Zauberformeln« nicht missverstandene wissenschaftliche Formeln sind, die damals für Eingeweihte bestimmt waren und nur von ihnen verstanden werden konnten? Beispiele für »kultische Gegenstände«, die sich als vorzeitliche Hochtechnologie entpuppten, gibt es zur Genüge. Allerdings kann es Generationen dauern, bis die Wahrheit ans Licht kommt. Berühmtester Fall: der rostige »Klumpen von Antikythera«. Jahrzehntelang hat es gedauert, bis Wissenschaftler die wahre Funktion erkannten und nachweisen konnten, dass das »Ding« tatsächlich ein 2100 Jahre altes Navigationsgerät ist, mit dem sogar Bahndaten der Planeten berechnet werden konnten. Das Original kann im griechischen Nationalmuseum in Athen bewundert werden. Welches Universalgenie die Apparatur konstruiert hat, ist Forschern ein Rätsel. Vergleichbare Geräte mit kompliziertem Differenzialgetriebe sind erst aus dem 18. Jahrhundert bekannt.

Solche regelwidrigen Entdeckungen geben Anlass für kühne Spekulationen. Woher kam das prähistorische Hightech-Wissen? Hatten womöglich außerirdische Lehrmeister, wie Vertreter der Prä-Astronautik-Hypothese postulieren, als Ideengeber mitgeholfen? Die These einer extraterrestrischen Einflussnahme spielt genauso beim Phänomen der instrumentalen Transkommunikation eine Rolle. Demnach würden die mysteriösen Stimmen, Fernseh- und Computerbilder nicht von verstorbenen Menschen erzeugt werden, sondern stünden unter der Kontrolle einer außerirdischen Superintelligenz. Andere nicht weniger abenteuerliche Überlegungen: Energiewesen aus einer anderen »Frequenz« oder »Schwingung«, unbekannte Parallelweltler, Geschöpfe höherer Dimensionen oder Lebensformen, die nur in bestimmten Bewusstseinszuständen »existieren«, sind die wahren Verursacher. Gleiches lässt sich für ein verwandtes Thema sagen, dem sogenannten »Channeling«. Esoteriker sind davon überzeugt, dass medial begabte Menschen die Fähigkeit besitzen, Botschaften von überirdischen Lebewesen, Engeln, Geistern und Verstorbenen zu empfangen. Sogar berühmte Künstler wie der amerikanische Schriftsteller Richard Bach versichern, sie hätten außerirdische Einflüsterer gehabt. Das 1970 veröffentlichte Kultbuch »Die Möwe Jonathan« soll dem Erfolgsautor von der Stimme eines himmlischen Wesens druckreif diktiert worden sein. Der Ghostwriter im wahrsten Sinne des Wortes hätte streng genommen Anrecht auf Tantiemen des millionenfach verkauften Bestsellers. Für Bach ein Riesenglück, dass Honorarüberweisungen in den Hyperraum nicht möglich sind.

Eine andere Vermutung zielt dahin, dass Empfänger von übersinnlichen Nachrichten und Bildern selbst Paranormales durch eigene »Wunschgedanken« projiziert haben könnten. Ungewöhnliche Videoaufzeichnungen, wie jene von Klaus Schreiber »eingefangen«, wären demnach keine Grüße aus dem Jenseits, sondern Wiedergaben gespeicherter Informationen aus dem Unterbewusstsein. Trotzdem, selbst wenn es so wäre: *Wie* sollte das in der Praxis funktioniert haben? Manche Parapsychologen gehen davon aus, dass mittels psychokinetischer Kräfte nicht nur Gegenstände bewegt, sondern ebenso Bilder der Vorstellungswelt auf fotografischen Film fixiert werden können.

Fotografierte Gedanken

Die »Gedankenfotografie« ist die faszinierendste Facette auf dem Gebiet der Psychokinese. Frühe Fotoexperimente mit der Macht des Geistes sind mit den umstrittenen Arbeiten des Japaners Tomokichi Fukurai (1869–1952) verbunden, der an der Kaiserlichen Universität von Tokio tätig war. 1930 wurde von gelungenen Fotobeweisen berichtet, die angeblich mittels gezielter Gedankenkraft geglückt waren. Zwischen drei versiegelten und übereinandergelegten Fotoplatten erschienen auf der mittleren deutlich jene Worte, an die eine Versuchsperson vorher minutenlang konzentriert gedacht hatte. Von der wissenschaftlichen Obrigkeit wurden die Psycho-Tests als »Hokuspokus« kritisiert und weitere Studien untersagt. Fazit: Die Universität entzog Fukurai kurzerhand das Lehramt. Ein Schicksal, das viele beherzte Forscher, die mit unkonventionellen Thesen Aufmerksamkeit erlangten, mit ihm teilen.

Im Vergleich dazu milde: Die Reaktion der akademischen Kollegenschaft auf Psi-Tests des amerikanischen Arztes Juls Eisenbud (1908–1999) von der Universität von Colorado in Denver. Mit Animositäten und Spott hatte der außerordentliche Professor für Psychiatrie dennoch zu kämpfen. Dabei war er anfangs selbst allen paranormalen Geschichten gegenüber sehr skeptisch eingestellt. Doch dann geschah etwas Unerwartetes, das den Saulus zum Paulus werden ließ.

1963 veröffentliche Eisenbud einen Facharktikel, in dem er erklärte, dass es unmöglich sei, ein genau wiederholbares Psi-Experiment unter wissenschaftlichen Auflagen durchzuführen. Ein Journalist widersprach dem Psychoanalytiker und sandte ihm einen Zeitungsbericht über einen ehemaligen Hotelangestellten aus Chicago in Illinois. Sein Name: Ted Serios (1918–2006). Es hieß, der Mann könne nur mit der Kraft seiner Gedanken Fotomotive »nachbilden« und aufs Papier bannen. Das klang damals so absurd, dass selbst Parapsychologen davor zurückschreckten, sich offiziell mit dem Medium intensiver zu beschäftigen. Der Psychiater war zu diesem Zeitpunkt davon überzeugt, er könne die behaupteten übersinnlichen Fähigkeiten schnell als »einfache Tricks« entlarven.

Zu Eisenbuds Verblüffung hatte der vermeintliche Scharlatan keine Einwände gegen kontrollierte Tests, die im April 1964 begannen. Das Erstaunen des Arztes steigerte sich, als dann unter strengsten Sicherheitsvorkehrungen tatsächlich »Gedankenfotos« entstanden waren. Eisenbud konnte und wollte nicht verstehen, wie das möglich war. Er informierte seine Kollegen über die überraschenden Resultate und suchte moralische, praktische und finanzielle Unterstützung für die weitere Forschung. Doch die Berufsgenossen winkten dankend ab. Fotografierte Kopfarbeit? Das konnte nur ein schlechter Witz sein. Welcher ernstzunehmende Wissenschaftler wollte dafür auch nur einen Cent, eine Minute oder den Funken eines Gedankens verschwenden? Der Psychiater ließ sich von der Rüge nicht abschrecken. Sein Interesse war geweckt und jetzt wollte er es genau wissen. Eine Einstellung, die man eigentlich von jedem engagierten Forscher erwarten sollte. Eisenbud setzte die Experimente mit Serios fort und erzielte im Laufe von drei Jahren eine Reihe spektakulärer Ergebnisse. In seinem 1975 erschienenen Buch »Gedankenfotografie« sind die Testreihen anschaulich dokumentiert. Was damals Aufsehen erregte, ist heute beinahe vergessen.

Für die Entstehung der Bilder gab es unterschiedliche Methoden, etwa durch intensives Starren in die Linse einer Sofortbildkamera, die Serios erst bei den Tests überreicht bekam. Damit war garantiert, dass die Bilder innerhalb weniger Sekunden fertig waren und der denkbare Vorwurf, es wäre womöglich etwas in der Dunkelkammer manipuliert

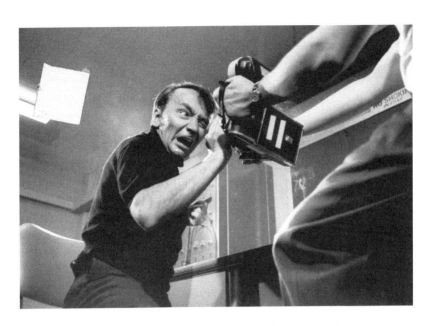

Ted Serios, der in den 1960er-Jahren behauptete, er könne Gedankenbilder auf Film projizieren.
(Bild: gettyimages)

worden, ins Leere zielte. Bei etlichen Versuchen hatten unabhängige Zeugen in verschlossenen Briefumschlägen Themen ausgewählt, die Serios zuvor nicht kannte. Bei seiner Arbeit stand er unter größter konzentrierter Anspannung, richtete die Kamera auf das Gesicht, und das mentale Bild wurde auf den Film übertragen. Normalerweise hätte auf den entwickelten Fotos Serios Kopf erscheinen müssen oder das Zimmer, in dem er sich befand. Doch die projizierten Bilder zeigten das, woran Serios *gedacht* hatte. Nach einigen Fehlschlägen funktionierte es meistens, wenn auch mit unterschiedlicher Qualität. Manchmal nahm die paranormale Kopie die ganze Fläche ein, dann wieder waren nur Ausschnitte zu sehen oder die Motive wurden sehr verzerrt wiedergegeben. Es gab auch nicht weniger rätselhafte Ausfälle, wo bloß weiße Fläche oder alles komplett schwarz zu sehen war, obwohl Beleuchtung und Versuchsbedingungen unverändert blieben. Einige Male realisierte Ted Serios seine »Gedankenfotos« ebenso auf Filmmaterial und sie erschienen auf einem Monitor.

Als Hilfsmittel verwendete der übersinnliche Fotograf häufig eine kleine Rolle aus Pappe oder Kunststoff (25 mal 17 Millimeter), die er »Gismo« nannte und vor die Kameralinse hielt. Serios beteuerte, sie sei lediglich dazu da, um ein seitliches Eindringen von Licht zu verhindern und seine Konzentration zu stärken. Für Zweifler wie dem kanadischen Bühnenmagier James Randi von der amerikanischen Skeptikerbewegung ist dieses Röhrchen das Corpus Delicti für betrügerische Machenschaften. Randi und seine Mitstreiter setzen mit großem Eifer alles daran, sämtliche Psi-Phänomene als Schwindel zu entlarven. Serios soll, so wird triumphiert, auf einer Seite der Papprohre eine Vergrößerungslinse eingebaut haben. Auf der anderen Seite sei ein Mikrofilm oder ein Dia versteckt gewesen. Richtet man dieses Präparat auf eine Kamera, so könne man damit die »Gedankenfotos« trickreich produziert haben.

Im Oktober 1967 erschien in der Zeitschrift »Popular Photography« ein Bericht dazu, der am Beispiel einer vergleichbaren Vorrichtung aufzeigte, dass damit ähnliche Bildeffekte möglich werden wie bei den berühmten »Psycho-Fotos«. Damit sahen sich alle bestätigt, die Serios für einen Betrüger hielten. Bis heute wird diese rekonstruierte Möglichkeit als Beweis dafür vorgebracht, dass »Gedankenfotografie« nichts weiter ist als ein billiger Taschenspielertrick. Militante Kritiker stellen immer wieder die Belege übersinnlicher Phänomene infrage. Eine gesunde Skepsis ist zweifellos notwendig, wenn vom Paranormalen die Rede ist. Behauptungen sind nun mal keine Beweise. Dieser strenge Maßstab muss aber gleichermaßen für die angebotenen »Gegenbeweise« Gültigkeit haben. Es ist nicht völlig ausgeschlossen, dass Ted Serios bei seinen »Geistesblitzen« getrickst hat, aber mit Verlaub: Eine solche Möglichkeit darf nicht vorauseilend als niederschmetterndes Zeugnis für *tatsächlichen* Betrug gewertet werden. Nach dieser Logik könnte man beim Auftauchen eines gefälschten 100-Euro-Scheines folgern, dass alle im Umlauf befindlichen Banknoten »Blüten« wären.

Sind die Schnappschüsse nun durch einen raffinierten Trick entstanden? Was dagegen spricht, aber von Kritikern ignoriert wird: Weder Randi noch einem anderen »Aufdecker« ist es gelungen plausibel nachzuweisen, wie Ted Serios in Hunderten von Fällen das trügerische Beweismaterial auf Nimmerwiedersehen hätte verschwinden lassen sollen. Denn Eisenbud und in der weiteren Folge 25 andere Forscher, die mit Serios arbeiteten, haben ihn und sein »Gismo« stets vor, während und nach den Experimenten gründlich untersucht. Kein einziges Mal wurden bei ihm Mikrofilme, Dias oder ähnlich verdächtige Dinge entdeckt. Er erhielt die »Gismo«-Rolle erst kurz vor den Experimenten, als er fühlte, dass ihm die Herstellung eines »Geisterfotos« gelingen könnte. Die Forscher standen, wenn er sie aufforderte, den Auslöser zu drücken, so nahe bei ihm, dass sie oft selbst durch das Pappröhrchen blicken konnten.

Und was die Filme anbelangt: Sie wurden kontrolliert, gleich nachdem die »Gedankenfotos« geschossen wurden. Seltsam dabei war, dass es im Detail einige Unterschiede zwischen den Originalaufnahmen und seinen »Psycho-Fotos« gab, wie etwa falsch geschriebene Namen an Gebäuden. Ein mutmaßlicher Betrüger hätte für diese Manipulation viel Zeit und Planung gebraucht. Die Experimentatoren gaben Serios dafür aber keine Gelegenheit. Er erzielte zuletzt sogar »linsenlose« Bilder mit einer Kamera, bei der zuvor die Optik entfernt wurde. Er »fotografierte« auch blind, indem man ihm die Augen mit einem Tuch verband. Manchmal verwendete Serios das »Gismo« gar nicht, oder er stand bis zu 20 Meter von der Kamera entfernt, wobei Assistenten das Utensil für ihn in den Händen hielten. Selbst als das Medium in einen gegen elektrische Schwingungen abgeschirmten Faradayischen Käfig eingeschlossen war und sich der Fotoapparat außerhalb davon befand, entstanden ungeklärte Bildübertragungen. Und, wahrscheinlich einmalig in der Psi-Forschung: Die ausgedehnte Testreihe mit dem Psychokinet wurde 1967 in Charlottesville von anderen Wissenschaftlern, nämlich Doktoren und Mitarbeitern der Universität von Virginia, erfolgreich wiederholt. So unglaublich es auch klingen mag, vieles spricht für die Echtheit der »Gedankenfotografie«, ohne allerdings schlüssig erklären zu können, durch welche Energieformen sie erzeugt wird.

Dennoch gab es eine Ernüchterung: Während der dritten Versuchsreihe erlosch die Psi-Kraft von Ted Serios. Es kam immer häufiger zu völlig schwarzen oder weißen Fotos ohne sichtbare Motive. Wie bei einem Künstler, dem der Musenkuss versagt bleibt, oder einem Bestsellerautor mit quälender Schreibblockade wurden die Ergebnisse immer schwächer. Obwohl sich Ted Serios weiter krampfhaft bemühte, »Gedankenfotos« zu schaffen, verschwand seine Psi-Begabung Ende der 1960er-Jahre.

Das Irrwitzigste bei der ganzen Angelegenheit: Damit paranormale

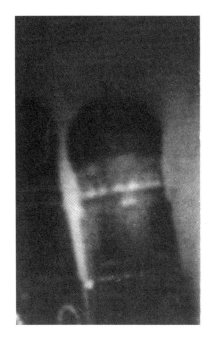 

*Mit zuvor versiegelter Polaroidkamera sichtbar gemacht:
Ted Serios' gedachtes Bild der Münchner Frauenkirche (links), daneben ein
»normales« Vergleichsfoto. Raffinierter Trick oder »Gedankenfotografie«?
(Bild: Ted Serios/Juls Eisenbud)*

Effekte überhaupt erzielt werden konnten, musste Serios große Mengen von Alkohol zu sich nehmen. Man könnte nun erwägen, dass der gute Mann dadurch zu einem veränderten Bewusstseinszustand gelangte, der seine Fähigkeiten erst ausgelöst oder begünstigt hatte. Jedenfalls ist bezeugt, dass Serios häufig in angeheitertem Zustand und meist im kurzärmeligen Hemd oder mit nacktem Oberkörper die gewünschten Erfolge gelungen waren. Es gab keine Möglichkeit, etwas in Handnähe zu verbergen. Eine Manipulation mit verborgenen Geräten gilt deshalb als ausgeschlossen.

Jene emsigen Detektive, die dagegen unbeirrt einen Schwindel voraussetzen, weil nicht sein kann, was nicht sein darf, müssten dies unter exakt den gleichen Bedingungen unter Beweis stellen und – wohlgemerkt in betrunkenem Zustand – ähnliche Bilder produzieren, ohne vorher das Thema zu kennen. Gelungen ist das bisher niemandem. Welchem alkoholisierten Mentalisten wäre dieser Zaubertrick am ehesten zuzutrauen?

Eine Psychovision namens »Oscar«

»Geisterfotos« durch Gedankenkraft? Fernsehbilder aus dem Jenseits? Das ist für Rationalisten schwer zu verdauen. Sieht man vom pauschalen Verdacht des Betrugsvorwurfes ab, lautet die oft geäußerte Erklärung der Zweifler: Merkwürdige Bilder, die auf Video, Computer oder Fernsehapparaten auftauchen, entstehen durch verrauschte Störsignale. Mangelnde Abschirmung der genutzten Empfangsgeräte gegen Einstrahlung irdischer Sendestationen sei für den Spuk verantwortlich.

Wie aber erklären Vernunftmenschen jene Phänomene, wo sich auf Bildschirmen klar erkennbare Gesichter manifestierten, obwohl die betreffenden Geräte nachweislich nicht in Betrieb waren? Auch solche Merkwürdigkeiten gibt es. Ein derartiger Fall hat sich 1997 nahe Düsseldorf in der nordrhein-westfälischen Stadt Erkrath zugetragen. Auf einer Anhöhe liegt außerhalb des Stadtkerns das Domizil von Regina Froitzheim und Familie. Sie hat lateinamerikanische Ur- und Frühgeschichte studiert, war bis 1989 als freie Archäologin und zuletzt im öffentlichen Dienst tätig. Heute ist Frau Froitzheim in Pension und schreibt – meist unter Pseudonym – spannende Kurzgeschichten für Zeitschriften. Ein altes Kuriosum geht ihr nicht aus dem Kopf: Das »Geisterbild« eines fremden Mannes auf ihrem Fernsehgerät.

Lassen wir die Erkratherin selbst zu Wort kommen: »Es geschah an einem Wochenende im November, nachmittags zwischen 15.00 und 16.00 Uhr. Ich hatte mir eine Verkühlung eingefangen, lag auf der Couch und las in einem Buch. Auf der Rückenlehne neben mir hockte mein schwarzer Zimmertiger Lucky. Da merkte ich plötzlich, dass der Kater buckelte und mit gesträubtem Fell auf den Fernsehapparat starrte. Ich blickte ebenfalls hin und sah, wie sich auf dem Bildschirm das Porträt eines Mannes abzeichnete. Zunächst dachte ich, was ist denn jetzt mit Lucky los? Der hatte doch bisher nie Angst vor Fernsehfilmen. Im gleichen Moment fiel mir ein, dass ich den Apparat gar nicht eingestellt hatte. Mein Fernsehkonsum hielt sich schon damals sehr in Grenzen. Vor den Abendnachrichten stelle ich die ›Kiste‹ selten an. Die beiden Fernbedienungen für Video und Fernseher lagen, wie am Vorabend, vor dem Gerät. Trotzdem war ein deutliches Bild auf dem Schirm erkennbar. Mein erster Gedanke: eine Reflexion! Aber von was oder wem? Ich stand auf und stellte mich vor den Fernseher, um den Lichteinfall zu unterbrechen, bewegte die Arme hin und her, doch das Bild blieb unverändert bestehen. Dann griff ich zu meiner Leica Sucherkamera, damit ich den Spuk mit etwas Glück belegen konnte. Um Schnappschüsse von meinem Kater zu machen, lag der Fotoapparat immer im Bücherregal. Es gelang mir nur eine Aufnahme. Als ich den Richtungswinkel zum Bild veränderte, verschwand es abrupt.«

Der Frau kam das Geschehen sehr merkwürdig vor. Dennoch war Regina Froitzheim davon überzeugt, dass sie für das »Geisterbild« eine nüchterne Erklärung finden würde. Angstgefühle oder anormale Empfindungen hatte sie nicht. Ungelöste Probleme halten bekanntlich die grauen Zellen lebendig. Also suchte die unfreiwillige »Geisterjägerin« nach einer logischen Antwort: »Ich trat auf den Balkon, um den möglichen Auslöser einer Spiegelung zu finden. Doch es gab nichts, das das Ereignis hätte erklären können. Der Fernsehapparat steht in einer Ecke des Wohnzimmers. Von ihm bis zum Fenster sind es über fünf Meter. Das Fensterbrett füllen mehrere hoch gewachsene Pflanzen. Am Balkon hängen sieben üppig bewachsene Blumenkästen mit einem Durchmesser von einem Meter. Einige auf der Loggia stehende Bodengewächse ragen hoch hinauf und verdecken zusätzlich große Teile der Fensterscheibe. Die nächsten Häuser auf der Straße gegenüber liegen tiefer als mein Balkon. Dazwischen gibt es noch einen etwa dreißig Meter breiten Grüngürtel mit hohen Tannen, Fichten und Birken. Es ist nicht möglich, dass von draußen eine Gestalt die Reflexion ausgelöst haben könnte. Der Urheber des Geschehens muss sich direkt im Raum befunden haben. Einzige Erklärung, die mir in dieser Situation plausibel erschien: Restspannung im Gerät hatte mir das ›Geisterbild‹ vorgegaukelt.«

Für diesen Verdacht wollte Regina Froitzheim eine fachmännische Bestätigung finden. Sie ließ einen Fernsehtechniker ins Haus kommen und beschrieb ihm in groben Zügen, was vorgefallen war. Begleitphänomene wie das auffällige Verhalten des Katers wurden nicht erwähnt. Mit dem Ergebnis der Prüfung stellten sich für die Augenzeugin neue

Fragen: »Mein Fernsehapparat war am Abend zuvor gegen Mitternacht ausgestellt worden. Der ratlose Mechaniker versicherte mir, dass dies eine zu lange Zeit wäre, um irgendeine Spannung zu halten. Außerdem wäre das keine Erklärung für ein gut sichtbares Bild. Die Erscheinung musste eine andere Quelle ausgelöst haben. Aber welche? Ich erzählte den Vorfall meiner Tochter und einigen Freunden. Niemand wollte so recht daran glauben. Ich ebenso wenig. Wir belustigten uns darüber.«

Es vergingen Wochen, und die Sache war schon beinahe vergessen, als der inzwischen fertig geknipste 36-Bilder-Film ins Fotolabor gebracht wurde. Im April holte Frau Froitzheim die entwickelten Bilder ab und kontrollierte noch im Geschäft die einzelnen Aufnahmen. Zwischen den Fotos der Weihnachtsfeier dann die Überraschung. »Ich hoffte, rechnete aber nicht damit, dass mir das in aller Eile geschossene ›Geisterbild‹ gelungen war«, erinnert sich Frau Froitzheim und erzählt weiter: »Als ich dann das bewusste Foto in den Händen hielt, war ich wirklich verblüfft! Klar erkennbar zeigt es das Gesicht eines Mannes. Rechts in der Ecke beginnend, ist es mehrmals auf dem Bildschirm zu sehen. Das ist ein weiteres Rätsel. Denn als ich die Aufnahme machte, sah ich das seltsame Porträt nur einmal! Noch etwas ist deutlich erkennbar: Das Senderlogo fehlt ebenso wie die Leuchtdioden, entweder grün für das eingestellte Gerät oder rot für Stand-by. Wäre der Apparat eingeschaltet gewesen, hätte man unter dem Schriftzug der Firmenmarke eines der Lichter erkennen müssen. Das Foto beweist: Der Fernseher war tatsächlich nicht in Betrieb.«

Noch etwas fällt beim Betrachten der Fotografie auf. Sie wurde mit Blitz aufgenommen und ist trotz der diffusen Gestalt recht scharf geworden. In der oberen Bildmitte ist das reflektierte Kameralicht als weißer Fleck abgebildet, darunter die Gesichter eines Unbekannten. Wer ist der Mann mit den schmalen Wangenknochen und spitzem Kinn? Und wie kam sein Antlitz auf den Fernsehschirm? Keiner im Kreise der Verwandten, Bekannten und Kollegen von Regina Froitzheim kennt die abgelichtete Person oder hat selbst Ähnlichkeit mit ihr. Eine rationale Erklärung für das »Geisterbild« konnte trotz intensiver Bemühungen nicht gefunden werden. Mit Humor beschloss die Familie, dass das Gespenst auch einen Namen haben sollte. Es wurde frei nach dem irischen Schriftsteller Oscar Wilde (1854–1900), dem genialen Schöpfer von »Das Gespenst von Canterville«, liebevoll »Sir Oscar« getauft.

Da Regina Froitzheim endlich wissen wollte, was den Spuk nun ausgelöst hatte, gab sie Bild und Fakten an die Presse weiter. Ihre Hoffnung dabei: Vielleicht könnten Leser erhellende Aufschlüsse liefern. Am 25. April 1998 veröffentlichte die »Westdeutsche Zeitung« einen Beitrag unter dem Titel »Die toten Augen von Erkrath«. Doch statt konkreter Lösungsvorschläge folgte der inhaltslose Kommentar einer skeptischen Koryphäe: »Schilderungen von Geistern habe ich schon oft gehört. Einer genauen Prüfung haben solche Geschichten aber nie standgehalten. Es sind oft nur Spiegelungen. Meistens existieren Geister nur in den Köpfen der Menschen.«

13 Jahre zogen ins Land, bis der ungelöste Psi-Fall »Oscar« schließlich bei mir landete. Ich selbst fotografiere leidenschaftlich gerne, bin jedoch kein Fachmann für Fototechnik. Aber ich habe das Glück, dass mich beim Auftauchen kniffliger Kopfnüsse eine Reihe kompetenter Spezialisten auf der Suche nach Antworten unterstützen. Einer dieser Profis ist der in Wien lebende Fotografenmeister Bernhard Moestl. Er arbeitet als Fototrainer, ist Reiseleiter für Asien und schreibt erfolgreiche Ratgeber, die auf der Philosophie buddhistischer Shaolin-Mönche basieren.

Ich sandte Bernhard Moestl eine Kopie der Aufnahme und wollte von ihm wissen, wie er das Fotorätsel um »Oscar« beurteilt. Die Antwort des Experten ließ nicht lange auf sich warten. Zwei Merkwürdigkeiten fielen ihm bei der Analyse besonders auf: »Erstens berichtet Frau Froitzheim, dass die Erscheinung nur aus einem bestimmten Winkel zu sehen war (... *als ich den Winkel zu dem Bild korrigierte, verschwand es abrupt*). Eine mögliche Erklärung dafür wäre, dass das vom Fernseher kommende Licht polarisiert war. Polarisation, also das Schwingen des Lichts in nur eine Richtung, tritt auf, wenn Licht von einer teiltransparenten Oberfläche reflektiert wird. Teiltransparenz bedeutet, dass ein Teil des auftreffenden Lichtes durchgelassen und der andere Teil zurückgeworfen wird, wie wir es also zum Beispiel von Wasser oder eben auch Glas kennen. Da man ein normales Fernsehbild aber von *allen* Richtungen sehen kann, ohne dass es verschwindet, ist folglich die Wahrscheinlichkeit, dass dieses Bild von der Bildröhre des Fernsehers erzeugt wurde, äußerst gering. Sollte die Theorie der Polarisation stimmen, scheidet gleichzeitig auch jede Reflexion über eine Wand oder sonst eine plane Fläche aus.«

Damit wäre die anfängliche Vermutung, eine technische Störung im

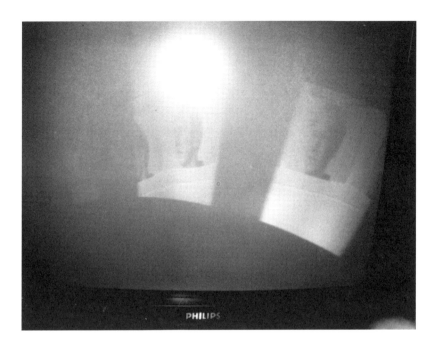

Fernsehspuk 1997 bei Familie Froitzheim in Erkrath: Obwohl das Gerät nicht in Betrieb war, zeigte sich eine mysteriöse Gestalt. Die Überprüfung ergab, dass weder ein technischer Defekt noch eine Spiegelung dafür verantwortlich war. Was dann? (Bild: Regina Froitzheim)

Fernsehgerät oder eine Reflexion sei für den Spuk verantwortlich, aus dem Rennen. Der zweite, noch interessantere Sachverhalt ist, dass das Bild nicht vom Blitzlicht überstrahlt wurde. Bernhard Moestl erklärt den Grund: »Ich habe die Aufnahmesituation von damals nachgestellt, und in *allen* Fällen waren etwaige Spiegelungen auf dem Fernsehschirm vom Blitzlicht überlagert und daher fast nicht mehr sichtbar. Grundsätzlich reagiert lichtempfindliches Filmmaterial auf Lichtwellen im sichtbaren Bereich mit einer chemischen Veränderung, durch die am Ende ein sichtbares Bild entsteht. Film ist vereinfacht gesagt aus mehreren übereinanderliegenden Schichten von einzelnen Brom-Silber-Kristallen aufgebaut, die durch auftreffendes Licht zu reinem Silber reduziert werden und so den Film an der betreffenden Stelle *schwärzen.* Wo viel Licht auftrifft, wird der Film stark geschwärzt, das Negativ an dieser Stelle also dunkel. Nun ist die Fotografie mit einem Blitzgerät zusätzlich problematisch, da die Kamera in den meisten Fällen eine zu kurze Belichtungszeit wählt, was zu einer Unterbelichtung der dunklen Bildpartien führt. Außerdem steigt der Beleuchtungskontrast, wodurch es in den dunklen Bildteilen meistens zu gar keiner Schwärzung des Films kommt. Warum ich das alles schreibe? Weil die Tatsache, dass das Bild auf dem Film genau so zu sehen ist, wie Frau Froitzheim es wahrgenommen hat, beweist, dass es in Form von Energie im für das Auge und den Film wahrnehmbaren Bereich existiert haben muss. Und weil diese Energie so stark gewesen sein muss, dass sie den Blitz der Kamera sozusagen ›übertönt‹ hat. Man muss also bei der Betrachtung dieses Falles unbedingt berücksichtigen, dass das Bild sowohl *gesehen als auch fotografiert wurde!*«

Woher nun diese »starke Energie« gekommen sein soll, die das Bild entstehen ließ, ist nach wie vor unerklärlich. Eine weitere Eigenart, die es eigentlich nicht geben dürfte:»Sir Oscar« hat sich ähnlich wie bei einer Endlosschleife mehrmals am Bildschirm manifestiert, und zwar in jeweils *unterschiedlicher* Position, so als würde sein Kopf eine Drehung machen. Auch für diesen Effekt fehlt eine vernünftige Begründung. Das originale Negativ existiert noch und stünde für weitere Untersuchungen zur Verfügung.

Fotograf Moestl ist Perfektionist. Doch irgendwann stößt jeder an seine Grenzen, und was dann bleibt, ist oft Staunen. So ist es Bernhard Moestl im Zuge der Vorbereitung zur erstmalig 2001 in Wien gezeigten Ausstellung »Unsolved Mysteries – Die Welt des Unerklärlichen« ergangen. In der von Kulturmanager Klaus Dona realisierten und von mir als Texter mitinitiierten Schau wurden Hunderte archäologische Fundstücke präsentiert, die sich scheinbar allen wissenschaftlichen Deutungen entziehen. Dazu zählen Originale der umstrittenen und bis dahin verschollen geglaubten Kunstsammlung von Pater Carlo Crespi (gestorben 1982) aus Cuenca in Ecuador. Neben Keramik, Knochen und Steinen haben vor allem Metallplatten mit grotesker Ornamentik für mediales Aufsehen gesorgt. Sie wurden mit den Werken von Erich von Däniken und der Betrachtung als Hinterlassenschaften einer unbekannten prähistorischen Kultur weltberühmt. Unter Wissenschaftlern wird ihre Echtheit jedoch stark angezweifelt.

Bernhard Moestl hatte den Auftrag, die Crespi-Schätze für den Ausstellungskatalog zu fotografieren. Doch eine Platte verweigerte dem Fotografen hartnäckig den Gehorsam. Für das Phänomen konnte keine Erklärung gefunden werden. Moestl nachdenklich: »Als die Diapositive von der Entwicklung zurückkamen, musste ich zu meiner großen Enttäuschung feststellen, dass ausgerechnet in der Mitte der schönsten Platte ein großer Schatten zu sehen war. Auch wenn ich mir sicher war, ordentlich gearbeitet zu haben, dachte ich an einen Fehler bei der Beleuchtung. Als die Platten anlässlich der Ausstellung nach Wien kamen, holte ich mir die eine noch einmal ins Studio, um sie erneut zu fotografieren. Diesmal achtete ich ganz bewusst auf eine gleichmäßige Ausleuchtung und versuchte auch, den problematischen Schatten schon bei der Aufnahme zu erkennen. Er war aber *nicht* zu sehen. Umso erstaunter war ich, als die Bilder entwickelt waren: Der Schatten war wiederum genau dort, wo er auch beim ersten Bild zu sehen war!«

Seltsame Schatten, das ist das Stichwort. Damit sind wir bei einem Folgespuk angelangt, der mit Samtpfote Lucky verbunden ist und damit indirekt wieder mit »Sir Oscar«. Denn hätte sich der sensible Kater damals nicht so seltsam aufgeführt, wäre der Bildschirmgeist im Hause Froitzheim gar nicht bemerkt worden. Tierfreunde wissen, dass besonders Katzen und Hunde ein unglaubliches Gespür besitzen. Über Hunderte Kilometer können sie den Weg nach Hause finden oder warten am Gartentor, selbst dann, wenn ihr Besitzer einmal viel früher heimkommt als erwartet. Manchmal hält diese übersinnliche Verbindung selbst nach dem Tod an. Mir sind im Freundeskreis etliche solcher Begebenheiten bekannt. Im Vorwort zu diesem Buch gibt der Medizinjournalist Hademar Bankhofer ein persönliches Beispiel für den Ruf aus dem Jenseits.

Der schwarze Kater Lucky ist 2005 verstorben. »Später, nach seinem Tod«, so versichert Regina Froitzheim, »wurde er unabhängig von verschiedenen Gästen in der Wohnung gesehen. Die Freunde dachten, ich hätte mir eine neue Katze zugelegt. Als ich das ausdrücklich verneinte, hielten sie es für einen Scherz. Sie hatten Lucky deutlich wahrgenommen. Ob flüchtig als schwarzen Schatten, der in der Diele hockte, oder deutlich, als er einen Bogen um den Sessel einer Bekannten machte und dann aus ihrem Blickfeld verschwand.« Ähnliche Sinneseindrücke kann auch Frau Froitzheim bestätigen, spricht aber weniger gerne darüber. Anders als bei »Sir Oscar« fehlt ein beweiskräftiges Foto der »Geisterkatze«.

Ohne den übersinnlichen Kater Lucky aus Erkrath wäre der »TV-Geist« nicht entdeckt worden. Nach seinem Ableben sorgte der Zimmertiger selbst für Spukphänomene. (Bild: Regina Froitzheim)

Man kann alles als Halluzination abtun. Wem aber so etwas schon passiert ist, wer solche Erfahrungen hatte, hegt keinen Zweifel und wundert sich mitunter über gar nichts mehr. Einstein pflegte zu sagen: »Man hat den Eindruck, dass die moderne Physik auf Annahmen beruht, die irgendwie dem Lächeln einer Katze gleichen, die gar nicht da ist.«

Wer weiß, vielleicht ist es genau umgekehrt: Eine nicht (mehr) vorhandene Katze lächelt über die Thesen der modernen Physik, die auf Annahmen beruht.

Wie von unsichtbarer Hand gemalt

Die seltsamsten Spukfälle sind jene, die zwar von Psychologen und Wissenschaftlern akribisch untersucht wurden, jedoch weiterhin für Unruhe sorgen. Dazu zählt die paranormale Bildergalerie der

2000-Seelen-Gemeinde Bélmez de la Moraleda. Das südspanische Städtchen liegt, umgeben von idyllischen Olivenhainen, auf 825 Metern Höhe in der andalusischen Provinz Jaén. Es ist berühmt für seine unheimlichen Gesichter, die im Haus Nr. 5 in der Calle Real auf mysteriöse Weise zum Vorschein kamen.

Beginnen wir mit dem Tag, als der Spuk begann: Es ist der 23. August 1971. Die Hausfrau Maria Gómez Pereira (1919–2004) betritt frühmorgens ihre Küche und bemerkt auf dem Fußboden einen merkwürdigen Fleck. Beim näheren Hinsehen stellt sie bestürzt fest, dass es das verschwommene Antlitz eines bärtigen Mannes ist. Es scheint wie aus Rauch gemalt und ist offenbar über Nacht entstanden. Doch wie, woher und von wem? Die Frau glaubt an einen Streich, bittet ihren Mann Juan, es wegzuwaschen, doch vergeblich: Das Gesicht nimmt immer wieder neu Gestalt an. Maria Gómez informiert Verwandte, Bekannte und Nachbarn, die genauso überrascht über das Porträt sind. Wie aber soll gutes Essen gelingen, wenn man ständig von einer Geisterfratze angeglotzt wird? So etwas kann das ruhige Dasein stören und sich empfindlich auf den Magen schlagen. Also wurde im Familienrat beschlossen, das Bildnis des ungebetenen »Gastes« zu zerstören. Sechs Tage nach dessen Erscheinen hackt Maria Gómez Sohn Miguel den Küchenboden auf und füllt ihn mit frischem Zement.

Der Hausfrieden währt nur kurz – bis zum 8. September. Als Frau Pereira in ihre Küche geht, ist sie fassungslos: Noch deutlicher als beim ersten Mal zeichnet sich an derselben Stelle wieder ein menschliches Gesicht ab. Obwohl die Familie besorgt ist und an Eingriffe aus dem Totenreich glaubt, wird es diesmal nicht zertrümmert. Am 2. November versammelt sich eine große Menschenmenge vor dem »Haus der Gesichter« und wird Zeuge, als das »Geisterbild« vorsichtig aus dem Boden geschnitten wird. Es bekommt eine Fassung hinter Glas, erhält den Titel »La Pava« (Feuerstelle) und hängt seither neben dem Kamin an der Wand.

Bevor das Loch am Fußboden wieder ausgebessert wird, findet im Auftrag der Gemeinde Bélmez eine Grabung statt. Man will herausfinden, ob sich unter der Erde etwas befindet, was das Erscheinen der beiden Gesichter erklären könnte. Und tatsächlich, die Arbeiter werden fündig: In fast drei Metern Tiefe entdecken sie menschliche Skelette. Das Unheimliche: Bei einigen Gerippen fehlt der Schädelknochen! Gerüchten zufolge sollen es Überreste von fünf Mordopfern sein, die im 17. Jahrhundert (nach anderen Quellen im 15. Jahrhundert) an der Stelle begraben wurden. Gerätselt wird, ob die anonymen »Geistergesichter« die Antlitze der hier Verstorbenen zeigen. Die Dorfbewohner wissen, dass Teile ihrer Siedlung auf einem ehemaligen Begräbnisfeld errichtet worden sind. Spuken die Toten als ruhelose Geister? Aber warum nur im Hause Pereira? Die Knochen werden geborgen und auf dem neuen Friedhof von Bélmez beigesetzt. Nachdem im Spukhaus der Küchenboden wieder aufgeschüttet und mit Folie versiegelt worden ist, hofft die Familie endlich auf ruhigere Zeiten.

Ihr Wunsch erfüllt sich nicht. Es dauert nur zwei Wochen, bis ein drittes Porträt erkennbar wird. Es erscheint in der Nähe der vorigen Stelle. Maria Gómez vergeht sowohl der Appetit als auch die Lust am Kochen. Eine Ersatzküche entsteht im Nebenraum des Hauses. Kaum fertiggestellt, fängt der Spuk auch dort an. Ein viertes »Geisterbild« wird sichtbar, um das sich später wie bei einem Puzzle eine Reihe kleinere Abbilder gruppieren. In der Folge entsteht eine ganze Galerie aus Dutzenden Gesichtern von Männern, Frauen und nur vage erkennbaren Köpfen. Sie erinnern an expressionistische Gemälde und erscheinen am Boden sowie auf Wänden. Mehr noch: Die Werke des unbekannten Pinselschwingers verändern ihren Ausdruck. Grobe Linien bilden sich zu feinen Strichen fort, Gesichter verblassen, verwandeln ihre Form, verschwinden schließlich oder tauchen unvermutet wieder auf. Die Porträts von Männern und Frauen werden in unregelmäßigen Abständen sichtbar. Ihre Größe variiert. Die meisten haben die Ausmaße von etwa 60 mal 55 Zentimetern.

Soweit die Vorgeschichte: Einer der ersten Parapsychologen vor Ort war der Spanier Ernesto Argumosa. Er und zwei Journalisten der Zeitung »Pueblo«, Rafael Alcala und Pedro Sagrario, wollen am 9. April 1972 die Veränderung eines »Geisterbildes« selbst miterlebt haben. »Es war unglaublich«, teilte Argumosa später mit, »wie das Gesicht vor unseren erstaunten Augen langsam Konturen annahm.« Auch Pedro Sagrario beschrieb das Unfassbare: »Auf dem ziegelgepflasterten Teil des Fußbodens erschienen zunächst unverbundene Linien, die sich allmählich zu einem eindrucksvollen Gemälde zusammenfügten.« Das Wunderwerk wurde mehrfach fotografiert, doch am Ende des Tages war es schon wieder so gut wie verschwunden. Argumosa hatte im Haus auch Psi-Experimente mit Tonbändern durchgeführt. Auf einigen Aufnahmen sind laute Schreie, mysteriöses Stimmengewirr und schluchzende Menschen deutlich hörbar. Ähnliche Akustik-Anomalien konnten 2004 von Phänomene-Ermittlern der spanischen Forschungsgruppe SEIP (Sociedad Espanola de Investigaciones Parapsicológicas: Spanische Gesellschaft für parapsychologische Forschung) auf Band eingefangen werden. Die Ursache für diese Geräusche blieb ungeklärt. Hatte sich einst am Ort des Geschehens etwas Entsetzliches zugetragen? Sind die »Geister-Stimmen« Projektionen aus dieser Zeit? Gibt es eine Verbindung zu den Skelettfunden unter dem Betonboden der Küche?

Viel Raum für Spekulationen. Mit dem spukhaften Auftauchen weiterer Porträts und der medialen Berichterstattung hatte sich das Phänomen bald über die Dorfgrenzen hinaus herumgesprochen. Journalisten, Geistliche, Maler, Kunsthistoriker, Politiker, Astrologen, Okkultisten, aber ebenso zahlreiche Wissenschaftler aus ganz Europa rückten mit Kameras heran oder nahmen Bodenproben, um dem Geheimnis auf die Spur zu kommen. Unter ihnen der deutsche Universitätsprofessor Hans Bender (1908–1991), Gründer des Instituts für Grenzgebiete in Freiburg. Der Psi-Experte begann im Mai 1972 mit seinen Erhebungen. Nach Befragung aller Zeugen kam der Parapsychologe zur Überzeugung, dass tatsächlich ein übersinnliches Ereignis vorliegen müsse. Chemische und mineralogische Analysen von Proben des Küchenbodens brachten keine Klärung – sie bestehen aus gewöhnlichem Zement ohne zusätzliche Bestandteile.

Ähnlich unklar waren die Ergebnisse späterer Untersuchungen. 1975 fand man bei einem »Geisterbild« Spuren von altem Fett. Der daraus resultierende Verdacht: Die Bilder haben nur zufällig durch fettige Substanzen bizarre Formen angenommen, die einem Gesicht ähneln. Psychologen wissen, dass unser Gehirn optische Informationen zu einem vertrauten Muster bildet. Durch diesen Effekt können markante Bergstrukturen oder veränderte Wolkenformen den Eindruck von »Gesichtern« vermitteln. Da jedoch die meisten Porträts von Bélmez viel zu ausgeprägt sind, reicht der Lösungsansatz »optische Illusion« dafür nicht aus. Es sei denn, bei den Strukturen, die an menschenähnliche Köpfe erinnern, ist mit Pinsel und Farbe nachgeholfen worden, um diesen Eindruck zu verstärken. Maria Gómez wies alle Anschuldigungen der Manipulation zeitlebens energisch zurück. Einen Lügendetektortest, dem sie sich gemeinsam mit Familienangehörigen unterzog, bestanden alle erfolgreich. Familie Pereira sagte die Wahrheit.

1991 hatten Wissenschaftler des Instituto de Ceramica y Vidrio (Institut für Keramik und Glas), wiederum Analysen von Betonproben vorgenommen. Diesmal wurden geringe Spuren von Zink, Blei und Chrom festgestellt. Obwohl es auch Bestandteile von Farbpigmenten sind, konnten die Spezialisten nicht schlüssig nachweisen, dass es sich tatsächlich um Farbreste handelte.

Mit dem breiteren Medienrummel kamen auch Scharen von schaulustigen Touristen, die seither nach Bélmez pilgern. Jeder, der die spanische Region besucht, will den skurrilen »Gesichtern aus einer anderen Welt« die Reverenz erweisen. Damals wie heute beschäftigt die Menschen eine Frage: Welche unsichtbare Kraft ließ die gespenstischen Bilder im Hause Pereira entstehen?

Wie in solchen Fällen üblich, gibt es in Bezug auf das Paranormale zwei entgegengesetzte Lager: entschiedene Gegner und entschlossene Befürworter. Kritiker wie der Parapsychologe Ramos Petera und der Journalist Javier Cavanilles vermuten einen inszenierten Betrug, an dem sogar die Stadtverwaltung beteiligt gewesen sein könnte. Eine These der Skeptiker nennt oxidierende Chemikalien, die auf Böden und Wände aufgetragen wurde. Bei Lichteinfluss sollen sie sich dann dunkel färben. Der entlarvende Wahrheitsbeweis für diese Annahme blieb jedoch aus. Ein Indiz für Fälschung glaubt man dennoch mittels Infrarottest aufgespürt zu haben. Im Bild »La Pava« sind fast unsichtbare Pigmente erkennbar, die als Pinselstriche gedeutet werden. Wurden sie von Menschenhand gemalt? Oder wurde erst später nachretuschiert, um das Bildnis zu erhalten? Protagonisten des Übernatürlichen verweisen auf das beglaubigte Zeugnis eines Notars. Im Juli 1973 wurden alle Gesichter unter behördlicher Kontrolle fotografiert. Anschließend hatte man eine Folie darübergespannt, mit Klebebändern fixiert und die Küche mit Vorhängeschlössern sowie Draht amtlich verschlossen. Knapp drei Monate später (die Familie war in der Zwischenzeit andernorts untergebracht) wurde die Versiegelung aufgehoben. Bei der »Gesichtskontrolle« stellte der Gutachter verblüfft fest: Die Antlitze hatten ihr Aussehen verändert!

Schwarzseher kann das freilich nicht überzeugen. Sie werfen dem Notar mangelnde Sorgfalt bei der Ermittlung vor. Ebenso gibt es kritische Experten, die es für wahrscheinlich halten, dass Feuchtigkeit den Ausdruck der Gesichter entgleisen ließ. Grundwasser könnte diese Veränderung bewirkt haben.

Einige Forscher, die eine paranormale Erklärung für möglich halten, vertreten hingegen die These, dass Maria Gómez Pereira oder ein anderes Familienmitglied durch unbewusste Mentalkräfte das Erscheinen der Bilder ausgelöst haben könnte. So sollen die Porträts ihren Charakter je nach Gemütslage der Frau verändert haben. Als ihr Mann 1981 schwer erkrankte, hätte sich, so wird behauptet, auch das Mienenspiel der »Geisterköpfe« verfinstert.

Maria Gómez Pereira starb 85-jährig am 3. Februar 2004. Sie fand unter großer Anteilnahme am Kirchhof von Bélmez ihre letzte Ruhestätte. Eine Straße wurde nach ihr benannt, und viele Menschen sagten voraus, dass mit ihrem Tod die Gesichter verschwinden werden. Die Prophezeiung bewahrheitete sich nicht. Soweit bekannt, sind in der ersten Erscheinungsstätte keine weiteren Zerrbilder bemerkt worden. Dafür aber fand der Spuk im nur 100 Meter entfernten Geburtshaus von Maria Gómez eine eigenwillige Fortsetzung. Hier lebte die Frau bis zu ihrem 22. Lebensjahr. Fast ebenso viele »Geistergesichter« kamen Monate nach ihrem Ableben zum Vorschein. Ein neuerlicher Wink aus dem Jenseits? Oder hat jemand aus dem Familienkreis mit irdischen Mitteln nachgeholfen? Die Verdächtigen wehren sich bis heute massiv gegen alle Vorwürfe und schwören standhaft, niemals Manipulationen an den Gesichtern vorgenommen zu haben.

Am »Wunder von Bélmez« scheiden sich die Geister ...

Kreuzvision, Bluthostie und ein Altargeheimnis

Wenn Dinge ihre Gestalt, Form oder Struktur verändern, nennt das der Fachmann »Transformation«. Ein weit gefasster Begriff, der in vielen Wissenschaftsgebieten gebräuchlich ist, etwa in der Biologie bzw. Medizin, wenn normale Zellen zu einem bösartigen Tumor mutieren, oder in der Werbung und Filmindustrie, wo mit speziellen Computertricks, »morphing« genannt, ein kaputtes Spielzeugauto per Knopfdruck zum unbändigen Robotermonster umgeformt werden kann. Wird im religiösen Umfeld von einer unerklärlichen Verwandlung berichtet, erkennt der fromme Gläubige darin einen Fingerzeig Gottes. Die Gründungslegende vieler christlicher Gnadenorte beruft sich auf überirdische Mirakel wie wundertätige Kruzifixe, blutige Hostien oder versteinerte Rätsel.

Ein österreichischer Wallfahrtsort kann gleich alle drei dieser Unglaublichkeiten für sich verbuchen: Seefeld, etwa 20 Kilometer westlich von der Tiroler Landeshauptstadt Innsbruck entfernt. Das Hochplateau auf fast 1200 Metern Seehöhe ist mit 250 Kilometern Langlaufpiste eine beliebte Wintersportregion, die 1964 und 1976 Austragungsort für die nordischen Disziplinen der Olympischen Winterspiele war. Das trug nicht unwesentlich zur internationalen Bekanntheit von Seefeld bei. Nebst Spielcasino, Golfplätzen und Wellnessbereichen hütet der mondäne Höhenluftkurort mit seinen rund 4000 Einwohnern einen kuriosen Abdruck in Stein, der für die meisten Augen verborgen bleibt. Er befindet sich gemeinsam mit einer Wunderhostie in der Pfarrkirche zu St. Oswald.

Nur wenige Urlauber, die Seefeld besuchen, kennen die seltsame Geschichte dazu. Im 14. Jahrhundert löste ein wundersames Ereignis einen gewaltigen Pilgerstrom aus, der den Ort über die Landesgrenzen hinweg berühmt machte. Aus den Urkunden erfahren wir, dass ein Ritter namens Oswald Milser (andere Quellen schreiben Mülser), geboren 1340 in Schloss Klamm bei Obsteig, als Gerichtspfleger auf der Feste Schlossberg bei Seefeld arbeitete. Er wird als reich, mächtig und gewalttätig beschrieben. Oswald schreckte nicht davor zurück, 1367 das Stift Wilten bei Innsbruck zu überfallen. Dabei wurde der Abt Konrad II. Speiser entführt und kurzfristig auf Schloss Klamm gefangen gehalten. Für diese Schandtat wurde der Radaubruder fünf Jahre lang aus der Kirche ausgeschlossen.

Der zweite Zwist mit dem Kirchenregiment führte zum Stein- und Hostienwunder. Im originalen Wortlaut heißt es dazu in der Seefelder Chronik:

»Als in dem Jahr nach Christi Geburt aintausend dreyhundert vier und achtzig ain Mächtiger Edelmann Nahmens Oßwald Milser, der zu selber Zeit den gleich ausser Seefeld gelegenen Burgfriden und Schlößl Schloßberg besitzete, zur österlichen Zeit den fünf und zwanzigsten Marty am heil. Grien Donnerstag das Allerheiligste Sakrament empfangen wollte, und auß allzugroßen Hochmuet von dem Priester zu Seefeld nicht wie andere Layen und arme Leüth mit einer kleinen, sondern mit einer großen Heil. Hostia gespeiset zu werden begehrte, der Priester auch ihme dieses begehren wegen seinen großen ansehen auß Forcht und Menschlicher Schwachheit, nit abzuschlagen getrauete, mithin demselben die

große Hostiam dar reihte. Das besagter Edelmann, so bald als ihme der Priester das heil. Sacrament auf die Zungen legte, vor dem Altar augenblicklich bis an die Knie in die Erdten gesunken, und da er sich an den Altarstein halten wollte, auch dieser der Hand wundersam gewichen seye. Wie dann die Zaichen noch allda zu sehen. Wie dann der Priester die H. H. Hostiam dem Edelmann gleich wiederum aus dem Mund nahme, wäre selbe von des Mundts Nattürlichen Feuchtigkeit etwas zusammen gezohen, und mit Bluet- und Blauen Bisszeichen unterloffen, und wirdet dieselbe bis heunt zu Tag in dieser gestalt allhier in einer Monstranzen aufbehalten.«

Halten wir fest: Ritter Oswald Milser wollte sich nicht mit einer kleinen Hostie begnügen, die fürs arme Volk vorgesehen war, sondern forderte das große Sakrament. Aus heutiger Sicht ein lächerliches Ansinnen, damals jedoch ein unverzeihlicher Frevel. Der Pfarrer hatte eine Heidenangst vor dem Rüpel, reichte ihm widerwillig die große Hostie zur Zunge, und dann passierte das Unfassbare: Die Oblate begann zu bluten und Milser versank einen halben Meter in der Erde. In Panik hielt er sich am ebenfalls butterweich gewordenen Altarstein fest. Dort wurden Finger und Handfläche als steinerner Abdruck verewigt. Erst als der Priester die blutige, mit Bisszeichen versehene Hostie aus dem Mund des Ritters nahm, festigte sich der Boden wieder.

Aus den weiteren Texten geht hervor, dass der Vorfall für erhebliches Aufsehen sorgte. Oswald Milsner selbst, so ist vermerkt, sei kreidebleich und fürchterlich geschockt gewesen, dass er bald nach diesem Vorfall in das Zisterzienserstift Stams (36 Kilometer westlich von Innsbruck) eintrat, wo er wenige Jahre später verstarb. Tatsächlich liegt der Büßer dort seit 1388 auch begraben, jedoch nicht wie seine Ahnen in der eigentlichen Familiengruft, sondern unter der Türschwelle am Eingang der »Milser'schen-Kapelle«. Es war sein letzter reumütiger Wille. Kommende und gehende Besucher sollten seine Leiche mit Füßen treten. Statt eines prunkvollen Denkmals markiert ein kleines, in den Fußboden gehauenes Kreuzchen die Beisetzungsstätte. In den Jahren 1715 bis 1717 wurde dieses Bethaus erneuert und nennt sich seither »Heilig-Blut-Kapelle«, weil sie eine kostbare Reliquie enthält: Blutpartikel, die angeblich aus der Seitenwunde Christi stammen sollen.

Oswald Milsner legte mit dem wundersamen Ereignis den Grund-

Das Tafelbild in der Seefelder Wallfahrtskirche zeigt in Wort und Bild, wie Ritter Oswald 1384 durch ein Hostienwunder im Stein versinkt. Nur eine fromme, erfundene Legende? (Bild: Reinhard Habeck)

stein für die Wallfahrt nach Seefeld. Die meisten historischen Dokumente befassen sich damit, doch nur wenige mit den eigentlichen Mysterien selbst. Das vermutlich erste schriftliche Zeugnis über das Geschehen stammt aus dem Jahr 1472. Es ist der Ablassbrief von Papst Sixtus IV. (1414–1484) für Seefeld, der sich auf die Wunder bezieht. Mit Ende des 15. und Anfang des 16. Jahrhunderts liegen mehrere Berichte vor. Einer der ältesten ist der Reisebericht des kaiserlichen Beamten Dietrich von Schachten (1445–1503), der als Begleiter des hessischen Landgrafen in Seefeld verweilte. Historische Quellen lassen sich also finden. Aber wie glaubwürdig sind sie?

Persönliche Rückschau ins Jahr 2007: Es ist März und bitterkalt. Der Frühling lässt noch auf sich warten. Ich reise per Bahn von einer Vatikan-Audienz in Rom zurück in die Heimat. Beim geplanten Umstieg in Innsbruck kommt mir das Tiroler Steinrätsel wieder in den Sinn, dessen Spur ich schon lange im Visier habe. Spontan entscheide ich mich zu einem Ausflug auf das Plateau am Seefelder Sattel. Rechercheunterlagen habe ich keine bei mir, aber in groben Zügen ist die Erzählung im Kopf. Lässt sich vor Ort mehr zum sagenhaften Steinwunder herausfinden?

Mit der behaglichen Mittenwaldbahn, im Volksmund Karwendelbahn genannt, fahre ich eine halbe Stunde lang steil hinauf bis zum Bahnhof Seefeld. Von dort sind es zu Fuß nur wenige Minuten zum Dorfkern, wo die Wallfahrtskirche St. Oswald steht. Beim Eintritt in das Gotteshaus merke ich, dass gerade ein Taufakt abgehalten wird. Ich will nicht stören, entscheide mich für eine spätere Nachforschung und wandere indessen entlang der Promenade zum Wahrzeichen von Seefeld, der frühbarocken Seekirche. Sie liegt westlich des Olympiadorfes am Beginn des unverbauten Mösertals. Mitte des 15. Jahrhunderts wurde hier ein künstlicher See angelegt, der um 1807 trockengelegt wurde. Die Architektur der Kirche ist für Tirol ungewöhnlich: ein achteckiger Zentralbau mit hoher Kuppel, dem ein quadratischer Altarraum mit Sakristei und Kirchenturm angeschlossen sind. Im Inneren beim Hochaltar gibt es eine weitere Besonderheit: ein großes Christuskreuz, das einst als Wegkreuz im 16. Jahrhundert Wunder bewirkt haben soll. Urkundlich ist erwähnt, es habe durch Mirakelkraft mehrmals zu Pilgern gesprochen.

Ein sprechendes Kreuz? Eine drollige Vorstellung, bei der man sich schmunzelnd an »Don Camillo und Peppone« erinnert fühlt. In den berühmten Erzählungen des italienischen Schriftstellers und Karikaturisten Giovannino Guareschi (1908–1968) spielt das Kruzifix in der Dorfkirche von Boscaccio eine bedeutende Rolle. Wann immer der schlitzohrige Don Camillo einen Punktesieg gegen den kommunistischen Bürgermeister Peppone erreicht, spricht ein Christuskreuz zu ihm und ermahnt ihn nötigenfalls.

Schilderungen über Kreuze, die angeblich reden konnten, werden üblicherweise als Ammenmärchen bezeichnet. Beweiskräftig sind solche Geschichten freilich nicht, originell sehr wohl. Die bekannteste Legende erzählt vom Heiligen Franziskus alias Franz von Assisi (1181–1226). In der mittelitalienischen Geburtsstadt Assisi liegt inmitten von Feldern und Olivenbäumen das einst verfallene Kirchlein San Damiano. Anfang des 13. Jahrhunderts soll der Ordensgründer der »Minderen Brüder« (heute Franziskaner oder Minoriten) dort gebetet haben. Während der Lobpreisung, so wird erzählt, hatte der Heilige ein Visionserlebnis. Von der Kreuzikone will er drei Mal deutlich die Worte »Franziskus, du siehst wie mein Haus zerfällt! Gehe und stell es wieder her!« vernommen haben. Das Wunderkreuz von San Damiano hängt heute in der Basilika di Santa Chiara in Assisi.

Noch viel merkwürdiger mutet eine Textstelle an, die sich im Petrus-Evangelium findet. Es ist ein Teil der Apokryphen, also jener »verborgenen« Schriften, die nicht in den festgelegten Kanon der Bibel aufgenommen wurden, aus religionspolitischen Gründen oder weil die Texte bei der Abfassung der Bibel noch nicht bekannt waren. Erhaltene Fragmente des Petrus-Evangeliums reichen zurück bis ins 2. Jahrhundert. Sie wurden 1886 von französischen Archäologen in der Grabstätte eines Mönchs im oberägyptischen Achmim entdeckt. In einem Abschnitt der Pergamenthandschrift, genannt »Papyrus Cairensis 10759«, wird die Auferstehung Jesu Christi eigenartig beschrieben:

»Petrus 35. In der Nacht aber, in welcher der Herrntag aufleuchtete, als die Soldaten, jede Ablösung zu zweit, Wache standen, erscholl eine laute Stimme im Himmel, 36. und sie sahen die Himmel geöffnet und zwei Männer in einem großen Lichtglanz von dort hernieder steigen und sich dem Grabe nähern. 37. Jener Stein, der vor den Eingang des Grabes gelegt war, geriet von selbst ins Rollen und wich zur Seite, und das Grab öffnete sich, und beide Jünglinge traten ein. 38. Als nun jene Soldaten dies sahen, weckten sie den Hauptmann und die Ältesten – auch diese waren bei der Wache zu gegen. 39. Und während sie erzählten, was sie gesehen hatten, sahen sie wiederum drei Männer aus dem Grabe heraus kommen und die zwei den einen stützen und ein Kreuz ihnen folgen. 40. Und auf einmal reichten die beiden äußeren Männer mit ihrem Haupt bis zum Himmel. 41. Eine Stimme vom Himmel fragte: Hast du den Entschlafenen gepredigt? 42. Und vom Kreuz her kam die gehorsame Antwort: Ja, das habe ich getan.«

Was bedeuten diese Zeilen? Wer waren die himmlischen Fremden im Lichtglanz? Und das Kreuz? Ist es in der Überlieferung selbst ein sprechendes Ding? Oder ist noch immer jemand am Kreuz festgenagelt? Wenn ja, wer sollte das sein? Eine Verlegenheitsdeutung der Theologen geht davon aus, dass das sprechende Kreuz eine in Kreuzform positionierte Gruppe jüdischer Heiliger war, die Jesus aus dem Grab heraus folgte. Belegt ist das keineswegs. Die Textstelle bleibt kryptisch. Sprechende Kreuze sind auch aus der Maya-Kultur auf der Halbinsel Yucatan bekannt. Eine Gebetsnische in der Stadt Felipe Carrillo Puerto, ehemals Chan Santa Cruz, erinnert daran. Der alte Maya-Glaube vom kosmischen Lebensbaum Ya'axche, der aus der Höhle Áaktun wuchs und sich bei einer heiligen Quelle des Regengottes Cháak befand, verschmolz mit christlicher Symbolik. Als in den Jahren 1847 bis 1901 die Maya-Bevölkerung für ihre Unabhängigkeit kämpfte, spielte das sprechende Kreuz eine besondere Rolle. Bei der Befragung des Orakels im »Tempel des Jaguar« erhielten die Mayapriester immer wieder den göttlichen Befehl: »Führt den Freiheitskampf gegen die Weißen fort.« Ein jahrelanger Widerstand begann, der letztlich jedoch blutig scheiterte. Mit der Eroberung des Maya-Stützpunktes Chan Santa Cruz wurde die heilige Stätte des sprechenden Kreuzes dem Erdboden gleichgemacht. Dennoch hat der Kult überlebt. Nachdem 1935 die letzten aufständischen Maya-Kämpfer in einem Friedensvertrag die mexikanische Regierung anerkennen mussten, wurde ihnen der Ritus vom sprechenden Kreuz erlaubt. Er wird nach wie vor in den Ortschaften Xcacal Guardia, Chancah-Veracruz, Chumpón und Tulúm gepflegt, um prophetische Botschaften von »höheren Wesen« zu empfangen. Fremde oder Weiße sind an den heiligen Orakelstätten allerdings nicht willkommen.

Das Wunderkreuz in der Tiroler Seekirche ist jedem zugänglich. Einziger Makel: Seit Jahrhunderten hat es ihm die Sprache verschlagen. Dank dröhnender Industrie- und Spaßgesellschaft ist ihm das nicht zu verdenken. Schweigen kann auch eine Antwort sein. Nach vielem Gerede ums Kreuz zurück zum Ausgangspunkt: die Wallfahrtskirche St. Oswald. Als ich neuerlich vor dem Hauptportal des Gotteshaus stehe, fällt mir das Reliefmotiv auf dem Torbogen auf. Es ist in zwei Teile getrennt. Die linke Seite zeigt Ritter Oswald Milser in dem Augenblick, als er die Hostie empfängt und im Stein versinkt. Das Datum des Wunders ist genau dokumentiert: 25. März 1384. Rechts daneben ist zu sehen, wie ein Mann enthauptet wird. Dass Oswald Milser kopflos gewesen wäre, davon ist nichts bekannt. Die Erklärung: Es sind *zwei* Oswalde. Die Szene mit dem Henker bezieht sich auf König Oswald (604–642), der das nordenglische Reich Northumbria regierte. Er starb als Märtyrer, dessen Leiche zerstückelt und zur Schau gestellt wurde. Die sterblichen Überreste des Heiligen werden als Reliquien vielerorts verehrt, darunter der einer Prophezeiung zufolge unverweste rechte Arm in Bamburgh Castle. Die Namensgleichheit des Kirchenpatrons mit Frevler Oswald Milser ist nur eine zufällige.

Als ich das dreischiffige Kircheninnere von St. Oswald betrete, ist es menschenleer. Für Gläubige und Kunstinteressierte sind viele Kostbarkeiten zu entdecken: gut erhaltene Fresken aus dem 15. Jahrhundert, die Kanzel mit Flachschnitzereien aus dem Jahr 1524, wertvolle Schreinfiguren, ein gotischer Taufstein und ein eindrucksvoller Holzschnitt, der das Stein- und Hostienwunder darstellt und beschreibt. Er soll von Jörg Köderer (1465–1540), dem Maler und Hofbaumeister von Kaiser Maximilian I., um 1500 geschaffen worden sein. Aber wo hat sich das versteinerte Rätsel versteckt? Ich schaue mich um, fotografiere fleißig, dann höre ich ein Knarren und Schritte. Aus der Sakristei kommend erscheint ein Mann mit Schnauzbart. Es ist der beliebte Seefelder Pfarrer Egon Pfeifer. Der Diener Gottes fragt, was ich zu suchen habe. »Es soll hier ein steinernes Wunder geben«, lautet meine naive Antwort, »doch ich kann es nirgendwo finden.«

»Mein Herr, Sie stehen genau davor«, klärt mich Pfarrer Pfeifer auf und enthüllt vor meinen verdutzten Augen das Geheimnis, indem er ein Tuch vom Hochaltar entfernt. Und wirklich: An der Kante des steinernen Tisches sind Spuren einer Vertiefung erkennbar, in die Finger und Handfläche passen, daneben am Kirchenboden ein Loch mit einem verschlossenen Gitter davor. Es ist jene Stelle, wo – der Legende nach – Oswald Milser knöcheltief ins Erdreich versank. Die Abdrücke seiner Schuhsohlen sind noch heute sichtbar. Aber wie kann das sein? Die Kirche ist ein spätgotischer Sakralbau, der mit Herzog Friedrich IV. 1423 begann und erst 50 Jahre später vollendet und geweiht wurde. Bereits Jahrzehnte früher soll sich der Überlieferung nach das Wunder hier ereignet haben. Der scheinbare Widerspruch klärt sich rasch auf, wenn man weiß, dass an dem Platz eine ältere Kirche stand, die für den ansteigenden Pilgerstrom zu klein geworden war. Bei der Restaurierung 1950 wurden Fresken des Vorgängerbaus freigelegt, die das

Das Portalrelief offenbart zwei Oswalde: Der eine versinkt im Stein (links), der andere verliert seinen Kopf. (Bild: Fremdenverkehrsamt Seefeld)

bestätigen. Kirchenhistoriker stellten zudem fest, dass zumindest das untere Mauerwerk mit dem Altarstein zum Presbyterium des neuen Gotteshauses wurde.

Damit sind die historischen Quellen belegt. »Sogar die Wunderhostie hat sich hinübergerettet ins 21. Jahrhundert«, erzählt Pfarrer Egon Pfeifer und verweist auf den prunkvollen Nebenraum der Kirche. Es ist die Blutskapelle, in der die wundersame Oblate in einer gotischen Monstranz des Altarschreins gehütet wird. Ihr Zustand ist nicht der beste. Von den Blutstropfen und den Abdrücken der Zähne ist kaum noch etwas erkennbar. Die Hostie erinnert eher an einen ausgespuckten braunschwarzen Kaugummi. Das soll davon herrühren, dass sie in Kriegszeiten mehrmals vor Feinden in Sicherheit gebracht werden musste, zuletzt 1939–1945 im Zweiten Weltkrieg, als sie in einem Stollen lag und dabei Gestalt und Ansehen verlor. Aber sie existiert, sie ist kein Hirngespinst. Wäre es nach all den Jahrhunderten nicht wünschenswert, die Wunder-

Finger und Handfläche passen in die Aushöhlung, wo sich Ritter Milser in Panik festhielt, als der Steinboden unter ihm plötzlich weich wurde. (Bild: Reinhard Habeck)

hostie chemisch zu analysieren? Vermutlich gäbe es kirchliche Einwände. Die geologische Untersuchung des Altarsteins würde mich ebenso brennend interessieren. Es sollte sich mit modernen Methoden der Wissenschaft leicht feststellen lassen, ob die Abdrücke erst künstlich durch Steinmetze geschaffen wurden oder Oswald Milser tatsächlich im Stein versank, als wäre er weich wie Butter gewesen?

Alles Relikte einer leichtgläubigen Heiligenlegende – oder?

Antike Steinverformung

Steine und Menschen haben manches gemeinsam. Für den österreichischen Dichterfürsten Erich Fried (1921–1988) war dies Anlass für eine originelle Inspiration. Er beschreibt ein Zwiegespräch: »Zu den Steinen hat einer gesagt: ›Seid menschlich‹. Die Steine haben gesagt: ›Wir sind noch nicht hart genug.‹«

Der Autor an der Stelle, wo sich der Sage zufolge Hostienwunder und Steinerweichung abgespielt haben sollen.
(Bild: Elvira Schwarz)

Das führt zu einem verwandten Phänomen aus der Inka-Zeit und ist nicht weniger verwirrend: unregelmäßiges Hartgestein zu einem Mauerwerk ohne Mörtel sorgfältig zusammengefügt, als wäre es Knetmasse. Die Genauigkeit ist so perfekt, dass in die Verbindungslinien oft nicht einmal eine Rasierklinge passt. Es sollen Bollwerke gegen Feinde sein. Seltsam nur, dass der schützende Zweck in den meisten Fällen mit wesentlich geringerem Aufwand erzielt worden wäre. Warum die große Strapaze und Detailverliebtheit? Die Griechen des Altertums glaubten, dass die gewaltigen Wände von einäugigen Riesen erbaut worden wären, daher der Name »Zyklopenmauer«. Besonders in der südlich von Korinth gelegenen Ausgrabungsstätte Mykene ist dieser eigenwillige Baustil aus der Zeit zwischen 1350 und 1200 v. Chr.

Wer hinterließ vor rund 3300 Jahren in der Zyklopenmauer von Mykene diesen sauberen Sägeschnitt im Gestein?
(Bild: Christian Schmidt)

erhalten. Was dort zusätzlich bemerkt werden kann: ein Steinbrocken im Wall, der einen sauberen Sägeschnitt tief ins Gestein aufweist. Wer hat diesen Spalt wann, womit und wozu in den Stein gearbeitet?

Imposante Mauerwerke wie in Mykene finden sich überall im ganzen Mittelmeerraum, so in Hattuscha (einstige Hauptstadt der Hethiter, heute Provinz Çorum, im anatolischen Hochland), in Troja (Provinz Çanakkale im Nordwesten der Türkei), in Roselle (nordöstlich der Stadt Grosseto in der Toskana) und anderen vorrömischen Metropolen der Etrusker, ebenso auf Malta, Korsika, Mallorca und in Ägypten, oder auf der Osterinsel und in Peru.

Die erstaunlichsten Bauwunder liegen auf über 3400 Metern Höhe in der Umgebung von Cuzco im Zentrum des peruanischen Andenhochlandes. Etwas oberhalb der legendären Hauptstadt des Inkareiches befinden sich die Ruinen von Sacsayhuamán, die von drei annähernd parallel verlaufenden Zickzackmauern beherrscht werden.

Detail der Inkamauer von Sacsayhuamán, Peru: Wie wurden bis zu 300 Tonnen schwere Gesteinsbrocken fugenlos ohne Mörtel verblockt? Laut Legende konnten die Baumeister die Steine mit einer Pflanzensubstanz weich formen. (Bild: Chris Dimperl)

Die »Verteidigungslinien« mit fugenloser Verblockung von bis zu neun Metern hohen Steinriesen und 300 Tonnen Gewicht zählen zu dem Rätselhaftesten, was die Inka hinterlassen haben. Dass die Indios die Erbauer waren, behauptet der Chronist Garcilaso de la Vega (1539–1616). Er war inkaischer Abstammung und schreibt in seinem »Comentarios Reales«, dass der Komplex unter dem Inka Pachacútec († 1471) begonnen und von dessen Sohn und Enkel vollendet wurde. 30.000 Indios sollen etwa 70 Jahre lang daran getüftelt haben. De la Vega schweigt jedoch zum Transport der tonnenschweren Blöcke und gibt keine Auskunft über die Technik ihres präzisen Zusammenfügens ohne Mörtel. Und weder er noch andere geben eine erschöpfende Antwort auf die Frage, wozu Sacsayhuamán diente.

Die gleiche Sinnfrage stellt sich bei den unidentifizierbaren Gesteinsmassen, die ein paar hundert Meter weiter oberhalb der »Wehranlage« im Gelände herumliegen und vielleicht Reste zerstörter Bauten sind: steinerne Sessel, treppenartige Gebilde, riesige Plattformen aus poliertem Stein, glatte, rechtwinkelige Flächen, fein säuberlich aus dem Fels herausgeschnitten, als ob er Butter oder Wachs wäre. Die spanischen Eroberer und christlichen Missionare sahen in den unerklärbaren Steinbearbeitungen ein Werk des Teufels. Menschen konnten solche Wunder ihrer Ansicht nach nicht bewirkt haben. »Teufel kannten die Inka in ihrer Religion nicht«, bemerkt dazu der deutsche Theologe und Reiseschriftsteller Walter-Jörg Langbein, »wohl aber himmlische Wesen. Und die wollten sie auch weiterhin darstellen – nur die Spanier ließen das nicht zu. Von den Missionaren erfuhren sie, dass der Teufel ein von Gott bestrafter Engel sei: Luzifer. Teufel hätten auch die steinernen Wunder produziert. Dagegen verwahrten sich die Nachfahren der Inka. Von Göttern durften sie auch nicht sprechen, das verboten die Verkünder des neuen Glaubens. Also setzten sie die Götter von einst mit Engeln gleich.«

Tatsächlich gibt es eine originelle Darstellung in Chinchero, die genau diese Glaubensvorstellung dokumentiert. Die Ortschaft liegt etwa 30 Kilometer nordwestlich von Cuzco entfernt und war Sommersitz der Inkakönige. Hier steht eine Kolonialkirche aus der Mitte des 16. Jahrhunderts. Ihre Fundamente stammen aus Tempelresten der Inkazeit. Heute noch werden die Messen in der Indiosprache Quechua gehalten. 1693 wurde der Künstler Francisco Chihuantito beauftragt, dieses Gotteshaus mit Ölgemälden auszuschmücken. Der Meister fand über dem Außenportal eine seltsame Abbildung, die auf mündlichen Überlieferungen der Inka basieren soll. Sie zeigte geflügelte Engel bei der Felsbearbeitung. Chihuantito war von der Idee begeistert, die christianisierte Darstellung von der Kirchenwand in einem Gemälde festzuhalten. So entstand eine genaue Kopie vom ursprünglichen Bild. Man sieht keine überirdischen Götter der Inka, sondern geflügelte Engel, die mit einer *Säge* die Steinwunder aus dem zerklüfteten Fels herausarbeiten. Versteinerte Rätsel als Andenken für übernatürliche Eingriffe? Wunderglaube oder fantastische Wahrheit?

Ein nicht weniger kühner Erklärungsversuch: Die Inkas und andere frühe Kulturen kannten das Geheimnis des *Steineschmelzens*. Einen Anhaltspunkt liefert der amerikanische Archäologe Hiram Bingham (1875–1956), der 1911 auf die Ruinenstadt Machu Picchu gestoßen war. Bei der Freilegung der vom Dschungel überwucherten Bauwerke erzählten ihm Einheimische von einer Pflanze, mit deren Saft man Steine auflösen könne. Mit diesem Extrakt sei es möglich gewesen, Steine weich zu kneten und präzise zu bearbeiten.

Weitere Hinweise geben Berichte des britischen Oberstleutnants Percy Fawcett (1867–1925), der von seiner siebten Forschungsreise im brasilianischen Mato Grosso nicht mehr zurückkehrte und dort verstarb. Eine Notiz aus früheren Expeditionen bezieht sich auf einen englischen Kollegen, der acht Kilometer durch den Urwald am Pyrene-Fluss in der peruanischen Provinz Chuncho zurückgelegt hatte. Da sein Pferd lahmte, ließ er es bei einem Bekannten in einer benachbarten Ortschaft zurück und ging zu Fuß nach Hause. Am nächsten Tag wollte er sein Pferd holen und benutzte eine Abkürzung durch den Urwald. Er trug Reiterhose, Stiefel und große Sporen. Am Ende der Tour musste der Engländer feststellen, dass sich seine Metallsporen an den Schuhen aufgelöst hatten. Sein Kamerad, der schon länger in der Gegend wohnte, fragte ihn, ob er durch dicht nebeneinanderstehende Pflanzen mit dunkelroten, fleischigen Blättern und einer Höhe von 15 Zentimetern gegangen sei. Als er das bejahte, erfuhr er, dass diese seine Sporen zersetzt hätten, denn sie wären»das Zeug, mit dem die Inkas Steine formten«.

Ein französischer Wissenschaftler, der solche Legenden ernst nimmt, heißt Doktor Joseph Davidovits. Der Kunststoffchemiker ist überzeugt davon, dass antike Kulturen, darunter die Erbauer der bolivianischen Stadt Tiahuanaco, ein Verfahren entwickelt haben, mit dem zerkleinerte Steine geschmolzen und in eine bestimmte Form *gegossen* werden konnten. Das würde erklären, wie Steinblöcke mit bis zu zwölf Kanten und Ecken fugenlos in eine Inkamauer eingepasst worden sind. Davidovits weist darauf hin, dass Schamanen der Andenregion noch heute Steine zu Pulver mahlen und mithilfe natürlicher Chemikalien vermischen, um daraus Steinamulette herzustellen.

Bereits 1979 gelang dem Forscher die Entwicklung eines extrem langlebigen Kunststeins, den er Geopolymer nennt. Davidovits Studien führten zu einer These, die der gängigen Lehrmeinung völlig widerspricht: Die Baumeister der Pyramiden von Gizeh holten sich die fünf Millionen Quader nicht aus den Steinbrüchen, sondern gossen sie vor Ort aus Beton. Wenn das stimmt, ist die gültige ägyptologische Rampentheorie hinfällig. Weit weniger Arbeiter als bisher angenommen wären zum Pyramidenbau erforderlich gewesen. Auch die

Mühen des Transportweges hätten sich damit reduziert. Ägyptologen sind skeptisch. Sie verweisen auf Analysen von Pyramidengestein, das nachweislich von einem nahegelegenen Steinbruch her transportiert wurde. Was dabei unerwähnt bleibt: Es betrifft Material aus dem Pyramidenkern und Teile des Außenmantels, der einst mit hellen Kalkplatten verkleidet war. An manchen Stellen, etwa an der Basis und an der Spitze der Chefren-Pyramide, sind sie noch erhalten. Der Großteil heute sichtbarer Pyramidenblöcke zeigt jedoch eine andere Beschaffenheit. Davidovits Untersuchungen zufolge bestehen die Quader aus rund 95 Prozent Naturkalk, der Rest aus einem künstlichen Bindemittel namens Kaolinit-Ton. Die provokante These wird durch neue Erkenntnisse untermauert. Der Wissenschaftler Gilles Hug vom französischen Forschungsinstitut für Luft- und Raumfahrt hat gemeinsam mit seinen Kollegen Michael W. Barosum und Adrish Ganguly, beide von der Drexel-Universität im amerikanischen Bundesstaat Pennsylvania, 2006 Pyramidengestein untersucht. Mittels Röntgenstrahlen und Plasma-Lampen fanden sie heraus, »dass bestimmte Mikro-Bestandteile der Steine Spuren einer schnellen chemischen Reaktion aufweisen«. Diese Wirkung trete bei Quadern aus einem Steinbruch nicht auf. Außerdem zeige das Brechungsspektrum der Pyramidensteine eine deutliche Abweichung von jenem Material, das nachweislich aus den Steinbrüchen stammt.

Zu gleichen Schlüssen gelangte Guy Dumortier von der belgischen Universität von Namur. Er stellte fest, dass die Pyramidensteine mehr Fluor, Silizium, Magnesium und Natrium aufweisen als Natursteine. Fazit: »Auch wenn es den Ägyptologen nicht gefällt: Die Nutzung von Steinen, die aus Beton gegossen wurden, ist für den Bau der Pyramiden die wahrscheinlichste Variante.«

Glasklare Rätsel aus Bergkristall

Noch ein Steinrätsel mit magischer Aura gibt es: Es besteht aus sagenumwobenen Totenköpfen aus Bergkristall, Rauchquarz und anderen Edelsteinen. Diese Totenköpfe zählen zu den erstaunlichsten Artefakten, die auf unserem Planeten gefunden wurden. Ihre Größe variiert von wenigen Zentimetern bis zu Lebensgröße und mehreren Kilo Gewicht. Alter, Herkunft und Fundumstände sind in vielen Fällen ungeklärt, da unabhängige historische Dokumente fehlen. Spekulationen, wie die Schädel würden über Heil bringende Energien verfügen, aus Atlantis stammen, in ihrem Inneren Bilder von holografischen UFOs zeigen, hätten Informationen über außerirdische Zivilisationen gespeichert oder durch sie könne man Verbindungen mit anderen Dimensionen herstellen, heizen sowohl Fantasie als auch Skepsis an.

1997 veröffentlichten die englischen Schriftsteller Chris Morton und Ceri Louise Thomas das Buch »Die Tränen der Götter«. Sie stellen darin die These zu einer alten indianischen Prophezeiung vor, in der es heißt, dass die Geheimnisse des Lebens und des Universums enthüllt werden, wenn es gelänge, 13 dieser legendären Kristallschädel an einem Ort zusammenzubringen. Als »Gedächtnisspeicher der Menschheit« sollen sie »singen« und »sprechen« können. Morton und Thomas halten es für möglich, dass diese geheimnisvollen Relikte einst von außerirdischen Wesen auf die Erde gebracht worden sind. Eine verwegene Idee, die 2008 Hollywood-Regisseur Steven Spielberg in seinem Abenteuerfilm »Indiana Jones und das Königreich des Kristallschädels« auch publikumswirksam fürs Kino in Szene setzte.

Morton und Thomas nehmen außerdem an, dass die mystischen Köpfe bei der bevorstehenden Zeitenwende – Stichwort Maya-Kalender 2012 – mit ihrem gespeicherten Wissen der Menschheit hilfreich zur Seite stehen würden. Etwas pathetisch und beschwörend dazu die Schlussfolgerung: »Gleichgültig woher die Kristallschädel auch kommen, sie bergen eine Botschaft: Noch haben wir vielleicht Zeit, unseren richtigen Platz im Universum zu finden. Noch haben wir vielleicht Zeit, uns und unseren Planeten zu retten, bevor es zu spät ist. Vielleicht hören wir nicht auf diese Botschaft. Dann wird unsere Zeit um sein und von der menschlichen Rasse wird auch nur noch ein Schädel übrig bleiben. Vielleicht hören wir die Botschaft der Schädel aber doch und schaffen es, dass das Göttliche sich in uns manifestiert. Vielleicht werden sich Himmel und Erde dann doch bei den Menschen treffen.«

Vielleicht aber ist alles nur ein erträumtes Märchen? Und welcher Zusammenhang besteht zum Ende des Maya-Kalenders? Die aktuelle Periode der Maya-Zeitrechnung endet nach rund 5000 Jahren am 21. Dezember 2012. Gleichzeitig stellt sich ein astronomisches Ereignis ein, das nur alle 25.800 Jahre stattfindet: Milchstraße und Sonne stehen in einer besonderen Achse zueinander. Abgesehen von der Frage, wie die Maya-Astronomen davon wissen konnten, stellt sich für

Endzeitpropheten eine ebenso unheilvolle wie erregende Konstellation her. Ein Datum, das in weiten Kreisen der Esoterikszene und Weltverschwörer für steigendes Endzeitfieber sorgt. Wie die Geschichte lehrt, ist die Grenze zur Phobie und Massenhysterie dabei recht schmal. Früher befürchteten die Menschen den Weltuntergang durch das Erscheinen von Kometen. Zur Jahrtausendwende dachten viele furchtsame Zeitgenossen an das Ende wegen dem angeblichen Zusammenbruch der Computersysteme und jetzt sorgt das Datum 2012 für Irritationen. Unbestritten ist, dass wir, die superintelligenten Erdenmenschen, massenweise Probleme angehäuft haben. Die meisten – von der alltäglichen Ausbeutung und Zerstörung unserer Umwelt bis hin zu religiösen und militärischen Konflikten – sind hausgemachte Trübsal. Doch man sagt, in jeder Krise keimt die Chance für bessere Zeiten. Angst und Furcht sowie oft damit verbundene Lähmung sind jedoch immer ein schlechter Begleiter für positive Veränderungen. Es würde schon helfen, wenn wir das Leben mehr schätzen und respektieren würden. Die Herausforderungen für die Zukunft sind gewaltig. Wir können und werden sie gemeinsam mit großen Anstrengungen meistern, weil – davon gehe ich aus – wir als Spezies überleben wollen. Die notwendigen Schritte müssen wir selbst erkennen und entsprechende Maßnahmen setzen. Aus diesem Grund sehen viele Optimisten im Ende des Maya-Kalenders nicht die Apokalypse, sondern ein symbolisches Datum für eine Wendezeit, den Beginn eines neuen spirituellen Zeitalters.

Ist das menschliche Schicksal mit glasklaren Kristallschädeln und Rettern aus dem Weltall verknüpft? Bei aller Sympathie für das Außerirdische: Sich auf hilfreiche Problemlöser von »oben« zu verlassen ist recht naiv und muss bezweifelt werden. Dennoch, die geheimnisvollen Totenköpfe aus Kristall existieren vielerorts, selbst im fernen Tibet werden solche Schätze in Klöstern aufbewahrt. Die meisten Objekte befinden sich in Privatbesitz, doch manche können in Museen bestaunt werden, darunter der »Londoner Kristallschädel« in der »Welcome Gallery« des Britischen Museums und der »Pariser Kristallschädel« im Musée du Quai Branly. Diese vermeintlich altamerikanischen Stücke sind in einer Perfektion geschliffen, wie es selbst mit modernster Technologie kaum nachvollziehbar ist. Kunstexperten untersuchten die Exponate mit dem Elektronenmikroskop und fanden Hinweise, die auf Anwendung rotierender Schleifräder schließen lassen. Da nach gängiger Lehrmeinung weder den Maya noch anderen altamerikanischen Kulturen solch maschinelle Herstellung möglich war, gelten die Kristallschädel als »nicht authentische vorkolumbische Artefakte«, die »wahrscheinlich im 19. Jahrhundert« in Europa angefertigt wurden. Als Hersteller wird das rheinland-pfälzische Edelsteinwerk Idar-Oberstein vermutet, das für seine Schmuckindustrie weltbekannt ist.

Andererseits: Sollte die These vom außerirdischen Ursprung doch zutreffen, wären die Laborergebnisse kein Widersinn. Im Gegenteil, denn von einer höher entwickelten Zivilisation wäre ja zu erwarten, dass die Hinterlassenschaften mit moderner Technologie entstanden sind und nicht etwa durch ödes, manuelles Herumpolieren über Jahrhunderte. Eine andere Überlegung, die von Vertretern, die trotzig an der Echtheit der Edelsteinschädel festhalten, vorgebracht wird: Urvölker könnten Technologien zur Verfügung gestanden haben, von denen wir heute nichts mehr ahnen. Am Beispiel der abstrus geformten Inkamauern und der südamerikanischen Erzählungen von weich werdenden Steinen durch Pflanzensaft liegen zumindest Indizien vor. Verwendeten die alten Weisen bei der Herstellung von Kristallköpfen ähnliche Tricks? Außerdem fällt auf, dass »Fälschervorwurf« sich ausschließlich auf die großen spektakulären Totenköpfe beschränkt. Doch es gibt andere verblüffende Kristallrelikte mit gleicher Perfektion und ähnlichen Bearbeitungsspuren. Wieso wird bei ihnen die präkolumbische Herkunft und Authentizität nicht infrage gestellt?

Zwei solcher Unikate durfte ich selbst in Augenschein nehmen: Das eine besteht aus Bergkristall, misst sechs mal 9,5 Zentimeter und wird als »duckendes Kaninchen« bezeichnet, obwohl es recht surreal aussieht. Der präzise Schliff und die eigenwillige Formgebung könnten aus einer gegenwärtigen Steinschneidewerkstatt stammen. Der Gegenstand wird aber der Mixteken-Periode zwischen 1300 bis 1521 n. Chr. zugeordnet. Er ist neben einem vier Zentimeter großen Kristallköpfchen im Museo Nacional de Antropología in Mexiko City ausgestellt. Im gleichen Museum befindet sich der berühmte »Piedra del Sol« (Sonnenstein, auch aztekischer Kalender genannt, mit ähnlichem Stil wie bei den Maya und Tolteken) mit einem Durchmesser von 3,60 Metern und einem Gewicht von 24 Tonnen. Er wurde 1709 bei Reparaturarbeiten der Kathedrale von Mexiko City entdeckt, die auf dem Platz eines alten Tempels von Tenochtitlán errichtet worden war.

Das zweite Utensil aus perfekt geschliffenem Bergkristall, dessen Ursprung unbestritten ist, stammt aus der Ruinenstätte Monte Alban in Südmexiko. Die Anlage mit Observatorium zählt zu den großartigsten Zeugnissen der Zapoteken, deren lange Geschichte um 500 v. Chr. beginnt. Hier fanden wissenschaftliche Ausgrabungen im großen Stil erst 1931 unter der Leitung des mexikanischen Archäologen Alfonso Caso y Andrade (1896–1970) statt. Im Grab Nr. 7 entdeckte er mit seinem Team eine Fülle außergewöhnlicher »Kultobjekte«, die den Verstorbenen auf ihrer Jenseitsreise mitgegeben wurden. Unter den Funden ist ein 8,8 Zentimeter großer Kristallpokal. Er ist wiederum so präzise poliert, dass seine Herstellung als wahre Meisterleistung angesehen werden muss. Aus dem Grabungsbericht geht zweifelsfrei hervor: Der kleine »Gralsbecher« stammt aus vorkolumbischer Zeit und wurde wahrscheinlich im 13. Jahrhundert hergestellt. Aber mit welchen Werkzeugen? Im regionalen Museo de las Culturas in Oaxaca ist das Glanzstück zu bewundern, zusammen mit winzigen Räderwerken, ebenfalls aus Bergkristall. Bearbeitung und Bedeutung sind auch in diesen Fällen ungeklärt. Genau genommen verlangt die Produktion nur wenige Zentimeter großer Stücke noch wesentlich mehr Geschick als das Polieren lebensgroßer Kristallköpfe.

Der Schädel aus Lubaantun

Bei Kunstwerken aus Kristall lässt sich das Alter leider nicht exakt datieren, deshalb lässt sich schwer beurteilen, ob ein Gegenstand »echt alt« ist oder ob es sich um eine neuzeitliche Anfertigung handelt. Die interessantesten Stücke landen irgendwann bei Antiquitätenhändlern, werden später weiterverkauft oder stammen aus Erbschaften. Die genaue Herkunft ist selten gesichert, da meist auch überprüfbare Grabungsprotokolle oder Begleitfunde als Datierungshilfe fehlen. Und wenn doch einmal angesehene Forscher die glücklichen Entdecker sind, untergraben dubiose Fundstände die Glaubwürdigkeit. Das gilt ebenso für den berühmtesten, am perfektesten herausgearbeiteten, aber auch umstrittensten Kristallkopf: den Schädel von Lubaantun.

Die obskure Geschichte dazu: Man schrieb das Jahr 1924 (oft wird fälschlich das Jahr 1927 genannt). Der britische Forscher Frederick A. Mitchell-Hedges (1882–1956) suchte gemeinsam mit seiner Adoptivtochter und Assistentin Anna nach verfallenen Maya-Ruinen. Mit von der Partie waren der Amateurarchäologe und Arzt Thomas Gann

(1867–1938) sowie Financiers der Expedition. Im tropischen Regenwald des heutigen Belize (ehemals Britisch-Honduras) heuerte der Engländer einige Arbeiter an und begann systematisch den Dschungel nach Maya-Niederlassungen abzusuchen. Unter einem dichten Teppich von Gestrüpp und Lianen entdeckte das Forscherteam schließlich eine verfallene Siedlung aus dem 7. bis 9. Jahrhundert n. Chr. Mitchell-Hedges begann mit den Ausgrabungen. Dann – genau am 17. Geburtstag seiner Stieftochter – fand das Geburtstagskind unter den Trümmern eines eingestürzten Altars den Bergkristall. Er entspricht in Größe und Anatomie der naturgetreuen Nachbildung eines Menschenschädels. Drei Monate später entdeckte das Forscherteam unter den Ruinen ein weiteres Stück aus Bergkristall: Es entpuppte sich als naturgetreuer Unterkiefer, der exakt zum großen Schädelstück passte. Beide Teile sind aus einem durchsichtigen Block herausgeschliffen worden und wiegen zusammen 5,3 Kilo.

1970 wurde der Kristallkopf in den kalifornischen Labors des Technologiekonzerns Hewlett-Packard untersucht. Dabei stellte sich heraus, dass er einige besondere physikalische Eigenschaften besitzt, etwa Prismen an der Unterseite, die spezielle Lichteffekte bewirken. Die größte Verwunderung für die Experten war, dass der Dschungelfund gegen die natürliche Achse des Kristalls bearbeitet wurde. Steinschneideexperten vermeiden dies bei ihrer Kunstfertigkeit, da die Gefahr der Zersplitterung für das Material zu groß wäre. Um die Perfektion des Lubaantun-Kopfes zu erreichen, hätten geschickte Hände über viele Generationen daran schleifen und polieren müssen.

Dieses Schauspiel ist äußerst unwahrscheinlich und führte zu wildesten Gerüchten: So vermutet man, dass Frederick A. Mitchell-Hedges den Schädel hatte anfertigen lassen und seine Tochter an ihrem 17. Geburtstag das Präsent »entdecken ließ« – für eine begeisterte Maya-Forscherin wohl das schönste Geschenk. Andere skeptische Stimmen äußerten den Verdacht, Anna Mitchell-Hedges sei zum fraglichen Zeitpunkt der Expedition in Lubaantun gar nicht dabei gewesen. Und wieder andere Kritiker sind überzeugt davon, dass Frederick A. Mitchell-Hedges den Schädel 1943 bei Sotheby's in London ersteigert hat. Entsprechende Dokumente sollen vor einigen Jahren im Britischen Museum aufgetaucht sein, das damals um das Kristallartefakt mitgeboten hatte.

Wer hat diese ominösen schriftlichen Belege zu Gesicht bekommen? Wer besitzt einen Fotobeweis oder eine Kopie davon? Angenommen die Geschichte ist wahr, fragt man sich, weshalb etwa das Britische Museum die Öffentlichkeit nicht gleich davon in Kenntnis gesetzt hat, als der Lubaantun-Schädel zum Gesprächsthema in den Medien wurde. Damals wurde er stets als »Maya-Relikt« bezeichnet. Außerdem wird in verschiedenen Publikationen darauf verwiesen, dass der Kristallschädel erstmalig am 24. Februar 1935 in der Sonntagsausgabe des »New York American« vorgestellt wurde. Und bereits 1932 (!) soll Adrian Digby vom Britischen Museum in London damit beauftragt worden sein, den Schädel zu vermessen, um Vergleiche mit dem 1903 vom Britischen Museum erworbenen »Azteken-Kristallkopf« anzustellen. Wie kann der Schädel dann 1943 bei Sotheby's ersteigert worden sein? Ein Gerücht besagt, Mitchell-Hedges hätte tatsächlich den Kristallkopf damals erworben, allerdings sei es ein Rückkauf gewesen. Der Forscher hätte das Prunkstück einem Freund zur Aufbewahrung anvertraut, der es jedoch bei Sotheby's versteigern ließ. Aber warum sollte er das wichtigste Fundstück überhaupt aus den Händen gegeben haben? Mitchell-Hedges, aber auch die anderen Mitglieder der Expedition haben seine Entdeckung lange Zeit verschwiegen. Bis heute sind die genauen Umstände, wie der Forscher zu dem Kristallschädel kam, nicht restlos geklärt. Sollte er tatsächlich bei der Ausgrabung gefunden worden sein, gäbe es einen möglichen Grund für das Stillschweigen: Mitchell-Hedges hätte das Artefakt nie behalten dürfen. Es wäre in den Besitz der Geldgeber oder an staatliche Behörden übergegangen.

Und die Perfektion der Herstellungstechnik? Stammt der Gegenstand aus einer europäischen Schleifwerkstatt? Der international geschätzte Edelsteinexperte und ehemalige Direktor der Wiener Schatzkammer Rudolf Distelberger meldete schon 1982 große Zweifel an der behaupteten Maya-Herkunft des Schädels an. Im Gegensatz zu seinen Kollegen des Hewlett-Packard-Labors fand der Wissenschaftler nach gründlicher Oberflächenuntersuchung heraus, dass der Kristallkopf »sicher mit rotierenden Instrumenten poliert worden war, etwas, was die Maya, nach Überzeugung der Altamerikanistik, nicht gekannt haben.« Er nimmt deshalb an, dass der Bergkristallkopf erst wenige Jahre vor seiner »Entdeckung« – vermutlich in Europa – hergestellt worden ist.

Anna Mitchell-Hedges erhielt das Unikat 1956 nach dem Tod ihres Stiefvaters. Sie hütete den Schatz bis zum 11. April 2007, der Tag

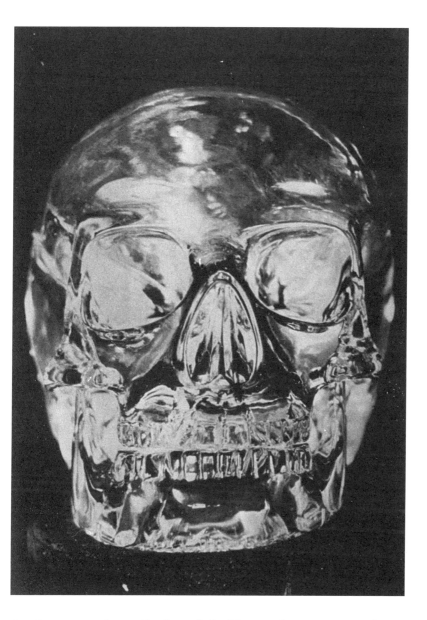

*Berühmter, umstrittener Bergkristallschädel von Lubaantun. 1924 soll er in verfallenen Maya-Ruinen gefunden worden sein. Er befindet sich heute im Privatbesitz des Amerikaners Bill Homann, Indiana.
(Bild: Peter Krassa/Archiv Kurier)*

an dem sie 100-jährig in Chicago verstarb. Zeitlebens stand sie zu der Geschichte ihres Vaters und fand loyale Unterstützung bei vielen Menschen, die an die mystische Herkunft des Kristallschädels glauben. Heute befindet sich das Meisterwerk im Besitz von Bill Homann aus Chesterton im amerikanischen Bundesstaat Indiana.

Noch mehr sonderbare Häupter

Es bleiben Ungereimtheiten. Nicht nur beim Bergkristallkopf aus Lubaantun stellen sich mehr Fragen, als man Antworten geben kann. Skeptiker unterstellen immer wieder, dass solche Funde nicht wirklich alt sind. Man billigt ihnen höchstens 100 Jahre zu. Um diese Bedenken zu entkräften, wurden in Vorbereitung zur »Unsolved Mysteries«-Ausstellung 2001 archäologische Rätselfunde von Wissenschaftlern untersucht. Geprüft wurde auch ein seltsames Objekt, das 1908 bei Gartenarbeiten in einem Hinterhof in Guatemala zutage gefördert wurde: ein Schädel aus Rauchquarz mit fünf Kilo Gewicht. Erst 1991 kaufte ihn die holländische Ex-Rallyefahrerin Joky van Dieten um den »Preis eines sehr teuren Autos«. Seither hat sie nebst »E.T.« – der Schädel wurde wegen seines Aussehens, das eher an Außerirdische erinnert als an einen Menschen, so genannt – weitere elf Köpfe aus unterschiedlichen Edelsteinen erstanden.

Wie bereits beim Lubaantun-Schädel nahm der Kunsthistoriker und Edelsteinspezialist Rudolf Distelberger das Schaustück genauer unter die Lupe. Sein Gutachten lieferte eine Überraschung: »Man kann glatte Schleifspuren erkennen, die offensichtlich nicht von einem Rad stammen. Sie sind vielmehr in verschiedene Richtungen gebogen, so als hätte jemand mit dem Lappen gewischt, rund, kurvig, eben in alle Richtungen. Da muss man sich fragen, wie kommt das? Und: Es finden sich Verwitterungsspuren an dem Rauchquarzkopf, die deutlich darauf hinweisen, dass er sehr lange unter der Erde gelegen haben muss. Wie lange, ist schwer zu sagen, weil es dabei darauf ankommt, worin er gelegen hat. War es ein aggressives, zersetzendes Material oder nicht? Das andere Problem: Der Schädel wirkt recht naturrealistisch. Derartiges ist bei mittelamerikanischen und südamerikanischen Funden eher unüblich. Andererseits ist der Kopf auch nicht so naturrealistisch, dass wir sagen können, so werden Edelsteinköpfe in Europa gemacht. Ich bin sicher, er wurde nicht in Europa angefertigt, weil die Arbeitsspuren dagegen sprechen. Das Schleifmittel muss härter gewesen sein als Quarz, also mehr als der Härtegrad 7. Angeblich hatte man kein Metall für die Bearbeitung solcher Quarzschädel in Mittel- und Südamerika, also muss er auf andere Weise geschliffen worden sein. Die Augen sind sehr tief eingebohrt, trichterförmig, bis zu einer Nadelspitze. Man kann annehmen, dass in diesen Aushöhlungen etwas eingesetzt war, womit dem Kopf ursprünglich ein ganz anderes Aussehen gegeben war. Wenn zum Beispiel Smaragde als Augenersatz dienten, sah er schon viel magischer aus. Was vom naturgetreuen Charakter abweicht, ist sein Ober- und Unterkiefer, er ist sehr stark hervorgehoben. Ich habe auch den berühmten ›Mitchell-Hedges-Kristallkopf‹ untersucht, der angeblich in Belize gefunden wurde. Da hatte ich bereits nach kurzer Prüfung den Verdacht, dass es sich um ein neuzeitliches Stück handelt, das in Europa oder Nordamerika angefertigt wurde. Ganz anders bei diesem Schädel aus Guatemala: Keine Kante ist scharf, und an der Oberfläche gibt es keine Vertiefungen, Mulden oder Unregelmäßigkeiten, die man später auspolieren wollte. Das heißt, der Stein ist vermutlich zuerst mit einem sehr spitzen Gegenstand zugehauen bzw. aufgeschnitzt worden. Das wurde auch in Europa so gemacht. Der Stein wurde abgesplittert, bis er die gewünschte Form hatte. Dann konnte man anfangen zu polieren und zu schleifen. Zuerst mit sehr hartem Material, dann mit einem weicheren wie Leder. Von solchen Spuren findet man hier aber nichts. Und das Merkwürdigste: Er weist händische Bearbeitungsspuren auf. Das ist ein enormer Aufwand, der kaum vorstellbar ist. Es bedeutet eine vieljährige mühsame Arbeit. Für einen mutmaßlichen Fälscher wäre das völlig unrentabel. Ich kann nicht erklären, warum der Kopf so naturrealistisch aussieht. Er hat etwas von europäischen Merkmalen, ist trotzdem schmäler und wurde zugleich händisch hergestellt mit Mitteln, die bei uns nicht gebräuchlich sind. Sicher ist nur, dass der Schädel ziemlich lange unter der Erde gelegen hat, mindestens 500 Jahre, vermutlich aber wesentlich länger. Das sind die nicht zu lösenden Probleme bei diesem Rauchquarzkopf.«

Seine Besitzerin Joky van Dieten erzählt noch von anderen merkwürdigen Ereignissen, die mit der magischen Wirkung von »E.T.« in Verbindung gebracht werden. So sollen manche Menschen angesichts des Kopfes in Trance fallen, andere schreiben ihm heilende Wirkung zu. Joky van Dieten selbst litt an einem bösartigen Kopftumor mit geringer Chance auf Genesung. Erst durch die Magie des Schädels, so glaubt Joky felsenfest, sei sie wieder ins Leben zurückgeholt worden. Selbst die Möglichkeit, dass überirdische Informationen im Kristallkopf gespeichert sein könnten, will die Holländerin nicht verneinen. Die moderne Computertechnologie scheint ihr recht zu geben. Auf wundersame Weise ist die Idee vom Kristall als Speichermedium längst Wirklichkeit geworden: Siliziumkristalle halten in Computerchips und Festplatten die Bits und Bytes fest, aus denen heute Information besteht. Waren Kristalle bereits in der Antike ein Gedächtnisspeicher? Davon ist die deutsche Autorin und Kristallkopf-Expertin Karin Tag überzeugt. Sie leitet das private Seraphim-Institut in der oberhessischen Stadt Niddatal und ist selbst im Besitz eines alten Kristallkopfes, den sie Corazón de Luz nennt. Neben »E.T.« und dem Lubaantun-Stück zählt er zu den interessantesten Stücken. Die Forscherin erzählte mir, wie sie zu diesem Prunkstück gekommen ist: »Er wurde mir Ende der 1990er-Jahre von den peruanischen Nachfahren der Inkas übergeben, um damit eine Prophezeiung zu erfüllen. Zuvor hatte ich einige Prüfungen durch die dortigen Schamanen zu durchlaufen. Als ich sie bestanden hatte, wurde ich von den Ältesten als die zukünftige Hüterin des Kristallschädels erkannt und akzeptiert.« In der Folge gelangte Corazón de Luz per Schiff nach Deutschland. Mithilfe des Kristallschädels und der übersinnlichen Kräfte, die ihm offenbar innewohnen, setzt sich Karin Tag nunmehr für den Weltfrieden ein und reist zu vielen Kraftplätzen der Erde. Bei indianisch-schamanischen Ritualen lässt sie Menschen daran teilhaben, wenn der magische Kopf »aktiviert« wird und sich seine verborgenen Energien entfalten.

Kritiker werden einwerfen, dies sei lediglich esoterisches Wunschdenken, das nicht zu beweisen ist. Doch wie sind dann die verblüffenden Ergebnisse in ihrem Seraphim-Institut zu bewerten? Karin Tag hat dort die berühmtesten Kristallschädel mit Methoden der Photonenenergie untersucht: Corazón de Luz, den »Mitchell-Hedges«-Kristallkopf, den Schädel des Britischen Museums, ebenso jenen aus dem Pariser Musée du Quai Branly und den einzigartigen »E.T.« von Joky van Dieten. Dabei wurden mit einer speziellen Technik Lichtpartikel für das menschliche Auge sichtbar gemacht, die aufzeigen, dass die Kristalle piezoelektrische Fähigkeiten besitzen. Anders ausgedrückt: Sie senden in einer bestimmten Frequenz elektromagnetische Wellen

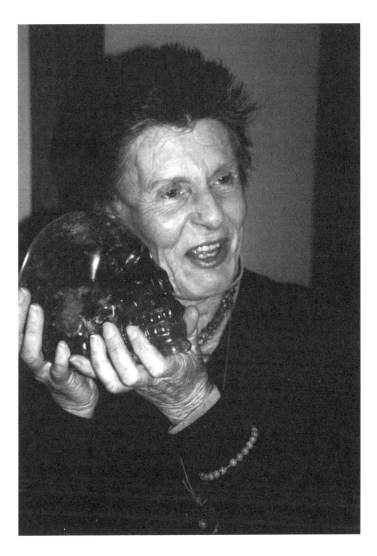

Joky van Dieten und »E.T.«, dessen Herkunft und Herstellung ein Mysterium sind. (Bild: Reinhard Habeck)

mit gesteigerter Aktivität aus. Dabei wurde auf Bildern erkennbar, dass zwischen den einzelnen Edelsteinköpfen unsichtbare Energieverbindungen bestehen. Karin Tag schließt daraus, dass in den Kristallschädeln tatsächlich uralte Daten gespeichert sind, die transportiert werden können.

Haben unsere Wissenschaftler also nur wiederentdeckt, was bei den Schamanen alter Kulturen in anderer Form schon einmal Gemeingut war? Es kann sich lohnen, einmal vorurteilslos über die wahre Bedeutung vieler Souvenirs aus der übersinnlichen Anderswelt nachzudenken. Der britische Wissenschaftler und Science-Fiction-Autor Sir Arthur C. Clarke (1917–2008) hat es getan. Sein Resümee: *»Jede weit genug entwickelte Technologie ist von Magie nicht zu unterscheiden.«*

GESTÖRTE NATURKRÄFTE

»Jedes Naturgesetz, das sich dem Beobachter offenbart, lässt auf ein höheres, noch unerkanntes schließen.«

Alexander Freiherr von Humboldt (1769–1859)

Irritierte Schwerkraft, wundersame Erscheinungen und bizarre Naturphänomene

Warum bleibt der Mond wie durch unsichtbare Fäden an den Planeten Erde gebunden? Weshalb rutscht jemand auf einer Bananenschale aus und stürzt zu Boden? Es ist selbstverständlich und doch schwer zu begreifen. Wir haben gelernt: Die *Schwerkraft* bewirkt, dass sich zwei Massen anziehen. Die Größe der Massen und ihr Abstand zueinander spielen hierbei eine Rolle. Diese Erkenntnis kam dem englischen Universalgenie Sir Isaac Newton (1642–1727) in dem Augenblick, als ihm im heimatlichen Obstgarten aus heiterem Himmel ein Apfel auf den Kopf fiel. Da hat der Meister Glück gehabt – wäre ihm das auf Papa-Neuguinea passiert, wäre die Folge wahrscheinlich eine schwere Gehirnerschütterung gewesen. Eine Studie im »Journal of Trauma« aus dem Jahr 2000 zeigt nämlich auf, dass 2,5 Prozent der Kopfverletzungen in der indonesischen Region auf fallende Kokosnüsse zurückzuführen sind. Nach 25 Metern Fall, so die Berechnung, beschleunigt die Kokosnuss auf 80 Kilometer pro Stunde, ehe es zum Erstkontakt mit dem Kopf kommt. Ein vermeintlich erholsames Nickerchen unter Palmen kann also böse enden.

Und die schmerzfreie Geschichte mit dem Apfel? Ob sie sich – wie von Newton behauptet – wirklich so zugetragen hat, ist fraglich. Originell ist sie gewiss. Egal, ob gut erfunden oder nicht, Newtons Gravitationsgesetz nach Kepplerschen Regeln wurde zur unumstößlichen Wahrheit, alle Schüler der Welt lernen es. Fragt man weiter, woher die Gravitation überhaupt kommt, ist die Antwort selbst unter Naturwissenschaftlern nicht mehr so eindeutig.

Es gibt Forscher, die bezweifeln, dass wir es mit einem Phänomen der Anziehungskraft zu tun haben. Eine andere Theorie besagt: Gravitation entsteht vielmehr durch simplen Druck. Das heißt, zwei Körper ziehen einander nicht an, sondern werden vielmehr zueinander *ge-*

drückt. Aber auch hier stellt sich die Frage, was drückt. Welche bisher unbekannten Teilchen lassen die Schwerkraft entstehen? Die Quantenphysik hat bisher noch keine verständliche Erklärung für die Ursache der Gravitation gefunden. Und durch welche Kräfte kann sie aufgehoben werden? Wie ist es möglich, dass ein Mensch, dessen Fallschirm versagt, aus 4000 Metern Höhe einen tiefen Fall überleben kann? Unwahrscheinliches Glück? Schutzengel? Wunder? Und wie sind Kräfte der *Levitation* zu verstehen, wo Personen die Erdenschwere verlieren und sich entgegen allen Gesetzen der Physik in die Luft erheben? Im Raumflugsimulator oder auf der internationalen Raumstation im Erdorbit ist der Schwebezustand keine Hexerei. Aber wieso kann das erstaunliche Phänomen mitunter ebenso auf der Erde beobachtet werden, meist im Umfeld von Mystikern, Medien und Naturvölkern? Sind es nur fantastische Tricks im Sinne von Zauberkunst, so wie es uns der amerikanische Illusionist David Copperfield vorgaukelt? Oder kann es sein, dass Menschen mit besonderen medialen Fähigkeiten tatsächlich imstande sind, die Gesetze der Schwerkraft aufzuheben? Wirken im Kosmos und auf der Erde verborgene und unbegreifliche Energien, die noch auf ihre Entdeckung warten? Können Gravitationsanomalien als Indizien für ein notwendiges »neues« Weltbild der Physik gedeutet werden? Oder sind viele seltsame Phänomene, deren Auslöser heute noch nicht verstanden werden, letztlich doch im Rahmen bekannter Theorien erklärbar?

Die »Pioneer-Anomalie«

Ticken die Uhren in den Tiefen des Weltalls manchmal anders? Das fragte sich schon der deutsche »Apollo-11-Pionier« Wernher von Braun (1912–1977). Er und sein NASA-Team stellten fest, dass sich bei einigen Raumsonden ihre vorbestimmten Flugbahnen aus ungeklärten Gründen veränderten. Damals äußerte von Braun den Verdacht, dass auftretende Gravitationsanomalien dafür verantwortlich sein könnten. Das bekannteste Beispiel ist die bis heute ungeklärte »Pioneer-Anomalie«. 2005 wurde sie in der Märzausgabe des Wissenschaftsmagazin »New Scientist« als eines der 13 wichtigsten Rätsel der Wissenschaft angeführt.

Der Hintergrund: Am 2. März 1972 wurde vom kalifornischen

Weltraumbahnhof Cape Canaveral die interstellare Raumsonde *Pioneer 10* ins All befördert. Sie passierte als erstes Raumfahrzeug den Asteroidengürtel und sendete spektakuläre Nahaufnahmen des Planeten Jupiter. Nachdem die Sonde 1983 den weit entfernten Zwergplaneten Pluto umrundete, verließ sie unser Sonnensystem und saust seither mit zwölf Kilometern pro Sekunde durch das All. Auf der Erde zurückgeblieben: Heerscharen grübelnder Wissenschaftler. Denn der Weltraumvagabund verhält sich nicht so wie von den Naturgesetzen vorgesehen. Eine unbekannte Kraft bremst den Flug ab und verändert die Flugbahn. Der Effekt ist minimal. Er entspricht nur einem Zehnmilliardstel der Erdanziehungskraft. Doch nach jahrzehntelanger Reise summiert sich das und die Sonde weicht Hunderttausende Kilometer von der berechneten Position ab.

Erstmals wurde diese Anomalie 1980 bemerkt und eine fieberhafte Fehlersuche begann. Der Gedanke an technische Probleme oder Berechnungsfehler war naheliegend. Doch inzwischen können die Experten technische Störungen, Lecks in der Sonde oder einen Instrumentenfehler ausschließen. Bei anderen Raumsonden zeigt sich dieser auffällige Bremseffekt nämlich genauso. Als man die Bahndaten der im April 1973 gestarteten Schwestersonde *Pioneer 11* überprüfte, wurde wiederum eine ähnliche Abweichung von der erwarteten Flugbahn bestätigt. Ähnliche Unstimmigkeiten wurden auch von der inzwischen verglühten Jupitersonde *Galileo* und der europäisch-amerikanischen Sonnensonde *Ulysses* festgestellt. Die Abweichungen sind erst nach großen zurückgelegten Entfernungen messbar. Bei orbitnahen Satelliten und Mondsonden stimmen die berechneten Daten mit den tatsächlichen überein. Eine schlüssige Erklärung dafür, warum das bei den Langzeit-Sonden nicht so ist, fehlt bis heute.

Wenn Instrumenten- und Messfehler als äußerst unwahrscheinlich angesehen werden, wie 2006 im »Physik Journal« der Deutschen Physikalischen Gesellschaft klar dokumentiert, bleibt die Frage, mit welchem Phänomen wir es dann zu tun haben? Funktioniert die Physik am Rande unseres Sonnensystems und darüber hinaus womöglich anders? Es gibt haufenweise Hypothesen für die »Pionieer-Anomalie«, keine konnte bisher wirklich überzeugen. Ein Lösungsvorschlag lautet: In unserem Sonnensystem existiert mehr kosmischer Staub als bisher angenommen. Staub als Bremsklotz? Das müssten dann allerdings gewaltige Staubmassen sein, die den Flug einer Sonde mit

259 Kilo Gewicht messbar verringern können. Davon ist bislang nichts bekannt.

Andere Überlegungen: Einschläge durch Mikrometeoriten oder ungenaue Berechnungsmodelle der solaren Strahlung und des Sonnenwindes sind denkbar, fanden aber bislang keine Bestätigung. Auch die Ausdehnung des Weltalls, die seit dem Urknall anhält, wird als denkbare Erklärung für die Abbremsung von Raumsonden genannt. Was eher dagegen spricht: Die Expansion des Universums ist durch den starken Zusammenhalt der Materie kaum spürbar.

Eine weitere Vermutung nennt mysteriöse »dunkle Materie« als möglichen Verursacher. Mit dem astrophysikalischen Phänomen der »Schwarzen Löcher«, bei denen die Gravitation so hoch ist, dass nicht einmal Licht ihnen entkommen kann, hat das nichts zu tun. Es ist etwas anderes, ein geheimnisvoller Stoff, der bis heute noch nicht identifiziert worden ist. Für seine Existenz spricht aber die Gravitation, die diese Energie auf die sichtbare Materie ausübt. Mit ihr könnten die Geschwindigkeit der Sterne in den Galaxien und ihre Verteilung im Weltall erklärt werden. Trotzdem gibt es auch hier einen Haken: Wenn diese dunkle Kraft Raumsonden beeinflussen kann, wieso wirkt sich das dann nicht ebenso auf die Bewegung anderer Himmelskörper aus? Denn deren Bahnen sind unverändert stabil.

Am 22. Januar 2003 wurde auf der Erde das letzte Signal des Weltraum-Oldies empfangen. Danach brach der Kontakt ab. Dass er 31 Jahre anhalten würde, hat NASA-Forscher begeistert und erstaunt, denn die geplante Missionsdauer war auf 21 *Monate* ausgerichtet. Ungeachtet der Abweichungen steuert *Pioneer 10* als erstes Weltraumfahrzeug, das unser Sonnensystem verlassen hat, auf Alderbaran in der Sternenkonstellation Taurus zu. In zwei Millionen Jahren könnte es dort ankommen. Was wird dann aus den Absendern des Weltraumvehikels geworden sein? Voraussagen kann das niemand. Aber wenn das »Experiment Mensch« kein Fehlschlag war, werden wir in ferner Zukunft längst selbst zu den Sternen aufgebrochen sein, neue Planeten besiedelt und fremdes Leben entdeckt haben. Oder weniger ruhmreich, was angesichts menschlicher Unfähigkeit und aggressiver Zerstörungskraft nicht ausgeschlossen werden kann: Unsere Spezies könnte schon lange vorher dem Schicksal der urzeitlichen Dinosaurier gefolgt und ausgestorben sein.

Wären irdische All-Kundschafter in Millionen von Jahren vielleicht die einzigen Überbleibsel, die dann noch an eine Menschheit vom blauen Planeten erinnern? Auf *Pioneer 10* ist eine Goldplakette angebracht, die eine kodierte Nachricht an außerirdische Intelligenzen enthält. Man sieht ein nacktes Menschenpaar, die Darstellung unseres Sonnensystems und die Reiseroute der »Weltraum-Flaschenpost« hinaus in das grenzenlose Universum. Die naive Vorstellung der NASA-Wissenschaftler: Wenn technisch weit entwickelte Aliens die Sonde irgendwann aufspüren, einfangen und untersuchen, müssten die Superintelligenzen lässig imstande sein, die Botschaft der Erdenbürger zu entziffern.

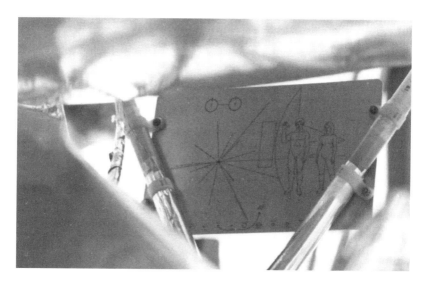

Seit 1972 unterwegs nach Alderbaran: Raumsonde Pioneer 10 mit goldener Plakette, eine kodierte Nachricht an Außerirdische. Warum das Weltraumfahrzeug von einer rätselhaften Kraft gebremst wird, ist nicht geklärt. (Bild: NASA)

Damit sich aber zwei unterschiedliche Lebensformen unterhalten können, bedarf es ähnlicher Entwicklungen, Vorstellungen und Erfahrungswerte. Was Erdlinge als »intelligent« bezeichnen würden, kann für die »anderen« dem Bild einer Amöbe entsprechen. Und wer würde versuchen wollen, mit Einzellern in Kontakt zu treten? Unsere Zivilisation besteht – soweit bekannt – erst seit ein paar Tausend Jahren, davor waren wir eher primitive Steinekratzer. Wie also soll mit einer Spezies kommuniziert werden, die angenommen Abermillionen Jahre älter ist als unsere Kultur? Oder umgekehrt, noch am Baum hockt? Und was, wenn es eine uns hoch überlegene Maschine ist, eine künstliche Intelligenz, der eine Kontaktaufnahme mit Menschen gleichgültig ist? Und wenn doch Bereitschaft zu einem Informationsaustausch bestünde, in welcher Sprache sollte eine Verständigung geführt werden? Mit welcher Technologie? Radio gibt es auf der Erde erst seit mehr als 100, Laser seit 50 Jahren. Die beherzten Forscher des SETI-Projekts (Search for Extraterrestrial Intelligence) versuchen seit einem halben Jahrhundert, mit E.T. ins Gespräch zu kommen. Bisher war der Lauschangriff mit Radioteleskopen und Supercomputern nicht von Erfolg gekrönt. Das mag an der altertümlichen Methode liegen oder daran, dass erst ein winziger Bruchteil der unendlich vielen Möglichkeiten ermittelt wurde. Ein Trillionstel des theoretisch möglichen elektromagnetischen Spektrums habe man bisher abgedeckt, versichern Weltraumexperten.»Das ist, wie wenn man ein Glas Wasser aus einem See schöpft und daraus schließt, dass es in dem See keine Fische gibt«, bemerkt dazu die bekannte amerikanische Astronomin Jill Tarter vom SETI-Forschungszentrum in Kalifornien.

E.T., bitte melden!

Verkehrte Welt in Rocca di Papa

Von den Sternen zurück zur Mutter Erde: Auch hier werden Dinge wahrgenommen, die unsere Sinne verwirren. Autos, die mit abgestelltem Motor bergauf rollen? Wasser, das nach oben fließt? Oder Gegenstände, die von alleine in Bewegung gesetzt werden? Das kann nicht sein, weiß der gesunde Hausverstand. Doch es gibt sie tatsächlich, die unheimlichen Fleckchen, wo scheinbar die Gesetze der Schwerkraft vorübergehend ihre Wirksamkeit verlieren. Und das Beste: Jeder kann das vor Ort selbst überprüfen. Ein paar Dutzend solcher verrückter Plätze sind weltweit bekannt: Wir finden sie verteilt über die USA, Kanada, Chile, Australien, Korea, Portugal, Polen oder auch in unseren Breiten. Spinnt dort die Schwerkraft wirklich? Sind elektromagnetische Kräfte im Spiel, die noch auf Erforschung und Sinndeutung warten? Oder beruhen sämtliche Wahrnehmungen auf optischen Täuschungen?

Ein Straßenstück im Bereich der Via dei Laghi, das wegen seiner Gravitationsanomalien seit Jahrzehnten für Verwunderung sorgt, liegt knapp 30 Kilometer südlich von Rom in den Albaner Bergen. Ein langer, gerader Abschnitt der Straße zwischen Ariccia und Rocca di Papa (Papstfelsen) zeigt ein Gefälle, führt nach ein paar hundert Metern zur Talsohle und steigt dann wieder an. Jedenfalls hat der Betrachter diesen Eindruck. Dort, am tiefsten Punkt, beginnt die beobachtete physikalische Anomalie, die daran zweifeln lässt, ob die bekannten Naturgesetze an allen Orten und zu jeder Zeit wirklich gültig sind: Junge Leute fahren mit ihren Fahrrädern bergan, ohne in die Pedale zu treten. Staunend erleben Autofahrer, wie sich ihre schweren Wagen aus dem Stand im Leerlauf nach oben bewegen, sobald die Handbremse gelöst wurde. Selbst große Reisebusse rollen ohne Antrieb den Berg hinauf bis zu einer Kuppe, an der das Phänomen plötzlich endet. Ab hier führt die Straße sichtbar abwärts weiter und Fahrer müssen auf die Bremse steigen.

Wann erstmals festgestellt wurde, dass in Rocca di Papa die Gravitation mögliche Abweichungen zeigt, ist nicht bekannt. Bewohner wissen davon seit Generationen, ohne dass der Sache aber größere Bedeutung beigemessen wird. Die Wissenschaft sieht das offenbar ähnlich, wohl deshalb, weil ein optisches Trugbild angenommen wird, das dem Auge eine Steigung vortäuscht, obwohl es bergab geht. Wer schon einmal am Ort des Geschehens war, will das nur schwer glauben.

Nur wenige Naturwissenschaftler haben Zeit investiert, um der Sache auf den Grund zu gehen. Eine Ausnahme ist der deutsche Geologe Johannes Fiebag (1956–1999), der sich bereits in den 1990er-Jahren mit den Gravitationsanomalien befasst hatte. Ein simpler Versuch mit einer Wasserwaage zeigte ihm ein leichtes Gefälle an. Fiebag hatte zwei Hypothesen anzubieten: »Entweder handelt es sich um eine optische Täuschung, da die Straße in einer Länge von 200 Metern im Süden durch eine Kante, im Norden durch einen Knick begrenzt wird. Das Auge könnte sich davon täuschen lassen. Die Wasserwaage würde in diesem Fall korrekt anzeigen. Oder es handelt sich dabei wirklich um ein bisher unbekanntes Gravitationsphänomen, das entgegen der Erdanziehung wirkt. Wenn diese Vermutung stimmt, würde natürlich auch die Wasserwaage falsch anzeigen und wir hätten es mit einem echten Rätsel zu tun.«

Um endgültige Klarheit zu schaffen, wären umfangreiche geophysikalische Messungen nötig, die auch Auswertungen aus der Luft und GPS-Daten mit einbeziehen. Eine Messstation, mit der über einen längeren Zeitraum geprüft werden kann, ob die Erdanziehung verrückt spielt, gibt es am »Tatort« nicht. Erst wenn der visuelle Eindruck einer ansteigenden Straße durch Höhenmessungen bestätigt würde, wären zeit- und kostenaufwendige Untersuchungen des Erdmagnetfeldes und Gravitationseffekte vertretbar. Da manches für eine optische Täuschung spricht, halten Geophysiker eine solche Studie für sinnlos. Dass die Gravitation auf der Erde nicht überall gleich ist, weiß man. Es liegt daran, dass unser Globus durch Gebirge und Täler grob gesagt einer Kartoffel gleicht. Lokale Anomalien können durch große unterirdische Erzlager entstehen, weil ihr spezifisches Gewicht höher ist als das umliegende Gestein. Auch tektonische Verschiebungen oder Dichte- und Temperaturunterschiede bei Strömungen im heißen, flüssigen Erdinneren könnten lokale Gravitationsanomalien auslösen, räumen Geowissenschaftler ein. Doch all diese Abweichungen seien zu klein, um Gegenstände de facto einen Berg hinaufrollen zu lassen.

An einigen Plätzen, wo Anomalien der Schwerkraft beobachtet werden, etwa in Polen und in Deutschland, sind inzwischen mithilfe präziser satellitenunterstützter GPS-Systeme genaue Vermessungen durchgeführt worden. Physiker der »Göde Wissenschaftsstiftung« im bayerischen Waldaschaff haben die Höhenprofile beim Straßenabschnitt zwischen den Ortschaften Hausen und Butzbach in Hessen ausgewertet. Sie zeigten das Gegenteil von dem, was das Auge wahrnahm: eine leichte Anhöhe ist in Wirklichkeit ein deutlich abfallendes Straßenprofil. Gleiches ergab eine Überprüfung im polnischen Kurort Karpacz Gorny, wo die Ulica Strazacka nahe dem Wasserfall von Lomnica als »Miejsce zaburzenia grawitacji« (Ort gestörter Gravitation) Schaulustige anlockt. Bei Überschattung durch Bäume kann die Genauigkeit der Messung leicht variieren. Dennoch gehen die meisten Forscher aufgrund der bisherigen Ergebnisse davon aus, dass auch alle übrigen »Gravitationsanomalien« der Erde nichts weiter sind als »Sehstörungen«.

Zu gegenteiligen Schlüssen kam das Berliner Forscherduo Grazyna Fosar und Franz Bludorf. Sie stellten bei ihren Untersuchungen in

Rocca di Papa fest, dass das Phänomen nicht linear zum Straßenverlauf auftritt, sondern schräg zu ihr in Richtung Straßenmitte. Genauso mysteriös: Rollende Gegenstände wiesen bei Experimenten ein »Eigenleben« auf. Setzten sie sich an einer Stelle in Bewegung, funktionierte es Minuten später nicht mehr oder erst wieder bei einem anderen Straßenabschnitt. Ein zeitlich versetztes Schwerkraftfeld? Das wäre mathematisch und physikalisch eine Sensation. Weitere Studien mit dem klassischen Federzugpendel bestätigten Abweichungen bei der Gravitationsbeschleunigung. Kritiker bezweifeln jedoch, dass sich damit Anomalien korrekt feststellen lassen. Fosar und Bludorf sind dennoch von dem »Gravitationswunder« überzeugt. Ihr vorläufiges Resümee: »Pulsierende Gravitationsfelder sind in der Physik bislang unbekannt. Es muss irgendetwas unter der Straße in Italien liegen, was sehr merkwürdige Effekte erzeugen kann. Es kann sich weder um ein bekanntes irdisches Material noch um eine uns bekannte Technik handeln. Von einer Erklärung für diese interessante Gravitationsanomalie sind wir nach wie vor weit entfernt.«

Seitdem ich von den seltsamen Vorgängen hörte, wollte ich nach Rocca di Papa. Ergeben hat sich die Gelegenheit erst vor wenigen Jahren. Ein Aufenthalt in Rom ließ sich mit einem Abstecher weiter in den Süden verbinden, wie immer ohne Auto. Vom Bahnhof in Rom aus dauerte es eine halbe Stunde bis Marino. Dort zu Mittag angekommen, wirkte der Ort wie ausgestorben. Als ich doch einem Einheimischen begegnete, fragte ich höflich, wie ich am besten zur Via dei Laghi käme. Man verwies mich auf einen Taxistand mit Münzautomat. Dort solle ich eine Nummer wählen und der Chauffeur sei garantiert pronto zur Stelle. Vorausgesetzt, es ist nicht Siesta. Wir hatten natürlich Siesta. In der traditionellen italienischen Mittagsruhe geht bis 15 Uhr überhaupt nichts. In einem kleinen Café erbarmte man sich schließlich meiner Ungeduld. Ein befreundeter Taxifahrer der Wirtin lotste mich fünf Kilometer vorbei an einem erloschenen Vulkankrater, dem heutigen Albaner See, bis zum gewünschten Abschnitt der Straße.

Weiter südöstlich davon liegt der kleinere Nemisee. Er trägt den Beinamen »Spiegel der Diana«. Im nahegelegenen Örtchen liegt inmitten eines Zypressenhains ein uraltes Heiligtum der Göttin Diana, die später mit der griechischen Artemis gleichgesetzt wurde. Der Ursprung des Diana-Kults wird in der antiken Stadt Ephesus angenommen, wo der Legende nach ein weibliches Götterbild vom Himmel gefallen sein soll, das in einem Tempel große Verehrung fand. Noch in späten christlichen Zeiten wurden der Zaubergöttin nachts in Höhlen Opfer dargebracht und man glaubte, Priesterinnen würden mit ihr auf gespenstischen Tieren durch die Luft reiten. Für kirchliche Inquisitoren lieferten solche Legenden fragwürdige Argumente in der Zeit der Hexenverfolgung.

In unmittelbarer Nähe erhebt sich der 950 Meter hohe Monte Cavo, den die Römer »mons albanus« nannten und als Sitz ihres obersten Gottes Jupiter verehrten. Vom Tempel, der einst den Gipfel krönte, sind heute kaum mehr Spuren vorhanden. Die ganze Region im Umkreis von etwa 60 Kilometern ist das Überbleibsel eines gigantischen Vulkans. Ist es Zufall, oder könnte das Gravitationsphänomen etwas damit zu tun haben, dass es ausgerechnet zwischen zwei Kraterseen vulkanischen Ursprungs auftritt? Meinem Wagenlenker fiel dazu nichts Erhellendes ein. Obwohl ich zu diesem Zeitpunkt nicht wusste, wie ich wieder zurückfinden würde, gab ich dem Fahrer zu verstehen, dass er nicht warten sollte.

Der Autoverkehr kann in diesem Winkel recht dicht sein. Fußgänger sind hier nicht vorgesehen. Und doch müssen viele Besucher vor mir da gewesen sein. Haufenweise Plastikflaschen und Dosen, die am Straßenrand unachtsam zurückgelassen wurden, belegten es. An jener Stelle, wo das Phänomen beginnt und es augenscheinlich bergauf geht, probierte ich es selbst aus: Wie bei meinen Vorboten diente eine Mineralwasserflasche, die ich als Proviant mitführte, für den einfachen Test. Und wirklich, sie setzte sich scheinbar bergauf in Bewegung. Doch wie bereits von Fosar und Bludorf beobachtet, funktionierte es auch bei meinen Versuchen nicht immer und überall. An einer bestimmten Stelle rollte die Flasche von alleine, blieb stehen und bewegte sich erst wieder an anderer Stelle weiter. Als ich den Vorgang wenige Minuten später wiederholte, passierte überhaupt nichts. Ein komisches Gefühl begleitete mich, als ich hinauf bis zur Kuppe marschierte. Es ging unheimlich leicht. Ob nun optische Täuschung oder nicht, für jeden Besucher bleibt das Phänomen in Rocca di Papa ein unvergessliches Erlebnis.

Also hinfahren und ausprobieren!

Galileos Erben und die »Steine des Gehorsams«

In der malerischen Landschaft der Albaner Berge können noch andere Geheimnisse entdeckt werden. Manche davon lassen sich mit dem Thema »Schwerkraft« in Verbindung bringen, darunter die historischen Geschehnisse in dem Städtchen Castel Gandolfo an der Westseite des Albaner Sees. Der idyllische Ort, wo sich die Sommerresidenz des Heiligen Vaters befindet, liegt etwa sechs Kilometer von den »Gravitationsanomalien« entfernt. Hier wurde im 17. Jahrhundert von Papst Urban VIII. das Urteil über Galileo Galilei (1564–1642) gesprochen, der als Erster die Messung des Erdschwerefeldes durchgeführt hatte. Der merkwürdige Begleitumstand dabei: Obwohl Galileo die päpstliche Erlaubnis hatte, seine »weltbewegenden« Erkenntnisse zu veröffentlichen, wurde er dennoch von seinem ehemals geschätzten Freund Papst Urban VIII. unter Androhung der Folter mundtot gemacht. Seine heliozentrische Lehre nach Kopernikus, dass nicht die Erde, sondern die Sonne im Zentrum des Weltsystems stehe, wurde als kirchenfeindlich und irrgläubig verhöhnt. Dem Heiligen Stuhl fiel 350 Jahre lang nichts Geistreiches zu diesem Fehlurteil ein. Erst am 2. November 1992 wurde der Begründer der modernen Naturwissenschaften von der römisch-katholischen Kirche formal rehabilitiert.

Der große italienische Philosoph Giordano Bruno (1548–1600) wartet immer noch darauf. Er wurde in Rom bei lebendigem Leibe am Scheiterhaufen verbrannt. Seine »Todsünde«, etwa im Werk »De l'Infinito, Universo e Mondi« schriftlich erhalten, bestand in der Behauptung, dass die Sterne Himmelskörper wie unsere Sonne seien, dass es Planeten gebe, dass das Universum unendlich sei, eine unüberschaubare Anzahl von Welten existiere und diese mit vielen intelligenten Lebewesen bevölkert seien. Mit solch weitblickenden Denkweisen war der aufmüpfige Italiener seinen Zeitgenossen um Jahrhunderte voraus. Für die Kirche aber waren Vorstellungen über andere Planetenbewohner eine Ungeheuerlichkeit. Denn wo bliebe da die Einmaligkeit von Schöpfung, Offenbarung und Opfertod Jesu Christi? Inzwischen ist man aufgeschlossener. Trotzdem ist es kaum zu fassen, dass Brunos Bücher noch 1966 auf den katholischen Index der verbotenen Schriften gesetzt waren. Es ist erst ein Jahrzehnt her, dass der päpstliche Kurienrat die Hinrichtung Giordano Brunos als Unrecht bezeichnete. Eine echte Entschuldigung, die ihn rehabilitieren würde, hat es bis heute nicht gegeben.

Die faszinierenden Schriften jedenfalls führen zur Vatikanischen Sternwarte »Specola«, die im Ostflügel des päpstlichen Feriendomizils steht. An dem geschichtsträchtigen Ort lagern 22.000 Bände wertvollster Bücher, darunter Handschriften und originale Werke von Geistesgrößen wie Kopernikus, Galilei, Newton oder Keppler. Der »Ketzer« Bruno würde lächeln, wenn er wüsste, dass es in Castel Gandolfo keine Berührungsängste mehr zu Außerirdischen gibt. »Wir können nicht ausschließen«, beteuerte freimütig der Chefastronom des Vatikan-Observatoriums, Pater José Gabriel Funes, »dass sich auf anderen Planeten ebenfalls Leben entwickelt hat.« Aliens wären genauso Geschöpfe Gottes, und daher würde ein möglicher Kontakt mit fremden kosmischen Wesen kein Widerspruch zur Theologie bedeuten.

Im Besitz außerirdischer Bruchstücke ist die Sternwarte bereits: UFO-Wrackteile sind es nicht, aber bedeutende Exemplare von Meteoriten, die Informationen über die Ursprünge des Sonnensystems geben können. Noch im 19. Jahrhundert wurde ihre Existenz als Unsinn deklariert, weil Steine nun mal nicht vom Himmel fallen können. Dabei ist gerade in Castel Gandolfo das Phänomen des »Steinregens« altbekannt. Ob damit Asteroiden gemeint waren oder andere Ursachen, ist ungeklärt. Jedenfalls lassen historische Quellen und Ausgrabungen erkennen, dass die Sommerresidenz des Papstes genau an jenem Ort errichtet worden ist, wo zuvor seit 1152 v. Chr. die antike Stadt Alba Longa existierte.

Um 665 v. Chr. soll diese Metropole der Latiner durch den dritten römischen Kaiser Tullus Hostilus (710 v. Chr. – 640 v. Chr.) und seiner Armee zerstört worden sein. Dem Geschichtsschreiber Titus Livius (59 v. Chr. – 17 n. Chr.) zufolge hätte der kriegerische Herrscher den Dienst der Götter vernachlässigt, worauf diese ihm erzürnt aus heiterem Himmel einen »Steinregen« schickten, der »mit dem göttlichen Befehl einer Stimme« in den Albaner Bergen niedergegangen sei. In der Folge hätte ein neuntägiges Sühnefest stattgefunden und die allmächtigen Götter waren wieder versöhnt. Es gibt Historiker, die vermuten, dass mit der Erscheinung ein Vulkanausbruch gemeint war, wobei die »Stimme« als Getöse der Eruption gedeutet wird. Dass die Albaner Hügel Reste eines ehemals vulkanischen Ringgebirges waren, habe ich bereits erwähnt. Es soll noch um 1100 v. Chr. aktiv gewesen sein und die Besiedlung der Region verhindert haben. Kaiser Hostilus sei aber, so erzählt es die römische Mythologie, erst 400 Jahre später aufgetaucht. Also doch eher Meteoriten? Oder ganz etwas Anderes? Es ist nicht das einzige fliegende Steinrätsel der Gegend. Als ich den Erkundungsmarsch fortsetzte, galt mein Ziel der »Papstruine« Fortezza in Rocca di Papa. Es sind vom Platz der »Schwerkraftanomalien« nur ein paar Kilometer, aber die können zu Fuß recht schweißtreibend werden. Entlang der Via Ariccia schleppte ich mich steil hinauf bis zu einer Kirche, die wegen ihres Schriftzuges »Maria de Tufo« meine Aufmerksamkeit erregte. »Tufo«, das klingt ähnlich wie UFO – unbekanntes Flugobjekt.

Im Inneren des Gotteshauses erlebte ich eine Überraschung: Auf dem Altar steht ein bescheidenes schwarzes Kruzifix und auf einem Sockel dahinter ein gewaltiger Felsbrocken mit 15 Tonnen Gewicht. Er hat eine künstliche Aushöhlung, in die ein großes Bild eingefasst worden ist, das die Muttergottes mit dem Jesuskind zeigt. Sollte hier Marias Vision in einer Grotte nachgebildet worden sein? Gab es in Rocca di Papa etwa ähnliche Vorfälle wie 1858 in dem französischen Wallfahrtsort Lourdes? Die Ursprungslegende der Kirche weiß davon nichts. Sie erzählt vielmehr von einem Schwerkraftphänomen. Demnach hätte sich 1490 ein gewaltiger Felsbrocken vom Monte Cavo gelöst, der einen Reiter samt Pferd zu töten drohte. Als ein Ausweichen nicht mehr möglich schien, rief der Mann in letzter Not nach der Jungfrau Maria. Das Stoßgebet wurde erhört, denn wie durch Geisterhand gestoppt sei der heranpolternde Steinriese nur um Haaresbreite vor dem Mann plötzlich zum Stehen gekommen. Das unwahrscheinliche Glück wurde dem Beistand der Gottesmutter zugeschrieben. Als frommes Dankeschön wurde danach das Marienheiligtum errichtet. Der Platz am Altar soll der Sage nach präzise jene Stelle markieren, wo der Felsklotz abrupt zum Stillstand kam. Damit ist auch klar, was mit »Maria de Tufo« gemeint ist. Tufo heißt übersetzt »Tuff«, ein rotbrauner Naturstein aus versteinerter Lava. Bereits die Römer setzten ihn zum Bau ihrer Villen ein. Die »Maria de Tufo« in Rocca di Papa ist also die »Madonna des Tuffsteins«.

Eine nette Geschichte, aber nicht ernst zu nehmen? Möglich. Merkwürdig bleibt dennoch, dass ein Felsbrocken mit Eigenleben just drei Kilometer vom Platz der »Gravitationsanomalie« im 16. Jahrhundert von sich reden machte. Eine ähnliche Begebenheit erzählt

Rocca di Papa, 1490: Ein gewaltiger Felsbrocken löste sich vom Monto Cavo und soll plötzlich durch geheimnisvolle Kräfte vor einem Reiter gestoppt haben. Marienwunder, Gravitationsphänomen oder einfach Glück? (Bild: Reinhard Habeck)

man sich gern in Volders in Tirol. Nahe der Autobahn steht die barocke Karlskirche des Servitenordens. Die eigenwillige Architektur ist einzigartig. Sie basiert auf der Drei und einem kreisförmigen Grundriss. Eigenwillig auch die auffallende rotbraune Farbgebung des Barockjuwels. Und noch etwas ist ungewöhnlich: Im Vorderbereich des Kircheninneren wundern sich Gläubige und Kunstfreunde über einen dunkelgrauen Felsbrocken, der über dem Beichtstuhl in einer Nische angebracht ist. In der Klosterchronik finden wir die Erklärung für die wunderliche »Dekoration«. Oberhalb des Kirchenplatzes befand sich

Kurioser »Stein des Gehorsams«, Karlskirche von Volders in Tirol.
(Bild: Reinhard Habeck)

ein Steinbruch. Er lieferte das Baumaterial für die Errichtung des Gotteshauses. Als sich unerwartet Steinmassen lösten, wäre ein unterhalb auf dem Weg fahrender Wagen mit Pferden und Arbeitern zerschmettert worden. Die Aufzeichnungen nennen das genaue Datum für diesen Zwischenfall: 24. Juli 1620. Einer der Arbeiter, andere Quellen nennen den Universalgelehrten und Baumeister Hippolyt Guarinoni (1571–1654), soll in Panik gerufen haben »Stehe still im Namen Gottes!«, worauf die Steinbrocken plötzlich stoppten und Fuhrwerk samt Insassen verschont blieben. Als Andenken an diese göttliche Fügung wurde ein Stück des Felsens mit der Beischrift »Stein des Gehorsams« in eine symbolische Fensternische gesetzt. Größere Teile des einst bedrohlichen Felsgesteins bilden heute ein Stück der Kirchenmauer unter der Kanzel.

Stigmata und fliegende Tomaten für Pater Pio

Wenn Menschen in bedrohlichen Situationen knapp dem Tode entrinnen, schreibt man das gerne dem Wirken übersinnlicher Kräfte zu. Hatten die Betroffenen großes Glück, ist alles nur mit Zufälligkeiten erklärbar? Gottgläubige werden das anders empfinden. Gelegentlich kann der religiöse Glaube aber recht skurrile Züge annehmen. Ein Beispiel dafür findet sich wiederum in Rocca di Papa. Als ich weiter steil hinauf zu den Dächern der Stadt wanderte, begegnete ich einem älteren Herrn, der weggeworfenen Mist von der Straße und dem Berghang einsammelte. Ich war verwundert, als er mich freundlich in deutscher Sprache begrüßte. Wir kamen ins Gespräch. Er war nicht etwa von der städtischen Müllabfuhr, sondern erzählte, dass er seit Jahren in seiner Freizeit den Abfall in der Umgebung beseitige – aus reiner Freude, etwas Gutes zu tun. Der Saubermann liebte offenbar die Sisyphusarbeit, denn der Dreck, den Einheimische und Touristen täglich hier hinterlassen, wird nicht weniger. Der Deutsch sprechende »Heilige« verriet mir, dass er ein Nachfahre der Garnisonen von Kaiser Ludwig (1281–1347) sei. Als Ludwig der Bayer 1328 mit seinem Heer über die Alpen zur Kaiserkrönung zog, eroberte er die Festung von Rocca di Papa, die im 16. Jahrhundert zerstört wurde. Die Überreste davon sind hoch über der Altstadt zu besichtigen. Nach der Besetzung waren etliche Deutsche im Land geblieben und es entstand das »Quartiere dei Bavarese« – das heute noch bestehende »Bayrische Viertel«. Die Verbindung zu Bayern ist durch die Stadtfarben Roccas sichtbar: Sie sind Weiß-Blau.

Der pieksaubere Deutschitaliener drängte, ich solle auf jeden Fall die Chiesa del Crocifisso, die Kreuzigungskirche, besichtigen, dort gebe es an der Außenwand etwas Kurioses zu sehen, das er trotz seines Sauberkeitsfimmels nicht beseitigen dürfe. Er verabschiedete sich mit Pfiat' di God, ich mit Servus. Es ging die Anhöhe hinauf, und als das genannte Gotteshaus gefunden war, erblickte ich auf der langen Fassadenseite die lebensgroße Statue des populären Volksheiligen Pater Pio (1887–1968). Seine Spuren hat er in jedem italienischen Gotteshaus hinterlassen. Und das verdientermaßen, denn das schillernde Leben des Kapuzinermönchs war stets begleitet von wundersamen Geschehnissen, die Gläubige und Wissenschaftler noch heute in Staunen versetzen.

In einem Brief an seinen geistlichen Berater im Kloster von San Giovanni Rotondo in Apulien schrieb Pater Pio:»Vergangenen Monat, es war am Morgen des 20. September 1918, befand ich mich nach der Messfeier im Chor. Ich wurde von Ruhe, ähnlich einem süßen Schlaf, überrascht … und während dies geschah, sah ich vor mir eine geheimnisvolle Person, ähnlich jener, die ich schon am 5. August gesehen habe; sie unterschied sich einzig darin, dass von den Händen, den Füßen und der Seite Blut herabträufelte. Der Anblick verursachte in mir Schrecken … Die Vision der Person verschwand, und ich merkte, dass meine Hände, Füße und die Brustseite durchbohrt waren und Blut austrat. Bedenken Sie den Schmerz, den ich dabei erfuhr, und den ich fortwährend fast täglich empfinde. Die Herzwunde sondert fortwährend Blut ab, in besonderem Maß geschieht dies von Donnerstag bis Samstag.«

Die Wundmale Christi wurden sichtbar. Es war das einprägsamste Ereignis im Leben des Pater Pio. Die Mönche des Klosters erlebten das Erscheinen der Stigmata auf folgende Weise: Ein Ordensbruder betrat den Kirchenchor, in dem Pater Pio eben sein»Erlebnis« hatte, und bemerkte, wie er unterhalb des Kreuzes offenbar ohnmächtig mit weit ausgebreiteten Armen am Boden lag. Seine Augen waren weit geöffnet, seine Kutte und die Hände blutig. Als Pater Pio wieder zur Besinnung kam, fragte der Bruder, ob er sich verletzt habe. Pio selbst sei beim Anblick auf seine blutigen Hände tief erschrocken gewesen. Die herbeigerufenen Mitbrüder trugen ihn in seine Klosterzelle. Trotz medizinischer Versorgung heilten die Wunden nicht, sie blieben offen, traten täglich frisch und blutig an Händen, Füßen und der Brust hervor. Pater Pio musste unerträgliche Schmerzen erdulden und verlor fast jeden Tag eine Tasse voll Blut. Der Stigmatisierte versuchte anfangs, die Wunden zu verbergen und trug meist fingerlose Handschuhe. Nutzlos. Die Nachricht von den sichtbaren Leiden Christi verbreitete sich rasch in der Region um San Giovanni Rotondo und war bald darauf in ganz Italien Gesprächsthema. Ein blutverschmiertes Handschuhpaar, mit dem Pater Pio gepredigt hat, wird in Rom in der Kirche San Salvatore in Lauro aufbewahrt, ebenso eine Reliquienbüste mit Tropfen Blut aus der Stigmata.

Womit sind gelegentlich bei Menschen auftretende Blutzeichen erklärbar? Die Kirchengeschichte kennt etwa 300 derartige Beispiele. Zu den bekanntesten Trägern der Wundmale zählen Franz von Assisi

(† 1226), Veronica Guiliani († 1727), Anna Katherina Emmerick († 1824), Therese Neumann aus Konnersreuth († 1962) und Marthe Robin († 1981). Der älteste Hinweis für ein Stigmata-Wunder findet sich im Neuen Testament, wo es im Brief des Apostel Paulus an die Galater in Zentralanatolien heißt:»… denn ich trage die Zeichen Jesu an meinem Leib.« Was bei all den christlichen Wundertätern auffällt: Die Handstigmata sind meist auf der inneren Handfläche oder am Handrücken zu sehen. Historiker sind sich heute jedoch ziemlich einig darüber, dass bei der Kreuzigung der Nagel in der Nähe der Handwurzel zwischen Elle und Speiche des Unterarms eingeschlagen wurde – so wie es der berühmte Abdruck auf dem»Grabtuch von Turin« zeigt.

Natürlich ist die strenge Wissenschaft, aber auch die Kirchenbehörde im Vatikan noch aus anderen Gründen sehr skeptisch, wenn von Wunderdingen berichtet wird. Wie nicht anders zu erwarten, kamen auch im Fall von Pater Pio große Zweifel auf. Hatte sich der Priester die fünf Leiden Christi womöglich selbst zugefügt? War alles trotz großer Qualen ein Leben lang vorgetäuscht? Im Grunde ist so etwas nur bei extremer Form des Masochismus vorstellbar. Der italienische Historiker Sergio Luzzatto hält das für möglich und vermutet eine Art der Selbstverstümmelung. Er nimmt an, dass die Wunden durch gezielten Einsatz von Karbolsäure entstanden sind. Der Heilige Stuhl war über den umstrittenen Kirchenmann irritiert. Er war eigenbrötlerisch und kam dem Vatikan schon länger höchst suspekt vor, also wurde der Arzt Augostino Gemelli nach San Giovanni Rotondo entsandt. Ohne nähere medizinische Prüfung war das Urteil rasch gefällt: Die Angelegenheit sei»psychopathisch« zu erklären oder als»Auswirkung einer Täuschung«. Daraufhin entzog die zuständige kirchliche Leitung Pater Pio jegliche Seelsorgearbeit. Ebenso waren ihm Messfeiern in der Öffentlichkeit verboten worden. Doch die blutenden Wunden ließen sich davon nicht beeindrucken, er hatte sie weiterhin.

Der italienische Mediziner Luigi Romanelli, Chefarzt des Krankenhauses in Barietta, untersuchte Pater Pio über ein Jahr lang mehrere Male und kam zu einem Resümee, das keineswegs dem Vatikanischen Schiedsgericht entsprach:»Die Verletzungen des Pater Pio sind aufgrund ihres Charakters und ihres klinischen Verlaufs nicht unter die herkömmlichen Verletzungen einzuordnen. Sie haben einen anderen Ursprung, den ich nicht kenne.« Es gab auch medizinische Tests. So kam Heilsalbe auf die Wunden, sie wurden anschließend mit einem

Der italienische Volksheilige Pater Pio trug bis kurz vor seinem Tod 1968 die blutenden Wundmale Christi. Wie kommt es zum Phänomen der Stigmatisation? (Bild: Bayrisches Kapuzinerarchiv)

Verband versiegelt. Als das Siegel Tage später wieder entfernt wurde, stellten die Ärzte sprachlos fest, dass die Verletzungen völlig unverändert waren. Trotz vieler Untersuchungen konnte nicht geklärt werden, warum das fortwährende Bluten nicht gestoppt werden konnte. Zwölf Jahre lang durfte Pater Pio keine Messen feiern. 1934 änderte Rom seine Anordnung. Der stigmatisierte Mönch bekam alle priesterlichen Rechte zurück. Erst nach 50 Jahren, kurz vor seinem Tod, verschwanden die Wundmale von allein. 1997 erklärte ihn der Papst zum »Ehrwürdigen Diener Gottes«, 1999 folgte die Seligsprechung und seit 2002 darf sich Pater Pio zu den katholischen Heiligen zählen.

Das beim Stigmata-Phänomen medizinisch Unerklärbare: Durch welche Kräfte werden die Male erzeugt? Warum können die blutenden Wunden nicht heilen? Und weshalb entzünden oder eitern sie nicht? Bei der deutschen Ordensschwester und Mystikerin Anna Katharina

Emmerick soll ein zusätzliches Phänomen beobachtet worden sein: Blutfluss, der *entgegengesetzt* zur Schwerkraft auftrat. Übernatürlich? Psychologen schütteln den Kopf. Kann Manipulation ausgeschlossen werden, sieht die Mehrzahl der Mediziner die Ursachen von Stigmatisation in psychosomatischen Effekten, Autosuggestion oder Hysterie. Mit der Kraft des Geistes ist in der Tat vieles möglich. Aber können durch »psychische Energien« wirklich bestimmte Stellen am Körper zum Bluten gebracht werden? Hieße das zum Beispiel, jemand träumt von Rosen und einer Verletzung durch Dornen, wacht morgens auf und stellt fest, dass die Handflächen bluten? So seltsam das klingen mag, in Verbindung mit starker Passionsfrömmigkeit und geistlicher Konzentration können tatsächlich Kräfte in der Hirnstruktur aktiviert werden, die noch ungeklärt sind. Der amerikanische Neuroforscher Richard Davidson, Universität von Wisconsin, untersuchte 2006 die Gehirnströme tibetischer Mönche mittels Computer- und Kernspintomografen. An den »Studienobjekten« stellte Davidson nachweislich eine ungewöhnlich lang andauernde Gammawellen-Aktivität fest. Diese Gehirnwellen sind zwar typisch bei intensiver Konzentration, üblicherweise blitzen sie aber nur wenige Sekunden auf. Die Gammawellen-Intensität der Mönche hingegen durchschlug sämtliche bisher bekannten Werte der Skala. Wie diese spezielle Hirnakrobatik möglich ist und wieso dadurch sogar Veränderungen bei Körperzellen aufgezeigt werden können, ist Meditationsforschern noch ein Rätsel. Waren es bei Pater Pio ebenfalls ungewöhnliche Geistesblitze, die Wundmale entstehen ließen?

Der Kapuzinermönch scheint ein Mensch mit vielen besonderen Fähigkeiten gewesen zu sein. Nicht nur mit der Stigmatisierung sorgte er zu Lebzeiten für Aufsehen. Er aß winzige Portionen Gemüse, trank sehr wenig Wasser und schlief nur zwei Stunden, wird berichtet. Ihm wurden wundersame Heilungen von körperlichen Leiden zugeschrieben. Hellseherisch begabt war er offenbar auch: So wird erzählt, er habe dem jungen Priester Karol Wojtyla (1920–2005) alias Johannes Paul II. sowohl die Wahl zum Papst als auch das Attentat von 1981 vorausgesagt. Und es wird berichtet, der Kapuzinermönch hätte die Fähigkeit der »Bilokation« gehabt, indem er gleichzeitig an zwei Orten sein konnte, eine Gabe, die auch andere katholische Heilige wie der Franziskaner Antonius von Padua (1195–1231) besessen haben sollen. In der Parapsychologie ist das Phänomen ebenfalls bekannt, so etwa beim schwedischen Theologen und Mystiker Emanuel Swedenborg (1688–1772) oder dem indischen Guru Sathya Sai Baba.

Selbst nach seinem Ableben am 23. September 1968 sorgte Pater Pio immer wieder für Aufregung durch spontane Heilungen, die angeblich dank Fürbitte und Gebetserhörung bewirkt wurden. Sein vorläufig letztes »Wunder« entdeckte man im März 2008. Damals veranlasste die katholische Kirche eine Graböffnung in der Krypta der Kirche Santa Maria delle Grazie. Erstaunt stellten die Geistlichen im Beisein der Fernseh- und Presseleute fest, dass der Leichnam kaum verwest war. »Die Fingernägel von Pater Pio sehen so aus, als hätten sie gerade eine Maniküre hinter sich«, erklärte der bei der Exhumierung anwesende Bischof Domenico D'Ambrosio.

Die letzte Ruhestätte des Heiligen Pio in San Giovanni Rotondo zählt heute mit Guadalupe in Mexiko, Fatima in Portugal, Lourdes in Frankreich und der »ewigen Stadt« Rom zu den meist besuchten christlichen Wallfahrtsorten der Welt. Bis zu sieben Millionen Pilger strömen jährlich zum Grab des Wundertäters, dem einst der Pontifex das Lesen der Heiligen Messe verboten hatte. Das war der umstrittene Papst Pius XII., der 1958 in Castell Gandolfo verstarb. Castell Gandolfo? Richtig, damit sind wir wieder am Ausgangspunkt – in der Region Rocca di Papa – gelandet. Was das nun mit Pater Pio zu tun hat, wird sich der aufmerksame Leser vielleicht fragen. Nun, dass der geradezu unglaubliche Devotionalienhandel um den Volksheiligen kaum Grenzen kennt, ist bekannt. In vielen Geschäften, Autos und Wohnungen in ganz Italien sind Bilder des vollbärtigen Ordensmannes zu finden. TV-Programme über ihn zur besten Sendezeit sind Straßenfeger. Aufsehen erregte eine blutige Rauferei von »Geistigen Töchtern«, die sich gerne um Pater Pio scharten. Sie konnten sich nicht einigen, wem das Kissen gehören sollte, auf dem Pater Pio einst gekniet hatte.

An der Wand der Kreuzigungskirche in Rocca di Papa, hinter der Statue des Heiligen, sind markante Spuren eines sonderbaren »Pio-Kults« zu sehen: Die ganze Fassade ist »geschmückt« mit dunklen Klecksen mit zum Boden fließenden Linien. Es sind die eingetrockneten Reste von Farbbeuteln und Tomaten, die bei bestimmten Festtagen zu Ehren des Pater Pio auf die Kirchenmauern geschleudert wurden. Ein kurioses Bild, das ich nicht vergessen werde.

Über schmale Pfade und Treppen ging ich dann von den Dächern eilig hinunter in die Altstadt, wo ich mein persönliches »Wunder«

von Rocca di Papa erlebte. Es war inzwischen Abend geworden und ich fragte Einheimische an der Piazza della Repubblica, wie ich am schnellsten nach Rom käme. Der Bahnhof in Marino, wo mein Abenteuer mit den Gravitationsanomalien begann, war nur durch eine Nachtwanderung erreichbar. Einwohner Roccas deuteten auf eine Bodenmarkierung für Busse. Für die letzte Fahrt wäre es in wenigen Minuten so weit. Also begab ich mich zur vermeintlichen Haltestelle und wartete. Schon nach kurzer Zeit winkten mir Bewohner aufgeregt zu. Ein höflicher Abschiedsgruß? Ein Dankeschön, um sicherzugehen, dass der Fremde den heiligen Ort auch wirklich wieder verlassen würde? Nein, die Menschen machten vielmehr deutlich, dass der Bus 30 Meter weiter um die Ecke stünde und bereits den Motor startete. Also rannte ich los, stoppte den Bus und wurde vom Chauffeur ins Fahrzeug gebeten. Dieser wollte meine Fahrkarte sehen. Non capisco, gab ich ihm zu verstehen, denn ich war der Meinung, die Tickets würde ich bei ihm erhalten. Nicht so in Italien. Der Mann verwies mich an eine Raststätte, wo die Fahrkarten zu kaufen wären. Gleichzeitig war auch ihm klar, dass dies mehrere Minuten dauern würde, und er hatte es offenbar eilig. Das war mein Glück, also drückte er beide Augen zu, deutete mit südländischer Fingerakrobatik, ich solle im hinteren Bereich Platz nehmen und mich möglichst unauffällig verhalten. Wie konnte der gute Mann annehmen, dass ich nach der ausgedehnten Wanderung in den Albaner Bergen noch zu irgendetwas anderem fähig gewesen wäre? Erschöpft, aber gut gelaunt, genoss ich die angenehme Rückreise in die »ewige Stadt« als Schwarzfahrer und wusste: Wunder gibt es immer wieder!

Schützende Retter von »drüben«?

Wann dürfen wir von einem echten Wunder sprechen? Immer dann, wenn etwas geschieht, das wir mit den gegebenen Naturgesetzen nicht erklären können. Stürzt jemand im freien Fall mehrere Tausend Meter tief aus einem Flugzeug und der Fallschirm öffnet sich nicht, ist die Person beim Aufprall am Boden garantiert tot. Das ist nach allen gebotenen Regeln der Logik so sicher wie das Amen im Gebet. Dennoch passiert es immer wieder, dass Menschen Stürze aus großer Höhe relativ unbeschadet überleben.

So erging es dem britischen Fallschirmspringer Michael Holmes. Der erfahrene Skydiver-Veteran hatte bereits 7000 Sprünge hinter sich gebracht und an vielen Wettkämpfen teilgenommen. Im Dezember 2006 sprang er über Neuseeland aus 3600 Metern Höhe aus der Maschine. Was dann aus heiterem Himmel passierte, ist das Schlimmste, was einem Fallschirmspringer passieren kann – der Schirm klemmte, verhedderte sich, ließ sich nicht öffnen. Als auch der Reserveschirm nicht funktionierte, hatte der Sportler mit seinem Leben bereits abgeschlossen. Seine Helmkamera zeichnete die dramatischen Momente auf. Ein Freund, der aus demselben Flugzeug abgesprungen war, machte ebenfalls spektakuläre Aufnahmen. Mit 130 Stundenkilometern raste Holmes, den sicheren Tod vor Augen, auf die Erde zu. Dann das Unglaubliche: Holmes prallte in einen Brombeerbusch nahe des Sees Taupo und hatte lediglich einen Knöchelbruch und eine leichte Lungenverletzung. Bereits wenige Tage nach dem Zwischenfall konnte der Glückspilz das Krankenhaus wieder verlassen. Wie ist so etwas möglich?

Es gibt Todesfälle durch Genickbruch, weil jemand nur wenige Zentimeter über den Randstein stolperte. Dagegen ist das Überleben eines ungebremsten Sturzfluges aus 3600 Metern Höhe wahrlich ein unfassbares Wunder. Und es geschieht öfter als man glaubt. Weitere Beispiele aus jüngster Zeit belegen es. Im Sommer 2009 überlebte der Springer Paul Lewis einen Sturz aus 3000 Metern Höhe im englischen Whitchurch. Wie bei Michael Holmes ließen sich weder Haupt- noch Notfallschirm öffnen. Rettungskräfte fanden den Mann liegend auf dem Dach eines Flughafen-Hangars. Lewis erlitt Nacken- und Kopfverletzungen, überlebte aber den Todesflug.

Eine doppelte Überlebenskünstlerin ist die Niederösterreicherin Ursula Silvester. 2005 wurde ihr Leukämie im Endstadium diagnostiziert. Es folgte eine quälende Chemotherapie und eine Knochenmarktransplantation mit Blutvergiftung, an der sie beinahe gestorben wäre. Die Frau war bereits klinisch tot, konnte aber reanimiert werden und überstand die schwierigste Zeit tapfer. Ab nun wollte sie ihre Träume nicht mehr auf später verschieben und nahm ihr »zweites« Leben bewusst in Angriff. Dazu gehörte eine lang ersehnte Fallschirmspringer-Ausbildung. Nach 20 Übungssprüngen wurde es am 25. Juli 2009 ernst. Todernst. Ursula Silvester startete am Flugfeld West in Wiener Neustadt mit einer Dornier DO 28. In 3000 Metern Höhe machte sie sich bereit, setzte den Helm auf. Absprung in 4000 Metern Höhe. Nach etwa einer Minute war sie bereits drei Kilometer im freien Fall unterwegs, wollte den Fallschirm lösen, fand aber den Griff nicht. Zwei Griffproben waren vorgesehen, dann musste die Reißleine für den Reserveschirm gezogen werden. 20 Sekunden bis zum Aufprall. 15 Sekunden. 10 Sekunden. Wenige Augenblicke vor dem nahenden Ende löste die Springerin noch den Notschirm – doch die Automatik, die von selbst reagieren sollte, versagte. Danach gab es keine Erinnerung mehr. Ursula Silvester schlug hart auf dem Boden auf. Im Interview erklärt sie:»Ich bin noch am selben Tag im Krankenhaus aufgewacht, hatte abgesehen von ein paar Brüchen im Knöchel und beim Jochbein keine Verletzungen, nicht einmal blaue Flecken, nichts.«

Wenn wir von derlei unglaublichen Geschichten erfahren, sagen wir gerne:»Die Person hatte einen *Schutzengel*!« Ein geflügeltes Wort für unsichtbare Flugbegleiter? Helfer in der Not, gibt's die? Und»Freunde aus dem Jenseits«, gibt es die etwa auch? Wirken höhere Kräfte, sogenannte»Zufälle«, die uns gelegentlich vor dem Bösen bewahren? Nicht nur im Christentum findet sich tief verwurzelt die Glaubensvorstellung, dass ein persönlicher Engel stets zur Seite steht, wenn die Situation für uns bedrohlich wird. Auch im Islam und im Judentum kennt man die Betrachtung von Engeln, die schützend Beistand leisten. Gleiches gilt für den Buddhismus, wo»Erleuchtungsgeister«, »Bodhisattvas« genannt, dem Suchenden helfen. Nicht anders im Heidentum nordischer Mythologie, wo elfenähnliche»Fylgien« im Leben helfen und begleiten.

Viele Menschen behaupten, sie stünden in Kontakt zu ihrem Schutzengel, hätten seine Lichtgestalt wahrgenommen oder zumindest seine Anwesenheit gespürt. Ob man das für möglich hält oder nicht, der Gedanke an überirdische Wesenheiten, die schützend die Hand über uns halten, hat etwas Tröstliches. In der deutschen Stadt Bretten in Baden-Württemberg ist den göttlichen Hilfsboten ein ganzes Museum gewidmet. Die umfangreiche Sammlung zeigt Exponate und Darstellungen aus mehreren Jahrhunderten. Berühmt sind die Schutzengelbilder des ausklingenden 19. Jahrhunderts, die man als Wandschmuck gelegentlich noch heute in Kinderzimmern vorfindet. Kleinkinder und Jugendliche sind immer schon die bevorzugten Schützlinge himmlischer Helfer gewesen. Von wundersamer Bewahrung vor tödlichen Stürzen wird häufig berichtet. Keine Fallschirmsprünge aus

Flugzeugen, aber doch gefährliche Geschehnisse wie Fensterstürze aus Hochhäusern oder Abstürze von Felsklippen sind keine Seltenheit. Im Dezember 2009, zwei Tage vor dem Heiligen Abend, hatte sich in Frankreich so ein »Weihnachtswunder« ergeben. Im Seebad Étretat in der Region Le Havre überstand ein knapp zweijähriges Mädchen den Sturz von einem 80 Meter hohen Felsen am Ärmelkanal. Der tragische Hintergrund: Eine depressive 25-jährige Frau war in Selbstmordabsicht gemeinsam mit der Tochter von den Klippen gesprungen. Unterhalb der Felsen entdeckten die herbeigeeilten Sanitäter das Kleinkind neben der toten Mutter. Es überlebte den Sturz mit mehreren Brüchen und einem Schädel-Hirn-Trauma. Wie das möglich sein konnte, ist Medizinern ein Rätsel.

Es gibt Orte, wo Fallwunder immer wieder auftreten und dokumentiert sind. Einer liegt im Schweizer Kanton Solothurn, wenige Kilometer südwestlich von Basel. Fern vom Lärm der großen Welt, eingebettet in eine idyllische Landschaft, die zur Meditation und Erholung einlädt, befindet sich das barocke Benediktinerkloster Mariastein. Die 1655 geweihte Wallfahrtstätte ist neben der Schwarzen Madonna von Einsiedeln im Kanton Schwyz die zweitwichtigste der Eidgenossen. Das eigentliche Pilgerziel versteckt sich unterhalb der Klosterkirche. Als ich 2009 die Gnadenstätte besuchte, hatte ich beim Abstieg in die Unterwelt den Eindruck, es geht in ein mittelalterliches Verlies. 56 Stufen, die aus dem Felsen gehauen und mit Eichenholz verkleidet sind, führen in die Tiefe zur »Mutter vom Trost«. 266 Wunder werden ihr zugeschrieben, nachzulesen im 680 Seiten umfassenden Mirakelbuch von Mariastein. Pater Dominikus Ginck hat den frommen Wälzer 1693 verfasst. Auf dem Weg zur Kulthöhle machen unzählige Votivtafeln über Gebetserhörungen und Fallwunder deutlich, dass die Madonna für Gläubige immer noch Wunder bewirkt. An der Felskante über der natürlichen Grotte erhebt sich heute die Abtei mit der Klosterkirche. Archäologen und Volkskundler vermuten, dass die Höhle bereits lange vor dem Christentum in prähistorischer Zeit ein heiliger Ort gewesen sein könnte.

Im Schweizer Benediktinerkloster Mariastein sind mehrfach Fallwunder bezeugt. Wetteranomalien, Schutzengel oder Zufälle?
(Bild: Reinhard Habeck)

Wer das felsige Heiligtum betritt, das später zu einer Kapelle umgestaltet wurde, kann sich des mystischen Anblicks nicht entziehen. Zwei Marienaltäre, die von einem Eisengitter umzäunt sind, fallen in der Felsnische auf. Einer der Opfertische zeigt sich in barocker Aufmachung, beim anderen steht die berühmte Statue der Gnadenmutter im Zentrum an der Felswand. Sie entspricht einer bemalten Steinplastik, die auf einer goldenen Wolke thront. In der rechten Hand hält Maria das lächelnde Jesuskind mit Weltkugel, in der anderen ein Zepter. Die heutige Madonnenstatue stammt aus den Anfängen des 17. Jahrhunderts. Über Aussehen und Verbleib ihrer gotischen Vorgängerin weiß man nichts mehr. Die ursprüngliche Steinfigur dürfte im Zuge der kirchlichen Erneuerungsbewegung beim Bildersturm um 1530 zerstört worden sein. Einflussreiche Reformer lehnten damals die Verehrung Gottes und Marias in der Gestalt von Bildern als Götzendienst ab. Das führte bei besonders »fleißigen« Eiferern zur Vernichtung wertvoller Kunstschätze in Klöstern und Kirchen. Manche Historiker meinen aber, die erste Heiligenfigur aus der Höhlenkapelle sei rechtzeitig auf den sicheren Platz zur Feste Dornach gebracht worden. Tatsächlich gibt es eine steinerne Plastik aus dem 14. Jahrhundert, die von dort stammt. Sie sieht der heutigen Mariastein-Madonna recht ähnlich und wird im Blumenstein-Museum zu Solothurn aufbewahrt.

In Mariastein reicht die Entstehung der Wallfahrt ins 14. Jahrhundert zurück. Aus dieser Epoche stammt die Überlieferung vom ersten Fallwunder. Sie erzählt von einer Bauersfrau, die mit ihrem kleinen Sohn bei brütender Sommerhitze die Weidetiere hütete. Die beiden suchten ein schattiges Plätzchen und begaben sich in die tiefer gelegene Felshöhle. Von Müdigkeit befallen, schlief die Mutter ein. Als sie erwachte, vermisste sie ihr Kind, das offenbar beim Spielen an der steilen Klippe zu Fall kam und abstürzte. Verzweifelt rannte die Mutter ins Tal und traf dort überglücklich ihren unverletzt gebliebenen Sprössling. Der Wunderknabe hatte nichts Besseres zu tun, als seelenruhig Blumen zu pflücken. Die fassungslose Mutter fragte ihr Kind, was geschehen sei. Der Bub antwortete, dass er von einer »schön hellglantzenden Frau gleich wie die Sonn von gar vil lieben Engeln begleitet und umgeben« im Fallen aufgefangen wurde. Die Lichtgestalt habe ihn wohlbehalten auf der Wiese abgesetzt und sei danach »mit herrlichem Glantz in den Himmel gestiegen und verschwunden«.

Es gibt mehrere Versionen dieser Erzählung, die im Detail variieren. Einmal heißt es, als der Vater von der himmlischen Rettung seines Kindes erfuhr, habe er die Erscheinung als Gottesmutter Maria gedeutet. Zum Dank ließ er ihr zu Ehren in der Grotte die erste Kapelle errichten. Eine andere Fassung weiß davon, dass das überirdische Lichtwesen mit Engelsgefolge sich selbst als »Himmelskönigin« zu erkennen gab. Es heißt weiter, sie habe den hohlen Felsen zu ihrer »Wohnung« auserwählt und den Wunsch geäußert, in dieser Grotte verehrt zu werden, damit sie hier »fallenden und gefallenen Menschen Hilfe und Gnade geben« kann.

Da der Bericht weder ein exaktes Datum nennt noch über Namen

*Kulthöhle mit der »Madonna vom Trost« in Mariastein.
(Bild: Reinhard Habeck)*

und Herkunft von Mutter und Kind Auskunft gibt, ist diese Geschichte nicht zwingend beweiskräftig. Aber sie deckt sich mit vielen anderen sonderbaren Begebenheiten und könnte die Verschmelzung für Fallwunder in Mariastein und Umgebung sein. Oder die erste wundersame Rettung liegt noch viel weiter in der Vergangenheit zurück, wo genaue Namen und Daten im Dämmerlicht der Geschichte verloren liegen. Man könnte die Angelegenheit als Märchen vergessen, gäbe es da nicht ebenso andere Fallwunder, die sehr wohl historisch beglaubigt sind.

Ein Ereignis nennt das Jahr 1541. Es war eine Zeit, in der in weiten Teilen Europas die Pest wütete. Der Chronik nach floh Hans Thüring Reich von Reichenstein mit seiner Familie nach Mariastein, »umb gesündere Lufft daselbsten zu geniessen«. Dort wohnte der junge Edelmann in »Bruoders Huss«, im Hause des damaligen schwäbischen Wallfahrtspriesters Jakob Augsburger. Am 13. Dezember, so ist notiert, spazierte die adelige Gesellschaft im Garten am Rande des großen Felsens. Hans Thüring sonderte sich ab und marschierte zur nahegelegenen »Gregoriushöhle«. Dort hielt er sich an einem Baumast fest, beugte sich nach vor und blickte ins Tal. Der Ast brach und der Mann stürzte senkrecht Dutzende Meter ins Tal. Er blieb nicht ganz unversehrt, zog sich beim Aufprall einen Kieferbruch zu, hatte aber keine lebensgefährlichen Verletzungen. Als man ihn fand, wurde er zu einer nahen Mühle gebracht. Hier erhielt Hans Thüring die erste Pflege, wurde danach zur Burg Landskron getragen und war bald darauf wieder kerngesund. Aus den ramponierten Kleidern, die das Unfallopfer am Tag des Unglücks getragen hatte, wurde später in Mariastein ein Messgewand gefertigt. Das neuerliche Fallwunder sorgte für großes Aufsehen und lockte in der Folge große Pilgerscharen nach Mariastein. Nicht nur für sich selbst, auch für die Wallfahrt war Hans Thüring Reich von Reichenstein ein wahrer »Hans im Glück«.

Was mir noch zu Mariastein einfällt: Es gibt ein Marienheiligtum gleichen Namens im Tiroler Unterinntal, westlich von Wörgl. Es leben nur knapp 300 Seelen in der kleinen österreichischen Gemeinde Mariastein. Der ungewöhnliche Wallfahrtsort aus der Mitte des 14. Jahrhunderts steht auf einem aufragenden Felsblock. Er entspricht einem 42 Meter hohen Bergfried, der ehemals zur Sicherung alter Römerstraßen diente. Das Witzige: Während es im Schweizer Mariastein zur »Maria vom Trost« hinunter in die Höhle geht, ist die Welt in Tirol um 180 Grad verdreht. Die Kapelle mit dem Gnadenbild einer kleinen Madonna mit Kind befindet sich nämlich nicht in einer Grotte, sondern im obersten Turmgeschoss, das über eine schmale Wendeltreppe 150 Stufen himmelwärts führt.

Die Namensgleichheit mit Mariastein der Eidgenossen ist Zufall. Die gemeinsame Anziehungskraft beider Wallfahrtsstätten ist aber unbestritten und besteht darin, dass da wie dort gläubige Pilger felsenfest behaupten, die Gottesmutter Maria hätte bei gefahrvollen Ereignissen geholfen. Gottesfürchtigkeit? Schutzengel? Oder einfach nur unglaubliches Glück?

Seltsamer Fischregen und mysteriöse Kugelblitze

Menschen, die aus großer Höhe unbeschadet zu Boden stürzen, kann man je nach Glauben als Wunder oder glückliche Schicksalsfügung interpretieren. Wie aber erklären sich Luftphänomene, wo Mäuse, Schlangen, Kröten, Fische und andere Lebewesen vom Himmel herabfallen? Seit dem Altertum wird über diese kuriosen Wetteranomalien berichtet. Der jüngste Fall stammt aus Lajamanu in der Region Northern Territory, nahe der Tanami-Wüste in Australien. In der Nacht vom 25. auf den 26. Februar 2010 regnete es in dem Dorf Hunderte kleine Fische. Glaubt man den Berichten der Augenzeugen, dann hätten die Fische bei ihrer Landung noch gelebt. Das geschah an diesem Ort nicht zum ersten Mal. Schon in den Jahren 2004 und 1974 kam es zu ähnlich wunderlichem Fischregen. Die nächsten Seen Argyle und Elliot liegen Hunderte Kilometer entfernt, genauso wie die Küste. Wie also kommt es zu diesen Vorfällen?

Für Meteorologen entsteht der Himmelsspuk durch extreme Wirbelwinde, die Tiere aus dem Wasser in höhere Sphären transportieren und später an anderer Stelle wieder herabfallen lassen. Diese Erklärung scheint logisch, aber wirklich schlüssig ist sie nicht. Tornados sind gewöhnlich nicht sehr wählerisch und schleudern alles mit in die Luft, was ihnen in die Quere kommt. Wieso ist bei sonderbarem Tierregen meist nur eine Gattung davon betroffen? Und warum findet man nie Pflanzen oder andere Rückstände von Teichen und Seen, denn von dort müssten die Viecher ja stammen? In Lajamanu gab es während des Fischregens ein Gewitter. Das lokale Wetteramt erklärte, es hätte meteorologische Bedingungen gegeben, die für den Auslöser eines Wirbelsturms günstig waren. Dennoch hat die Beobachtungsstation in der fraglichen Zeit keinen orkanähnlichen Sturm nachweisen können. Sind diese Erscheinungen womöglich überirdischer Herkunft? Wohl kaum. Vieles spricht tatsächlich dafür, dass wir es mit einem bizarren Naturphänomen zu tun haben, das noch auf seine vollständige Aufklärung wartet.

Könnten elektrische Felder in den Wolken damit zu tun haben? Atmosphärische Anomalien sind abwechslungsreich und können erstaunliche Effekte erzeugen. Es ist erst knapp zwei Jahrzehnte her, als Forscher der NASA bis dahin unbekannte riesige Lichtblitze entdeckten. Diese »Red Sprites« (»Rote Kobolde«) treten bis in eine Höhe von

100 Kilometern oberhalb von Gewitterwolken auf und beeinträchtigen durch chemische Reaktionen die Ozonschicht. Flugzeuge könnten dadurch, so befürchten einige Wissenschaftler, ernsthaft gefährdet werden. Manche dieser elektrischen Aktivitäten lassen sich erklären, andere, etwa Gammastrahlenblitze und »Blaue Jets«, geben noch Rätsel auf. Sie können als blaue Leuchtfontänen aus der Obergrenze eines Gewitters in 80 Kilometer Höhe hinausschießen. Die ersten Nachweise für diese gewaltigen Entladungen stammen aus dem Jahr 1989. Beobachtungen von farbenprächtigen Lichtgespenstern gab es zwar schon früher, aber man hielt sie für »UFO-Hirngespinste«. Erst im letzten Jahrzehnt ist es vermehrt mit speziellen Kameras gelungen, die nur für Zehntelsekunden sichtbaren Superblitze auf Video zu bannen.

Aber rätselhafte Naturphänomene tauchen keineswegs nur in höheren Regionen weit über den Wolken auf, sie werden in erdnaher Umgebung genauso wahrgenommen. Im Vergleich zu den Riesen-Lichtblitzen sind sie zwar echte Knirpse, aber keineswegs weniger mysteriös. Ein Klassiker sind die geisterhaften »Kugelblitze«, die – ähnlich wie Linienblitze, Perlschnurblitze oder das Elmsfeuer – im Gefolge eines Gewitters auftreten können. Die Wissenschaft hat ihre Existenz lange Zeit für Aberglauben und Einbildung gehalten. Für kugelfeste Skeptiker sind sie noch heute Halluzinationen. Das liegt an ihrem seltenen Auftreten und den höchst seltsamen Eigenschaften. Augenzeugen beschreiben sie als schwebende Lichtkugeln mit einem Durchmesser unter einem Meter. Meistens sind sie nicht größer als 30 Zentimeter, undurchsichtig und selbst leuchtend, häufig in rötlich-gelblicher Farbe. Sie können stillstehen, gleichförmig schweben oder wirr herumfliegen. Gelegentlich erzeugen sie zischende Geräusche oder es gehen sprühende Funken von ihnen aus. Menschen berichten immer wieder, dass Kugelblitze in Gebäude eingedrungen waren, durch den Kamin kamen, über den Küchenboden rollten und nur wenige Augenblicke später wieder verschwanden.

Obwohl Kugelblitze normalerweise knapp über dem Erdboden in Erscheinung treten, gibt es einige Beobachtungen an Bord von Flugzeugen. So berichtete die russische Nachrichtenagentur TASS von einem Zwischenfall, der sich am 15. Januar 1984 über dem Schwarzen Meer zugetragen hatte. Eine Ilyushin-18-Maschine flog im Nahbereich einer Gewitterfront, als plötzlich eine leuchtende Kugel, kaum größer als zehn Zentimeter, am Flugzeugrumpf vor dem Cockpit auftauchte.

Historische Illustration eines Kugelblitzes. Die Existenz von Kugelblitzen wird heute kaum noch geleugnet. Doch wie entstehen die leuchtenden Kugeln und was lässt sie schweben? (Bild: Archiv Reinhard Habeck)

»Sie verschwand mit einem ohrenbetäubenden Lärm, kehrte jedoch einige Sekunden später im Passagierbereich wieder zurück, nachdem sie auf unheimliche Weise die luftdichte Flugzeughaut durchdrungen hatte«, so die TASS. »Die Leuchtkugel schwebte langsam über die Köpfe der erstaunten Passagiere hinweg. Im Heckteil der Maschine teilte sie sich in zwei leuchtende Halbkugeln, die sich anschließend wieder vereinigten und das Flugzeug lautlos verließen.« Das Radar und die Bordinstrumente wurden bei dieser Kollision beschädigt, aber unter den Passagieren war niemand zu Schaden gekommen.

Kugelblitze sind besser als ihr Ruf: Der Volksglaube bringt sie gerne mit Angst und Schrecken in Verbindung, doch nachweisbare Belege für Zerstörungen und Verletzungen sind äußerst selten. Gewöhnlich lösen sich die Blitzkugeln, manchmal auch als »lallende Bälle« bezeichnet, nach einigen Sekunden geräuschlos auf oder zerplatzen mit einem lauten Knall, ohne Spuren zu hinterlassen. Ihre kurze »Lebensdauer« ist der Grund dafür, dass es kaum fotografische Beweise gibt. Eine seltene Aufnahme stammt von dem Vorarlberger Werner Burger aus dem Jahre 1978. Als er spätabends in St. Gallenkirchen Fotos einer heranziehenden Gewitterfront machte, glückte ihm ein spektakulärer Kugelblitz-Schnappschuss.

Seit Jahrhunderten sind Erzählungen über diese kleinen kugelförmigen Leuchtbälle bezeugt. Sie wurden im Mittelalter als »Hexenwerk« oder als des »Teufels leuchtende Kugeln« verschmäht. Heute wird die physikalische Existenz der Lichtkugel-Phänomene zwar kaum mehr bezweifelt, aber ihr flüchtiges und merkwürdiges Auftauchen ist naturwissenschaftlich schwer erforschbar. Das mag der Grund dafür sein, warum sich nur wenige Wissenschaftler um ernsthafte Studien bemühen, die vorliegenden Berichte analysieren, zeitaufwendige Feldforschung betreiben und die Zeugenaussagen auf ihre Glaubwürdigkeit hin überprüfen. Eine sympathische Ausnahme ist der Salzburger Assistenzprofessor und Umweltpsychologe Alexander Keul. Der international gefragte Experte hat in den letzten 30 Jahren rund 500 Erfahrungsberichte ausgewertet von Menschen, die unerwartet mit einem Kugelblitz konfrontiert worden sind. »Diese Beobachtungen sind keine Modeerscheinung«, erklärt Keul. »Schilderungen aus der Zeit um 1900 decken sich mit jenen von heute. Hier spielt die Fantasie keine Rolle. Eine Kugelblitzbegegnung prägt sich dermaßen ein, dass die Erinnerung daran noch Jahrzehnte danach vorhanden ist.«

So auch bei der Lehrerin Renate Urbanek aus Bayern, die mit ihrem Sportwagen einen Kugelblitz überfuhr. »Was hier physikalisch im Einzelnen vor sich ging, entzieht sich meinem Verständnis«, gesteht Alexander Keul offen, nachdem er den ungewöhnlichen Fall gründlich untersucht hat und die Beobachterin für seriös hält, obwohl der ganze Vorgang an einen Horrorfilm erinnert.

Frau Urbanek holt das dramatische Ereignis aus dem Sommer 1991 ins Gedächtnis zurück: »Ich war mit einem Freund in der Gegend von Traunstein in Südbayern unterwegs. Er fuhr mit seinem Kleinbus etwa 150 Meter vor meinem Auto. Eine Reihe anderer Fahrzeuge folgte hinter mir. Es regnete, blitzte und donnerte. Dann kam ein gerader Straßenabschnitt. Daneben auf der rechten Seite führte ein Fahrradweg und dahinter war ein großes Feld. Plötzlich erblickte ich einen hellen grünen phosphoreszierenden Ball. Das Ding war etwas größer als ein Medizinball, der von oben herab auf den Boden hinter dem Minibus fiel. Er rollte über die Straße direkt auf mich zu. Ich dachte sofort, das muss ein Kugelblitz sein. Angst hatte ich keine, denn aus der Schulphysik wusste ich, dass ein Auto wie ein Faradayscher Käfig reagiert und vor möglichen Blitzgefahren schützt. Ich hielt meine Füße auf der Bodenmatte und klammerte mich mit beiden Armen am Steuerrad fest. Etwa drei bis fünf Sekunden vergingen, bis der leuchtende Ball mit meinem Auto in Berührung kam. Er rollte mir in einer fast geraden Linie entgegen. Als der Ball dann mein Auto an der rechten Frontseite erreicht hatte (vom Fahrersitz aus gesehen), spürte ich im Fahrzeug einen starken Ruck, so als würde ich gegen ein Hindernis gefahren sein. Dann erleuchtete ein helles, türkisgrünes Licht die Kühlerhaube, die Windschutzscheibe, das Armaturenbrett und sogar die Polsterung des Vordersitzes. Der Lichtball war geräuschlos, es gab keine Hitze, keinen Geruch und keine Elektrostatik. Im Rückspiegel sah ich, dass der Ball die Straße hinter meinem Auto verließ. Er rollte ungefähr 50 Meter über den Fahrradweg, dann ins Feld und war nach etwa 100 Metern plötzlich wie eine Seifenblase zerplatzt. Die Fahrer hinter mir müssen das Geschehen mitbekommen haben, denn als ich in den Rückspiegel blickte, war die Distanz zwischen uns jetzt beträchtlich. Der leuchtende Ball zeigte keine klaren Konturen, er wirkte am Rand irgendwie zerfranst, sah aus wie ein ›eingerollter Strohballen‹. Er ist nicht geflogen, sondern wirklich auf der Straße gerollt, nicht blitzgeschwind, sondern wie ein Fußball, der mit Kraft geradlinig über ein Fußballfeld gekickt wird. Was mir noch auffiel: Der Kugelblitz produzierte beim Rollen über die nasse Straße so etwas wie Rauch oder linienartige Spuren von Wasserdampf.«

Professor Keul hat den Vorfall wissenschaftlich analysiert und wurde dabei von einem Blitzschutz-Sachverständigen und einem Physiker unterstützt. Am 21. Juni 1997 fand am Ort des Geschehens eine Felduntersuchung statt. Dabei wurden magnetische Messungen vorgenommen, das Auto nach Spuren untersucht und die Situation nachgestellt. Am »Tatort« damals war mit dabei die Augenzeugin Renate Urbanek. Alexander Keul bescheinigt ihr ein hohes Maß an Glaubwürdigkeit: »Sie hat alle Fragen ohne Zögern kurz und klar beantwortet und es wurde keine Zweitinterpretationen gemacht.« Eine Sinnestäuschung

Nachgestellte Szene eines spektakulären Kugelblitz-Phänomens 1991: Ein leuchtendes Objekt von der Größe eines Medizinballs kollidiert mit einem Auto, durchdringt das Wageninnere, gelangt wieder auf die Straße, rollt in ein Feld und zerplatzt. (Bilder: Alexander Keul)

schließt der Psychologe aus, trotzdem bleiben viele Fragen unbeantwortet.

Experte Keul fasst die Erkenntnisse seiner Recherche zusammen: »Es gab ein heftiges Gewitter, aber keine Wolken-Boden-Entladung. Das haben die Wetterdaten für den Zeitraum der Beobachtung bestätigt. Leider war damals das Blitzortungssystem ALDIS (*Austrian Lightning Detection & Information System*) noch nicht im Einsatz. Es wurde erst 1992, also ein Jahr nach dem Traunstein-Fall, installiert. Das Netzwerk zeigt Gewitteraktivitäten in ganz Österreich an und hätte wertvolle Daten liefern können. Das involvierte Auto, ein Volkswagen Corrado G60 Sport, wies keine sichtbaren Schäden auf. Die magnetische Messung hat die Hypothese von remanenter – sprich ›eingefrorener‹ – Magnetisierung nicht unterstützt. Das Hauptereignis, der Zusammenstoß mit dem Auto, bleibt ein Rätsel. Es ist sicher, dass mechanische, akustische und optische Energie vom Kugelblitz zum Auto transferiert worden ist und angeblich auch ins Innere des Autos – aber *wie*? Wenn der Kugelblitz eine schwache Energie ausstrahlte, etwa wie eine ›elektrisierte Seifenblase‹, dann hätte er keine ›festen‹ Effekte wie das Rütteln beim Zusammenstoß erzeugen können. Umgekehrt fehlen aber physische Spuren, die ein ›festes‹ Objekt üblicherweise bei einer Kollision hinterlassen müsste. Wieso wurde das Objekt beim Zusammenprall mit über 100 Stundenkilometern nicht zerstört? Wie konnte es das physikalisch ›überleben‹? Der vordere Kotflügel hat 18 Zentimeter Bodenfreiheit. Es ist unklar, wie ein Ball von 60 bis 70 Zentimetern Größe unterhalb oder durch das fahrende Auto hindurch schweben konnte, ohne seine Form zu verändern. Die Zeugin beschrieb ein ›grünes Leuchten‹, das sie in diesem Augenblick im Auto wahrgenommen hatte. Es könnte ein Hinweis für eine Koronaentladung sein. Aber diese Deutung verliert ihren Sinn bei einem fahrenden Auto, welches mit einem beweglichen Objekt kollidiert, ohne dass hinterlassene Spuren einer Fremdeinwirkung auffindbar sind. Als ich von der Kugelblitz-Zeugin wissen wollte, ob sie als Beamtin, die mit einer unglaublichen Episode konfrontiert worden war, Anonymität verlangt, hat Frau Urbanek geradeheraus geantwortet, dass der Bericht nichts mit ihrer öffentlichen Arbeit zu tun hätte. Sie könne den mysteriösen Vorfall daher voll und ganz mit ihrem Namen unterschreiben, weil es sich wirklich so zugetragen hatte wie von ihr geschildert.«

Nur ein Mensch von 10.000 sieht einmal in seinem Leben einen Kugelblitz, schätzen Experten. Immerhin wurden in den letzten 300 Jahren weltweit mehr als 2000 Zeugenaussagen zu Protokoll gegeben. Die zentrale Frage bei all den Beobachtungen: Wie entstehen Kugelblitze? Was gibt ihnen die typische Kugelform und welche Kraft lässt sie schweben? Und wie ist es möglich, dass die Energiebündel bis zu zehn Sekunden, in Ausnahmefällen sogar 30 Sekunden stabil bleiben? Physiker und Meteorologen haben eine Reihe von Thesen vorgelegt, doch eine gesicherte Antwort für den energiegeladenen Spuk gibt es noch nicht. Manche wissenschaftlichen Erklärungsmodelle muten recht abstrus an, etwa die Vorstellung, dass es sich bei den rätselhaften Kugelblitzen um Vögel handelt, die vom Blitz getroffen wurden.

Der englische Forscher Geoffrey Endean von der Durham University nimmt das Phänomen ernster und glaubt, dass es sich dabei um eine wirbelnde Masse von Ladungen in der Luft handelt, die in einem viel größeren unsichtbaren elektrischen Feld eingeschlossen ist.»Wenn sich die Ladungen wie kleine Stabmagneten anordnen und zwischen ihnen Energie vor- und zurückfließt«, so der Wissenschaftler,»bildet sich eine leuchtende Kugel aus«. Ähnlich sieht das der japanische Physikprofessor Yoshihiko Ohtsuki, der bereits in den 1990er-Jahren mithilfe von Mikrowellen feurige»Plasmabälle«unter Laborbedingungen erzeugen konnte. Die Physik versteht unter Plasma eine Zusammenballung heißer, ionisierter Luft in einem Magnetfeld. Das Verhalten der Energiekugeln erinnert an die Schilderungen der Augenzeugen und lässt selbst Keramikplatten durchdringen. Das könnte erklären, warum es Kugelblitze angeblich schaffen, durch Wände und andere Hindernisse zu schweben. In der Natur fehlt allerdings ein stichhaltiger Beweis für die Existenz solcher konzentrierter Mikrowellen.

Ein ganz anderes Szenario zeichnen die neuseeländischen Wissenschaftler John Abrahamson und James Dinniss. Sie sind sich sicher, dass Kugelblitze durch den Einschlag eines normalen Blitzes in den Erdboden entstehen. Durch hohe Temperaturen soll dabei Silizium aus dem Boden gelöst und zu mikroskopisch kleinen Partikeln zerstäubt werden. In diesem Zustand, so die These, formiert sich die Materie zu ballförmigen Gebilden. An der Oberfläche des Balles kommt das Silizium dann in Kontakt mit dem Sauerstoff der Atmosphäre und oxidiert dabei mit dem Effekt, dass die Kugel brennt. Bei Experimenten konnte das im Labor nachvollzogen werden, indem schwebende Lichtkugeln von der Größe eines Tennisballs erzeugt werden konnten. Die Wissenschaftler jubeln:»Nun ist das Rätsel der Kugelblitze endlich gelöst!« Da wäre dann nur noch eine Kleinigkeit abzuklären: Warum berichten Augenzeugen glaubwürdig von leuchtenden Bällen, die in der Luft flogen, vom Himmel fielen oder im Flugzeug gesichtet wurden? Nach der blitzgescheiten Silizium-These hätten die Feuerbälle doch aus dem Boden schießen müssen?

Meine Zukunftsprognose: Kugelblitze sind und bleiben unfassbar.

Und sie werden weiterhin für Hochspannung sorgen. Sind die Energiekugeln womöglich intelligenter als wir glauben? Jedenfalls trotzt das Naturphänomen noch immer hartnäckig allen wissenschaftlichen Erklärungsversuchen. Was tun, wenn wir eines Tages selbst einem Kugelblitz begegnen? Wie sollten wir dann reagieren? Alexander Keul schmunzelt und gibt eine wertvolle Verhaltensregel für alle zukünftigen Augenzeugen: »Tun Sie am besten gar nichts. In fünf Sekunden können Sie nicht einmal richtig wegrennen. Bleiben Sie ganz ruhig und beobachten Sie genau, was geschieht, damit Sie später einen präzisen Bericht geben können, der uns in der Sache weiterhilft.«

Irrwische und Kreise im Korn, Gras und Eis

Kugelblitze sind nicht die einzigen leuchtenden Bälle, bei denen die Wissenschaft mit plausiblen Erklärungen noch im Dunkeln tappt. Verwandte Phänomene sind die »Foo-Fighter«, die als Vorläufer späterer UFO-Sichtungen angesehen werden. Es sind tanzende Lichtkugeln, die vor allem während des Zweiten Weltkriegs über Deutschland, aber auch an Kriegsschauplätzen in Ostasien gesichtet wurden. Lediglich falsch interpretierte Leuchtmunition? Oder könnte es sich um eine spezielle Art von Kugelblitzen gehandelt haben? Die gleiche Frage stellt sich bei »Feuerbällen«, die ähnliche Eigenschaften besitzen, aber nicht ganz ins klassische Bild der eher horizontal und ruhig dahinschwebenden Kugelblitze passen wollen. Flammenkugeln scheinen weitaus gefährlicher zu sein. Sie fallen gelegentlich während schwerer Unwetter aus den Wolken, setzen Häuser in Brand und ruinieren elektrische Leitungen. Beobachtungen, die Sachbeschädigungen einbeziehen, gibt es einige, doch Blitzexperten sind ratlos. 1984 schlug in der nordenglischen Stadt Armley solch ein Feuerball in eine Straßenlampe ein. Danach verschwand die brennende Kugel im Erdboden, wo sie eine Gasleitung zur Explosion brachte, was wiederum zum Bersten einer Wasserleitung führte. Was war die Ursache für diese enorme Zerstörungskraft? Normale Blitzeinschläge oder Verwüstung durch Meteoriten können solche Zwischenfälle nicht überzeugend erklären. Existieren nun unterschiedliche Arten von ein und demselben Naturphänomen? Oder könnten die Begegnungen mit mysteriösen Lichtern aus einer gemeinsamen Quelle stammen?

Das Problem bei der Wahrheitsfindung: Es stehen nur wenig handfeste Daten zur Verfügung. Das überraschende und kurzfristige Auftreten dieser Phänomene macht eine systematische Erforschung sehr schwierig. Wissenschaftler sind großteils auf die Berichte von Augenzeugen angewiesen, deren Glaubwürdigkeit von Skeptikern gerne angezweifelt wird. Beim Leuchtphänomen der in der Nacht herumspukenden »Irrlichter« ist das nicht anders. Irrwische sind selten, aber weltweit bekannt. Sie treten überall dort auf, wo es Moorlandschaften gibt. Der Volksglaube hält sie für Naturgeister oder umherirrende Seelen von Verstorbenen. Naturforscher halten es dagegen für erwiesen, dass die kurz aufflackernden Lichter durch Selbstentzündung von Sumpfgasen oder leuchtenden Insekten entstehen.

Ein anderes Mysterium erhitzt nach wie vor die Gemüter: riesige geometrische Geoglyphen, die in den Sommermonaten konzentriert in südenglischen Getreidefeldern über Nacht auftauchen. Ein Großteil ist durch Menschenhand entstanden, indem Kornhalme geschickt mit Brettern oder Holzwalzen niedergedrückt wurden. Lustig gemeinte Fälscherwettbewerbe erschweren die wissenschaftliche Arbeit. Tatsache ist aber, dass sich der große Facettenreichtum der mathematisch immer perfekter werdenden Erscheinungen, deren erstes Auftauchen bis ins 16. Jahrhundert durch schriftliche Aufzeichnungen nachgewiesen ist, nicht mit der spaßigen Hingabe von Scherzbolden erklären lässt. Schon deshalb nicht, weil viele der komplexen und sehr großflächigen Muster selbst unter strenger Bewachung der Felder entstanden sind. Es muss eine andere Lösung als nur menschlicher Schabernack gesucht werden.

Das geht ebenso deutlich aus einer Reihe ungewöhnlicher Begleitanomalien hervor, die nicht zur Fälscher-These passen: Unterschiede im Wachstum innerhalb und außerhalb der Kornmuster, Versagen elektrischer Instrumente im Zentrum der Kreise, magnetische Abweichungen, außersinnliche Wahrnehmungen oder das plötzliche Auftauchen fliegender, leuchtender Kugeln. Diese Energiebälle wurden oftmals beobachtet, als sie in geringer Höhe über Kornkreise flogen. Ihr Manöver ist auf Filmen und Fotos dokumentiert, was sie sind, woher sie kommen, weiß niemand.

Manche Forscher vermuten, dass die »Kornkreislichter« für die komplizierten Piktogramme verantwortlich zeichnen. Das müssten dann freilich superkluge Leuchtkugerln sein. Undenkbar? Wer vermag

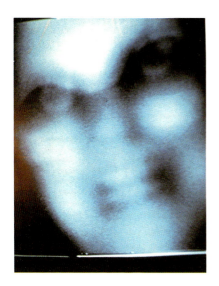 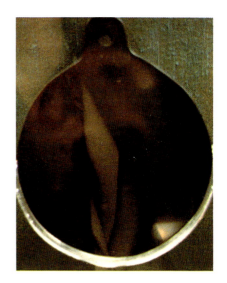

Links: Wer kennt diese Frau? Es ist das letzte Bild einer Unbekannten, die Klaus Schreiber bei seinen paranormalen Videoexperimenten am Bildschirm erschien. (Bild: Klaus Schreiber/ Archiv Rainer Holbe)
Rechts: 1581 will John Dee diesen »Schwarzen Kristall« von einem Engel namens »Uriel« erhalten haben. Er wird im Britischen Museum aufbewahrt. (Bild: Ernst Meckelburg)

Links: Originale Metallplatte aus der Sammlung des Pater Carlo Crespi. Sie war Ausstellungsstück der »Unsolved Mysteries«-Schau. Nur mit Mühe gelang es, das Exponat zu fotografieren. Die Gründe dafür blieben ungeklärt. (Bild: Bernhard Moestl)
Rechts: Thot, der Weisheitsgott der alten Ägypter, soll einen Zauberspiegel besessen haben, mit dem man bis ins Weltall »das Wort der Götter« empfangen konnte. (Bild: Reinhard Habeck)

Frauenporträt im Spukhaus in Bélmez, Südspanien: Wie entstanden die rätselhaften Gesichter auf Wänden und Fußböden? (Bild: Cesar Tort)

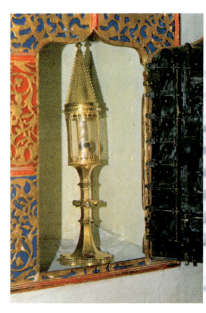

Blutige Wunderhostie in der Seefelder Pfarrkirche. (Bild: Fremdenverkehrsverband Seefeld in Tirol)

Steintreppen in Peru, aus dem Fels herausgeschnitten, als ob er Butter wäre. Wozu und mit welchen Werkzeugen haben das die Prä-Inka geschafft? (Bild: Walter-Jörg Langbein)

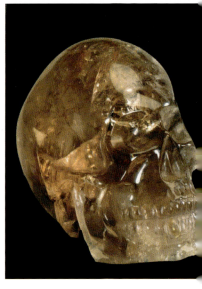

1908 in Guatemala entdeckt: Der mindestens 500 Jahre alte Rauchquarzschädel »E.T.« (Bild: Bernhard Moestl)

Eine Wandmalerei in der Kolonialkirche von Chinchero erklärt die peruanischen Bauwunder mit himmlischem Beistand: Geflügelte Engel sägen Steinplatten aus dem Fels.
(Bild: Walter-Jörg Langbein)

Mixtekisches Kleinod aus Bergkristall, zwischen 500 und 700 Jahre alt: Der präzise Schliff und das Design könnten aus einer modernen Steinschneidewerkstatt stammen.
(Bild: Museo Nacional de Antropología in Mexiko-Stadt)

Experiment im »Seraphim-Institut«: Die beiden Kristallköpfe Corazon de Luz (links) und E.T. (rechts) strahlen starke Photonenimpulse aus. Es scheint so, als würden sich die Schädel verbinden und Informationen austauschen. (Bild: Karin Tag, »Seraphim-Institut«)

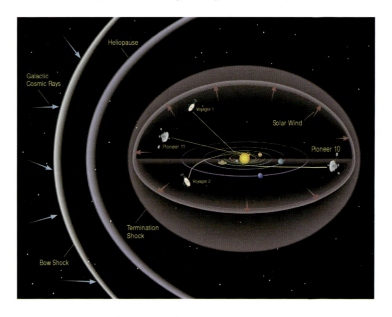

Warum weichen die Bahnen der interstellaren Raumsonden Pioneer und Voyager vom berechneten Kurs ab? Instrumentenfehler scheiden als Erklärung aus. (Bild: NASA)

*Versteinertes Rätsel in der Kirche »Madonna de TUFO« in Rocca di Papa.
(Bild: Reinhard Habeck)*

*Seltsamer Pio-Kult in Rocca di Papa: Farbbeutel und Tomaten dienten als
Wurfgeschoss und hinterließen auf der Fassade der Kreuzigungskirche
dekorative Klecksmuster.
(Bild: Reinhard Habeck)*

Eines der seltenen Farbfotos von einem Kugelblitz, aufgenommen 1978 in Vorarlberg. (Bild: © Werner Burger, www.flyingfor2.at)

Die Mirakelbücher von Mariastein erzählen von 266 Wundern, die der Felsgrottenmadonna zugeschrieben werden. (Bild: Reinhard Habeck)

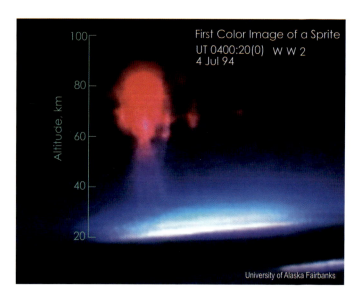

Erstmals 1989 nachgewiesen: gigantische Lichtblitze, die bis in eine Höhe von 100 Kilometern nach oben schlagen. Das Phänomen wurde lange Zeit als »UFO-Spinnerei« abqualifiziert. (Bild: NASA/University of Alaska)

Bizarres Leuchtphänomen während einer wissenschaftlichen Tagung im September 2004. Die Ursache für die violette Leuchtfontäne konnte bisher nicht festgestellt werden. Wurden per Zufall Erdenergien sichtbar gemacht? (Bild: Karl Fritsche/Verein Steinspur)

Radiästhetisch aufgespürt und mit Lebensmittelfarbe hervorgehoben: monumentale Pflanzenbilder in Vorarlberg. (Bild: Gerhard Pirchl)

»Strahlenpiktogramme« in den Alpen? Die Monumentalbilder sind ähnlich wie die Kornkreismuster am besten aus der Luft erkennbar. Es sind nicht nur wirre Linien. Wenn Sie das Bild auf den Kopf stellen, werden sie einen Vogel erkennen. Wie kommen diese Strukturen, geformt aus »Erdenergien«, zustande?
(Bild: Gerhard Pirchl)

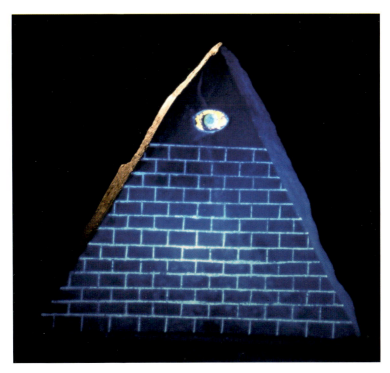

Das auffälligste Exponat aus dem Dschungel in Ecuador: Die Leuchtpyramide von La Mana. Sie entspricht in Form und Aussehen der Abbildung auf der Ein-Dollar-Note. Geschickte Fälschung? Warum? Von wem? Wie erklären sich die Leuchteffekte und was bedeuten die restlichen 350 Stücke aus Keramik, Metall und Stein? (Bild: Bernhard Moestl)

Detailansicht der »Leuchtpyramide mit dem göttlichen Auge«. (Bild: Reinhard Habeck)

Links: Ein anderer Pyramidenstein aus La Mana mit Lichtspiralen, die an eine schematische Darstellung von Erd- und Mondumlaufbahn erinnern. (Bild: Bernhard Moestl)
Rechts: Einige der in La Mana aufgefundenen Relikte, darunter dieser Kelch, zeigen Sternenkonstellationen. Unter UV-Licht-Bestrahlung beginnen sie zu leuchten. (Bild: Bernhard Moestl)

Der Untersberg von der Ortschaft Ettenberg aus gesehen. Im Gebiet der markanten Mittagsscharte werden vermehrt Lichtphänomene und Effekte der Zeitverschiebung wahrgenommen. (Bild: Reinhard Habeck)

In der Handschrift von Lazarus Günzner ist die Entdeckung einer mysteriösen Felsinschrift im Jahre 1523 dokumentiert. Kryptografen ist es bisher nicht gelungen den »Untersberg-Code« zu knacken.
(Bild: Salzburg Museum)

Der Untersberg vom Norden aus gesehen: Von der Mittagsscharte abfallend über die Klingeralm bis hinunter zur Waldandacht nach Großgmain erstreckt sich die »Kyrill-Linie«. Aus dieser Gegend stammen die meisten Berichte über Zeitanomalien. (Bild: Martina und Rainer Limpöck)

Oben: 2005 in den Schweizer Alpen gefilmt: Gnom im Baum. Lichtreflexion oder Naturgeist? (Bild: Martina und Hans Fichtenbauer)
Links: Grab des Science-Fiction-Schriftstellers Walter Ernsting.
(Bild: Reinhard Habeck)

Eingang zur »Geisterhöhle« von Fürstenbrunn am Fuße des Untersberges in Salzburg. (Bild: Reinhard Habeck)

Exkursion im Jahr 2007: Eine mysteriöse Nebelschwade, die plötzlich Gestalt annahm, sorgte für Gänsehaut. Trugbild oder Spuk aus der Anderswelt? (Bild: Roland Gerstmayr)

Der Volksglaube erzählt, dass sich im Gebiet der Untersberger Mittagsscharte alle paar Jahre immer Mitte August ein Portal in die Anderswelt öffnen soll. Dazu passt, dass in unmittelbarer Nähe die Höhle »Steinerner Kaser« liegt, wo sich am 15. August ein Lichtphänomen beobachten lässt.
(Bild: Dzintra Pededze)

Lichtschacht in der Höhle »Steinerner Kaser«.
(Bild: Dzintra Pededze)

Der rüstige Museumsdirektor Martin Leitner mit historischen Originalmasken der traditionellen »Wilde Jagd-Spiele«. Welcher Himmelsspuk war der Auslöser für diesen immer noch lebendigen Kult?
(Bild: Reinhard Habeck)

Ist das »Geisterwäldchen« bei Marktschellenberg im Berchtesgadener Land eine Brutstätte für Orbs? Diese Aufnahme zeigt »Geisterflecken« mit Bewegungsspur. Logisch erklärbar oder unbekannte »Energiefelder«? (Bild: Thomas Distler)

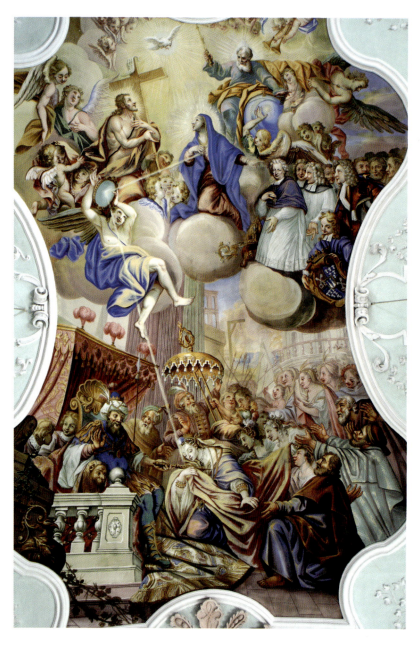

Im Deckenfresko von Maria Ettenberg verewigt: Gesetze der Heiligen Geometrie und versteckte Symbole der mesopotamischen Himmelsgöttin Ischtar. Auffällig: Aus dem Herzen Mariens entspringt ein Lichtstrahl. Warum wird er nahezu im rechten Winkel von einem Spiegel abgelenkt und streift dann den Edelstein am Haarring der Königin Esther?
(Bild: Reinhard Habeck)

es mit absoluter Sicherheit zu sagen? Man muss nicht alles glauben und kann doch vieles für möglich halten.

Wer also sind die genialen und anonymen Kornkreismacher? Schließt man irdischen Betrug und fantastische Landschaftskunst aus, bleiben streng genommen nicht viele Möglichkeiten über. Auch wenn Rationalisten ihre Mühe damit haben: Wer sonst außer einer fremden Intelligenz käme als Urherber infrage? Planetenbewohner, die mit ihren Raumschiffen fantasie- und detailreiche Formen, Bilder und Schriftsymbole ins Feld zaubern, die für den Betrachter dreidimensional wirken? Das können nur naive UFO-Fanatiker voraussetzen. Unerschütterliche Kornkreisforscher, die den Begriff »Außerirdische« weiter fassen, denken eher an höhere Wesen aus unbekannten Seinsebenen, dem Hyperraum oder anderen Dimensionen, die mit einer für uns unvorstellbaren Technologie »Fingerabdrücke« im Korn hinterlassen. Aber weshalb? Ein intergalaktischer Intelligenztest? Findet ein überirdisches Kontaktbemühen statt, um auszuloten, ob wir Erdenbürger bereit und willens sind für kosmische Kommunikation?

Ein anderes esoterisches Erklärungsmodell nennt morphogenetische Felder und stammt von dem englischen Biochemiker Rupert Sheldrake. Der These zufolge sollen sich unsichtbare Muster von Ereignissen, die frei von Materie und Energie sind und über Raum und Zeit wirken, mittels kollektivem unbewusstem Weltgedächtnis entfalten und unter anderem in Kornkreissymbolen entladen. Dies soll durch eine Art geistige Rückkoppelung, »morphogenetische Resonanz« genannt, bewirkt werden. Der Haken bei der Sache: Die Existenz dieser Felder ist wissenschaftlich nicht belegt. Es gibt aber Kornkreisforscher, die behaupten, sie hätten ihre Gedankenkräfte auf ein bestimmtes Kornkreis-Aussehen fokussiert und tags darauf sei dann genau ein solches Muster an einem vorausgedachten Ort entstanden. Zieht man ebenso die in den 1960er-Jahren publik gemachte Gaia-Hypothese (benannt nach der großen Erdgöttin in der griechischen Mythologie) der Mikrobiologin Lynn Margulis und des Biophysikers James Lovelock in Betracht, wonach unser Planet eine Art Lebewesen ist, könnten die Wunder im Korn durch die Erde selbst produziert worden sein.

In den letzten Jahren machten noch andere Kreisphänomene auf sich aufmerksam: »Graskreise« mit Durchmessern von einem bis sechs Metern. Einige Fundorte: Januar 2003, mehrere in ungleicher Größe im Wiesenfeld neben der Straße von Meckesheim nach Dielheim, nahe Horrenberg in Baden-Württemberg; April 2005, ein paar Muster bei Hoeven in Holland, Fotos der aufgenommenen Grasstrukturen zeigen Lichtkugeln; Juni 2006, drei Kreise an der Brennerbundesstraße in Tirol; oder im April 2008, einige Ringformen und Halbkreise unterschiedlicher Größe in Rasenflächen bei Wendemark in Brandenburg. Lassen die Kreisstrukturen archäologische Schätze erkennen, die unter dem Erdboden verborgen liegen? Treiben Spaßvögel mit Kunstdünger Streiche? Sind es hinterlassene Abdrücke von UFO-Landungen? Oder waren Elementargeister am Werk?

Das Phänomen ist aus der Gnomen- und Sagenwelt bekannt, wo ringförmige Anordnungen als »Feen-« oder »Hexenringe« bezeichnet werden. Der Schweizer Biologe Samuel Gerber erklärt, wie diese verhexten Kreise zustande kommen können: »Sie sind ein typisches Phänomen in der Natur, das vor allem im Wald anzutreffen ist. Pilze vermehren sich dort auf faulendem Grund, indem sie organisches Material abbauen. Dabei pflanzen sich die Pilze kreisförmig nach außen fort, weil ihnen die Nahrung ausgeht.« Kann damit wirklich das Entstehen aller Graskreise erklärt werden? Weshalb gibt es welche, bei denen nicht nur der Außenring, sondern die ganze Fläche gleichmäßig davon betroffen ist? Warum kommen die Strukturen nicht nur in der Pilzsaison zum Vorschein? Und wieso sind manche Gräser niedergedrückt, während andere übermäßigen Graswuchs aufweisen?

Mit Sicherheit ganz andere Wichte müssen für rätselhafte Eiskreise verantwortlich sein, die gibt es nämlich genauso. Es handelt sich um kreisrunde Eisschollen oder um Kreisringe, die auf gefrorenem Gewässer sichtbar werden. Ihr Durchmesser beträgt manchmal nur einen bis drei Meter, so wie im Winter 2009 auf dem Flüsschen Otter in der englischen Grafschaft Devon. Sie können aber auch gigantische Ausmaße von Hunderten Metern haben, vereinzelt sind sie sogar einige Kilometer groß. Berichte liegen aus aller Welt vor, besonders aus Skandinavien, Russland, Kanada und den USA. Soweit bekannt, sind die Eisformationen erstmals Ende des 19. Jahrhunderts nachgewiesen, wie ein Bildbericht der Zeitschrift »Scientific American« aus dem Jahr 1895 belegt.

Als Erklärungsthese für das Unglaubliche bieten Wissenschaftler ein seltenes Zusammenwirken von Temperaturunterschieden und Unterwasser-Strömungen an. Als im Frühjahr 2003 auf Satellitenfotos riesige Eiskreise auf dem zugefrorenen Baikalsee in Sibirien entdeckt

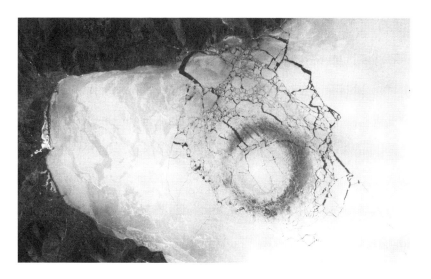

Nach Kreisen im Korn und Gras tauchen heute vermehrt Eiskreise auf, manche nicht größer als ein Meter im Durchmesser, andere (wie 2003 am sibirischen Baikalsee) haben kilometergroße Ausmaße. Geophysiker vermuten unterirdische Tornados als Ursache. (Bild: NASA / Rex Features / picturedesk.com)

wurden, konnte man das kaum fassen. Eine Untersuchung vor Ort sollte Klarheit bringen. Der Geoforscher Nokolay Granin und seine Kollegen vom Limnologischen Institut in Irkutsk stießen Hightech-Bohrer in die Eiskreise. Die Messungen machten deutlich, dass das Eis am Rand der Ringe wesentlich dünner war als im Zentrum. Die Erklärung dafür wird in Erdgasvorkommen gesehen. Mit Schallwellenortung wurden am Grund des Sees Schlammvulkane gefunden, die neben Schlick auch Gasfontänen hervorstoßen. Diese ominösen »Unterwasser-Tornados« können aus 900 Metern Tiefe an die Oberfläche steigen und kreisförmige Strukturen erzeugen, heißt es. Eine Deutung, die bestimmt wahrscheinlicher ist als die Annahme, die Kreisformen seien durch Außerirdische produziert worden. Aber manche Details passen trotzdem nicht ins Schema. Wieso tauchen sie genauso in Flüssen und Bächen auf, die nicht mal einen Meter tief sind und wo natürliche Wasserdurchläufe fehlen?

131

Ob Zufälligkeit oder nicht, es gibt noch etwas, das stutzig macht: Dort, wo Eiskreise auftauchen, kommt es gelegentlich zu Beobachtungen von Lichtphänomenen. So etwa 1995, als der Russe Alexey Yusupov auf dem Fluss Machra, etwa 120 Kilometer nördlich von Moskau, einen großen Eiskreis entdeckte. Augenzeugen wurden zu dem Vorfall befragt. Eine Anrainerin versicherte, sie habe zuvor einen Kugelblitz an dem Ort beobachtet. Ähnlich leuchtende Begleiteffekte wurden im Dezember 2006 auch bei einem Eiskreis auf dem zugefrorenen Hemlock River im amerikanischen Bundesstaat Michigan wahrgenommen. Einwohner des nahegelegenen Ortes Amasa erklärten Ermittlern, sie hätten am Abend vor Erscheinen des Eiskreises »pulsierende Lichtbälle« beobachtet.

Setzen wir trotzdem natürliche Ursachen voraus. Irrwitzig wird es wohl erst dann, wenn Eisquadrate und dreieckige Eispiktogramme auftauchen. Völliger Unsinn? Erinnern wir uns: Als in Südengland in den 1980er-Jahren die ersten Zeichen im Korn für großen Medienwirbel sorgten, waren es noch ganz einfache geometrische Kreise. Die wissenschaftliche Erklärung für das Phänomen lautete damals: Extreme Luftwirbel hätten die Muster verursacht. Oder noch putziger, aber ernst gemeint: Kopulierende Igel, hyperaktive Maulwürfe und brünstiges Wild drehten sich wie verrückt im Kreise und trampelten das Korn nieder. Mit dem Auftauchen immer komplexerer Strukturen landeten die Igel-These und andere Borniertheiten verdientermaßen im Papierkorb. Die findigen Kreismacher verstecken sich seither in unsichtbaren Sphären. Der Grieche Archimedes (287 v. Chr. – 212 v. Chr.) könnte ihr Einflüsterer gewesen sein. Postulierte der große Mathematiker doch nachdrücklich: »Störe meine Kreise nicht!«

Die Strahlenjäger vom Bürserberg

Es gibt eine Reihe erstaunlicher Zeugnisse, die für das Vorhandensein der unergründlichen Erdstrahlung sprechen. Wir finden sie in der Vorarlberger Alpenregion Bürserberg. Was hier auf der 1300 Meter hohen Tschengla zum Vorschein kam, hätte vor einem Jahrzehnt niemand zu träumen gewagt: massive Steinblöcke, die wie an Perlenschnüren aufgereiht im Gelände liegen. Daneben Steinkreise mit geometrischer Anordnung und mysteriöse Kraftfelder, die seit ihrer

Der Vorarlberger Rutengänger Gerhard Pirchl entdeckte in der Region Bürserberg unterirdische Kraft- und Orientierungslinien aus prähistorischer Zeit. (Bild: Gerhard Pirchl)

Entdeckung durch den österreichischen Rutengänger Gerhard Pirchl immer wieder für Diskussionen sorgen.

2002 kam dem gebürtigen Bludenzer der Zufall zu Hilfe. Er suchte nach Wasseradern und spürte Kraftlinien auf, die sich bis zu 56 Mal an einem bestimmten Punkt kreuzten. Er nannte diese Mehrfachkreuzungen »Adernsterne«, konnte sich aber deren gebündelte Konzentration nicht erklären. Beim Anblick eines umgestürzten Wurzelstocks wurde der Forscher stutzig: Da lagen kleine gelbe Steine, aufgereiht in einer Linie. Er gab ihnen den Namen »Rätiasteine«, angeregt durch die vorchristliche Erd- und Muttergöttin Rätia. Und er entdeckte sie auch an anderen mythischen Orten, die einst nach einem durchkonstruierten Plan in Linien angeordnet worden waren, so etwa in Stonehenge, Carnac und auf Malta. Damit ergab sich für die »Adernsterne« eine überraschende Erklärung: Es sind keine »Wasseradern«, sondern künstlich gelegte unterirdische *Kraft-* und *Orientierungslinien*. Sie führen zu Menhiren und uralten Steinkreisen, die von Genies der Vorzeit

133

genau auf die jeweiligen Fixpunkte gesetzt wurden – eine Art urzeitliches GPS-Navigationssystem.

Im Gebiet Bürserberg stieß Pirchl auf eine ungewöhnliche Anhäufung derartiger »Adernsterne«. Mit dem ehemaligen Bürgermeister Karl Fritsche, der selbst radiästhetische Studien betreibt, fand der bislang auf sich allein gestellte Forscher einen kongenialen Unterstützer. In der Folge wurden verdächtige Steinreihen und Reste von Steinkreisen genauer untersucht. Teils überwachsene Steine wurden freigelegt, andere, die über die Jahrtausende umgekippt waren, wieder aufgestellt, insgesamt rund 2000 an der Zahl. Dabei wurden erneut zahlreiche »Rätiasteine« als Kraftquelle gefunden, die unter der Erde präzise angeordnet zu den »Adern« der Steinkreise führten.

Die etablierte Wissenschaft hat diese Entdeckung bisher nicht gewürdigt. Archäologen suchten an einer drei Quadratmeter »großen« Stelle Knochen, Gräber und Siedlungsspuren, fanden nichts und sahen deshalb von weiteren Untersuchungen ab. Merkwürdig, denn es lassen sich Hinweise finden, die von einer früheren Kultur hinterlassen worden sein müssen. Dazu zählt eine Steinmauer, die sich einen Kilometer durch das Waldgebiet zieht. Oder eine 60 Zentimeter hohe Steinplatte mit geometrischen Gravuren. Was haben diese Funde zu bedeuten? Niemand scheint sich dafür sonderlich zu interessieren. Schreckt die Entdeckung mittels Pendel und Wünschelrute offizielle Forschungsinstitute ab? Viele Fachgelehrte halten »prähistorische Orientierungslinien« offenbar für suspekt. Das kann nur Unsinn sein, spotten Kritiker. Die neue Gemeindevertretung scheint den historischen Wert der Steinkreise ebenfalls zu bezweifeln. 2009 wurde am schönsten Platz auf dem Hochplateau ein Feriendorf mit 100 Apartments und Häusern errichtet. Man könnte auch sagen: hingeknallt. Die Gegend um die Steinkreise hat man als Aushubdeponie verwendet. Altbürgermeister Karl Fritsche kann so viel Rücksichtslosigkeit und Unverständnis kaum fassen.

Dass es auch anders geht, zeigen seine Studien, die er gemeinsam mit Gerhard Pirchl und den Mitarbeitern der Forschungsgruppe *Steinspur* betreibt. Das idealistische Team »kocht« auf finanzieller Sparflamme, wird aber von weltoffenen Astronomen, Physikern, Ingenieuren, Medizinern, Ethnologen und Geobiologen unterstützt. Es fanden mehrere wissenschaftliche Untersuchungen statt, die eine »kosmische Grundlage« der Bürserberger Steinanlage untermauern. Bereits beim

Steinplatte mit geometrischen Figuren, Bürserberg. Neuzeitliches Kunstwerk oder Hinterlassenschaft einer prähistorischen Kultur? (Bild: Reinhard Habeck)

Freilegen und Aufstellen der ersten Steinkreise machten Forscher nämlich eine verblüffende Feststellung: Der Sonnenaufgang bei der Sommersonnenwende ist durch eine markante Steinreihe ebenso ersichtlich wie die Wintersonnenwende bei einer anderen. Zudem ergibt sich bei jedem Steinkreis eine übereinstimmende Ausrichtung der Nord-Süd-Achse. Einer der Menhire besitzt oben eine ebene Fläche mit einer markanten kleinen Spitze, die zum Nachthimmel zeigt. Eine Prüfung ergab, dass sie exakt den Polarstern anpeilt. Für den Schweizer Naturwissenschaftler und Astronom Martin Kerner besteht kein Zweifel, dass der große Steinkreis auf der Tschengla »ein Zeuge früherer Kultur« ist.

Im Zentrum dieses auffälligen Steinkreises steht ein gewaltiger Menhir, der mit etwas Fantasie die Formen einer Mutter mit Kind erkennen lässt. Hier kam es bei einer Tagung, an der auch etliche Wissenschaftler und durchaus skeptische Zeitgenossen teilnahmen, zu einer außergewöhnlichen Aufnahme mit einer Digitalkamera. Der Zeitpunkt steht genau fest: 2. September 2004, 15.20 Uhr. Auf dem Bild sieht man Tagungsteilnehmer um den Steinkoloss versammelt. Das Unbegreifliche: Aus dem Mittelstein steigt eine 15 bis 20 Meter hohe Lichtfontäne mit blauvioletter Aura zum Himmel empor. Gibt es eine harmlose Erklärung für das Phänomen? Oder wurden durch einen glücklichen Umstand aufsteigende Erdstrahlen sichtbar gemacht?

Karl Fritsche und sein Team versichern, dass an der Aufnahme nichts manipuliert worden ist, trotzdem zeigt das Bild meterhohe »Lichtflammen«. Was also ist die Ursache dafür? Der Meteorologe und Blitzforscher Alexander Keul, von mir mit dieser Frage konfrontiert, kommt zu der folgenden vorsichtigen Einschätzung: »Von den Fällen mit digitalen Kugelblitz-Fotos der letzten Jahre weiß ich, dass die moderne, kompakte Digitalkamera – was Linsenrückspiegelungen, Doppelbilder usw. betrifft – Probleme machen kann wie die gute alte Analogkamera. Im konkreten Fall wurde das Foto nach Mittag gegen Süden, also Richtung Sonne, aufgenommen, was die Schatten der Steine und die eher flaue Landschaft im Hintergrund zeigen. Wenn man die Richtung betrachtet, wäre in Erwägung zu ziehen, dass es sich bei dem blauen Licht um eine Rückspiegelung bzw. Reflexion der Mittagssonne handelt. Eine endgültige ›kriminalistische‹ Klärung würde freilich eine Fotoserie mit derselben Kamera im Gegenlicht unter ähnlichen Bedingungen ergeben – da müsste dann wieder etwas Vergleichbares auftreten, wenn nicht, war es wirklich etwas sehr Einzigartiges.«

Berufsfotograf Bernhard Moestl überzeugt die »Spiegelungs-These« nicht: »Das sieht sehr ungewöhnlich aus. Möglich wäre, dass dieser Stein tatsächlich solche Energie ausgestrahlt hat und der Chip darauf angesprochen hat. Licht ist ja letztlich nichts anderes als Energie und der Film bzw. Chip reagiert auf eine bestimmte Wellenlänge. Zur Erklärung: Im Grunde sind Licht und Radiowellen das Gleiche, nur auf einer anderen Wellenlänge. Auf das eine reagiert das Radio, auf das andere der Chip. Mit Infrarotfilmen ist es ja auch möglich, Dinge sichtbar zu machen, die man mit dem Auge nicht sehen kann. An eine Spiegelung erinnert der Effekt eher weniger, zumal die Form der Lichtsäule wie Flammen aussieht. Wenn dieses Leuchten nur auf dem Foto zu

Riesige Schriftfragmente an der Arlbergstraße nahe Braz. (Bild: Gerhard Pirchl)

sehen war, dann kann es keine Lichtspiegelung gewesen sein, sondern war Licht in Schwingungsbereichen, die nur der Chip registriert hat.« Karl Fritsche und seine Kollegen haben in Experimenten schon mehrmals versucht, den Fotoeffekt zu wiederholen. Bisher ist es ihnen nicht gelungen. Doch so schnell geben die Strahlenjäger vom Bürserberg nicht auf. »Gerhard Pirchl hat herausgefunden«, so verriet mir Fritsche, »an welchen Tagen die besten Chancen dafür bestehen. Mit dem Sonnenstand hat das nichts zu tun, sondern mit einer an bestimmten Tagen verstärkten Feldaktivität.«

Der Bürserberger Altbürgermeister berichtet noch von einem weiteren Phänomen, das im Zuge der radiästhetischen Forschung entdeckt wurde: »Bei den Steinkreisen wurden aufsteigende und absteigende Kraftfelder lokalisiert. Bei Messungen zeigte sich, dass beinahe jeder Mittelstein einen Sektor besitzt, an dem die Kraftfelder nach oben ziehen, während gegenüber auf der anderen Seite des betreffenden Steines eine Kraft nach unten zieht. Wir haben das getestet. Das Ergebnis ist frappant. Ein Mensch, der sich mit ausgestrecktem Arm im aufsteigenden Abschnitt befindet, kann nur mit der Überwindung der ihm eigenen Körperkraft nach unten gedrückt werden. Der umgekehrte Effekt ist auf der gegenüberliegenden Seite am absteigenden Kraftfeld zu beobachten. Dort klappt der Arm fast von selbst nach unten, sobald er von einem Menschen mit sanftem Druck berührt wird.«

Interessantes offenbarten die hochfrequenten Elektrostrom-Experimente mit der Kirlian-Fotografie, bei der die Umrisse von Fotomotiven Koronaentladungen sichtbar machen. Das Aufnahmeverfahren wurde 1937 von dem ukrainischen Ehepaar Semjon und Valentina Kirlian entwickelt und findet vor allem in der alternativen Medizin und in der parapsychologischen Forschung Anwendung. Bei den Studien zu dem Bürserberger Strahlenrätsel konnte dank Kirlian-Effekt dargestellt werden, dass am aufsteigenden Kraftfeld Menschen kaum Energieverluste aufweisen. Beim absteigenden Kraftfeld hingegen zeigte sich nach der Auswertung der Fotos, dass der Energieverlust sehr groß ist.

Klarheit darüber können nur weitere Forschungen bringen. Dies gilt ebenso für das wahrscheinlich größte Naturwunder in der Region. Nur wenige Kilometer von den geheimnisvollen Steinkreisen entfernt, nahe der Arlbergschnellstraße S 16, stieß Gerhard Pirchl auf eine starke Bündelung unterirdisch verlaufender Kraftlinien. Mit Lebensmittelfarbe wurden die aufgespürten »Strahlen« an der Erdoberfläche sichtbar gemacht. Zum Vorschein kamen Monumentalbilder, die in ihrer komplexen Dimension – ähnlich wie die Kornkreismuster – am besten aus der Vogelperspektive zu erfassen sind. In einem Ortsgebiet, das »am hängenden Stein« bezeichnet wird, wurden bei leichter Schneelage »Energiemuster« dokumentiert, die Pflanzenbilder mit gigantischen Ausmaßen zutage brachten. Noch mysteriöser sind die ebenfalls sichtbar gemachten riesigen Schriftfragmente, die Ähnlichkeiten zu rätischen Felsgravuren und dem etruskischen Alphabet aufweisen. Teilweise umfassen diese Schriftfelder eine Fläche von 1000 Quadratmetern! Entdecker Gerhard Pirchl tüftelt gemeinsam mit Linguisten noch an einer verständlichen Übersetzung. Von *wem* wurden die »Strahlenpiktogramme« *wann* und *wie* in den Alpen angelegt? Eine plausible Erklärung für das faszinierende Phänomen fehlt im Moment. Gründe gibt es jedenfalls genug, die eine weitere interdis-

138

Als wären die »Strahlenmuster« nicht mysteriös genug: Bei der Sichtbarmachung der Linien fanden sich im Erdboden kleine Kraftsteine in geometrischer Anordnung. Wer hat sie wann, wie und warum dort angelegt? (Bild: Gerhard Pirchl)

ziplinäre Untersuchung, auch mit finanzieller Unterstützung offizieller Forschungsstellen, rechtfertigen würden.

2007 hatte ich in meinem Buch »*Wundersame Plätze in Österreich*« ein Foto eines dieser »Strahlenpiktogramme« abgebildet. Dazu schrieb mir der Leser Heimo N. Nemec, dass er das Bild seinem siebenjährigen Sohn gezeigt hatte und von ihm zum Spaß wissen wollte, was das sei. Der Bub gab ihm zur Antwort, dies sei nicht schwer, der Papa halte das Bild nur falsch herum. Und wirklich, wenn man das Bild auf den Kopf stellt, kann man eindeutig einen Vogel identifizieren. Alles ist erkennbar, Kopf, Schnabel, Flügel und Krallen sind im richtigen Größenverhältnis gezeichnet. Die festgestellten Muster sind also nicht bloß irgendwelche wirren Linien, sondern zeigen analog zu den riesigen Schriftzeichen deutliche Bildsymbole in gigantischer Größe. Eine verblüffende Entdeckung eines ABC-Schützen, die selbst den Strahlenjägern in Vorarlberg bisher entgangen war. Von dieser kindlichkreativen Sichtweise, verbunden mit dem Mut zu einer offenherzigen Weltsicht, könnte so mancher Kritiker und übereifriger »Entlarver« übersinnlicher Erscheinungen noch viel lernen. Der englische Schriftsteller Aldous Huxley (1894–1963) brachte es auf den Punkt: »Tatsachen schafft man nicht dadurch aus der Welt, dass man sie ignoriert.«

Pyramidenzauber und das leuchtende Auge Gottes

Heilende Kräfte, verborgene Mächte, kosmische Energien – das alles assoziieren wir mit den Geheimnissen der Pyramiden. Sie sind grandiose Wunderwerke antiker Baukunst, deren spirituelle Bedeutung wir kaum erahnen können. Wir finden sie nicht nur im Land der Pharaonen. Ob in Mittelamerika oder in China und der Inneren Mongolei – die Architektur war in vielen frühen Kulturen bekannt und galt als symbolische Verbindung zwischen Himmel und Erde. Selbst an »exotischen« Orten der Welt, wo man Pyramidenbauten nicht unbedingt vermuten würde, sind ihre Überreste erhalten, etwa in Griechenland, Italien, Österreich, Frankreich oder auf den Kanarischen Inseln. Sind es Zeugnisse dafür, dass bereits im Altertum globale Kulturkontakte über die Weltmeere stattgefunden haben? Oder ist die Urform der Dreieckssymbolik seit Urzeiten in unseren Genen archetypisch verankert? Bemerkenswert ist es schon, dass ein Großteil menschlicher Gehirnzellen eine pyramidenähnliche Struktur aufweist. Liegt hierin der geheime Schlüssel zum Verständnis alter Mysterien?

Jedenfalls versichern Strahlenforscher, Heilpraktiker und Okkultisten, dass jede Pyramide von einem magnetischen Feld umgeben ist. Durch ihre charakteristische Dreiecksform, unten breit und oben spitz zulaufend, sowie die Ausrichtung ihrer Diagonalen in genauer Ost-West- und Nord-Süd-Richtung sei es möglich, »kosmische Energien« mit dem Erdmagnetismus zu verbinden. Demnach fangen Pyramiden feinstoffliche »Licht- und Raum-Energie« ein, bündeln sie und strahlen diese Kraft gleich einem Akkumulator in die Umgebung ab. Dort üben sie dann ihre positive Wirkung auf jedes Molekül, auf jede Materie aus. Wenn es wirklich so funktioniert: *Wie* konnten die alten Ägypter davon wissen?

Sphinx und Cheops geben immer noch Rätsel auf. Waren die Pyramiden wirklich Königsgräber? Oder dienten sie anderen Zwecken? Wie wurden sie gebaut? Wirken seit Jahrtausenden verborgene Energien im Inneren der Steinwunder? Warum findet man Pyramidenbauten weltweit? Schöpften die frühen Kulturen aus einer gemeinsamen Quelle?
(Bild: Reinhard Habeck)

Esoterik-Shops, New-Age-Messen und Internetportale haben die Marktlücke erkannt und bieten fertige Pyramidenmodelle aus unterschiedlichem Material und in verschiedenen Größen für Meditationszwecke an. Kranke Tiere sollen durch ihre Kraft wieder gesund werden, Pflanzen besser gedeihen, Obst und Gemüse länger frisch bleiben und Wasser selbst nach Monaten nicht schal schmecken. Was ist dran an der Heilkraft der Pyramiden? Und wie lässt sich ihre geheimnisvolle Energie feststellen?

Das fragte sich auch der französische Radiästhesist Antoine Bovis (1871–1947). Dem Forscher waren beim Besuch der Cheopspyramide in der Königskammer die Kadaver von Katzen und anderem Kleintier aufgefallen. Die Tiere hatten sich offensichtlich in dem riesigen Steinlabyrinth verirrt, sind dann umgekommen und landeten in Abfalltonnen. Zu seinem Erstaunen bemerkte Bovis, dass die Leichen kaum Anzeichen von Verwesung zeigten. Untersuchungen der Kadaver ergaben, dass alle toten Tiere ausgetrocknet und auf natürliche Weise mumifiziert waren. Bovis grübelte über diesen Umstand nach und kam zu dem Ergebnis, dass die »automatische« Einbalsamierung der Tierleichen offensichtlich der Pyramidenform der Begräbnisstätte zugeschrieben werden musste.

Wieder daheim, machte er sich daran, dieses Phänomen anhand eines praktischen Versuchs zu überprüfen. Er fertigte ein Pyramidenmodell aus Holz an, das exakt der Cheopspyramide (in entsprechend verkleinertem Maßstab) nachgebildet worden war, orientierte eine Basiskante gleich dem Original in nördliche Himmelsrichtung und deponierte in seinem Modell (in genau jener Höhe, wie sie maßstabsgerecht dem Standort der Königskammer entsprach) die Leiche einer kurz zuvor verendeten Katze. Ebenso legte Bovis leicht verderbliche Lebensmittel bei. Was der Franzose vermutet hatte, traf tatsächlich ein: Der tote Katzenkörper verweste lange Zeit nicht und es gab keine Fäulnis. Ebenso blieben die Nahrungsmittel länger frisch konserviert als üblich. Das war dem Pyramidenforscher Beweis genug, dass die Form der Cheopspyramide die Zersetzung organischer Stoffe verhindert oder zumindest über einen längeren Zeitraum verzögert.

Als der Radioingenieur Karel Drbal aus Prag davon erfuhr, begann er mit eigenen Versuchen anhand kleiner Pyramidenmodelle aus Pappe und Holz. Der Tscheche gelangte zu ähnlichen Erkenntnissen wie zuvor Bovis und notierte, dass »zweifellos eine Beziehung zwischen dem Innenraum einer solchen Pyramide und den physikalischen, chemischen und biologischen Prozessen, die in ihm vorgehen,« bestehen. Aufsehen erregten seine umstrittenen Experimente mit stumpfen Rasierklingen. Nach einer Woche sollen sie wieder messerscharf gewesen sein, so als wären sie gerade eben neu gekauft worden. Drbals »Rasierklingenschärfer des Cheops« erhielt 1959 das Tschechische Patent Nr. 91304.

Wissenschaftlich beweisbar sind die Rasierklingentests leider nicht, eher im Gegenteil. Experimente in den 1980er-Jahren an der Technischen Universität München haben eine Schärfung der Rasierklingen zunächst bestätigt. Allerdings erklärten Fachleute, diese sei an der eisenhaltigen Klinge durch eine chemische Abspaltung von Wasserstoff entstanden, unabhängig vom Einfluss des Pyramidenmodells. Trost

142

für Wundergläubige: Zum Schärfen von Rasierklingen wurde die Große Pyramide in Gizeh mit Sicherheit ohnedies nicht errichtet. Ob sie dennoch in irgendeiner Weise als Konservierungsspeicher gedient haben könnte, bleibt Spekulation. Einen Hinweis könnten aber alt ägyptische Begriffe geben, die mit dem Wort »Pyramide« gleichgesetzt werden und übersetzt »Himmelskammer« und »Haus der Ewigkeit« bedeuten.

Für die offizielle Ägyptologie war das einzige erhaltene der sieben antiken Weltwunder an erster Stelle eine Grabkammer für Pharao Cheops (2551–2528 v. Chr.). Vielleicht war sie das, bewiesen ist es nicht. Nicht nur, weil der Granitsarkophag in der Cheopspyramide bei der Auffindung leer war, seine Mumie bis heute nicht entdeckt wurde, sondern auch deshalb, weil es Ungereimtheiten bei der Datierung gibt. Was auch seltsam anmutet: Der angeblich mächtigste Pharao des alten Reiches hat der Nachwelt so gut wie nichts hinterlassen. Im ägyptischen Nationalmuseum in Kairo steht geschützt hinter Panzerglas seine 7,6 Zentimeter hohe Statuette. Es ist die einzige erhaltene Plastik, die gesichert seiner Person zugeschrieben werden kann: für den ehemals einflussreichsten Gottkönig, der zugleich als Erbauer der Cheopspyramide angesehen wird, recht armselig. War das Steinwunder bloß das »Pharaonendenkmal« für einen größenwahnsinnigen Herrscher?

Dagegen spricht eine Fülle astronomischer Zusammenhänge, die im Verlauf der Erforschung ermittelt wurde: Ursprünglich hatte die Cheopspyramide eine Höhe von 146,6 Metern (heute fehlt die Spitze und sie misst daher 138,8 Meter), eine Zahl, die der Entfernung zwischen Erde und Sonne in Millionen Kilometern entspricht. Ihre durch die doppelte Zahl der Höhe dividierte Grundfläche ergibt die mathematische Konstanze Pi (= 3,1416). Die Zahl beschreibt in der Geometrie das Verhältnis des Umfangs eines Kreises zu seinem Durchmesser. Nimmt man nun den doppelten Umfang der Cheopspyramide, entspricht das einer Bogenminute am Äquator: 1842,9 Meter. Gemeint ist damit die Entfernung, die ein Objekt am Äquator in einer Minute aufgrund der Erdrotation zurücklegt. Für die traditionelle Ägyptologie sind das alles zufällige Zahlenspielereien, genauso wie die verblüffende Entdeckung des Bauingenieurs Robert Bauval. Er rekonstruierte mit Computern den Himmel der Antike und fand überraschende Übereinstimmungen zwischen dem Sternbild des Orion (altägyptisch

»Osiris«) und dem Standort der pharaonischen Pyramiden. Beim Blick zum Himmelszelt deutlich ersichtlich und selbst für astronomische Laien frappant ist die *identische* Anordnung der drei Gürtelsterne mit leicht geknickter Achse im Vergleich zu den Pyramiden Cheops, Chephren und Mykerinos. Wenn die Monumentalbauten von Gizeh tatsächlich nach dem Sternbild des Orion gebaut wurden: Welchem Universalgenie der Vorzeit sollte diese Meisterleistung gelungen sein? Woher bezogen die alten Architekten ihr profundes Wissen? Ein altes Problem sind gleichermaßen die bautechnischen Methoden. Wie sind die Pyramiden von Gizeh errichtet worden? Allein die Cheopspyramide besteht aus rund drei Millionen Steinblöcken mit einem durchschnittlichen Gewicht von je 2,5 Tonnen. Die ägyptologische Lehrmeinung hat sich in der Idee festgefahren, dass die alten Ägypter zum Bau eine gerade, spiralförmige oder zickzackförmige Rampe angelegt hätten. Das dafür notwendige und heranzuschaffende Material hätte fast das gleiche gigantische Volumen beansprucht wie die Pyramide selbst. Es stellt sich die Frage, wie die vielen Arbeiter die tonnenschweren Steinblöcke an langen Seilen gezogen haben können. Mit welchen Hilfsmitteln transportierten sie den Ballast um die Ecken der Pyramiden? Und wie hievten sie das enorme Gewicht weiter hinauf und passten die Steinquader millimetergenau an ihren vorgesehenen Platz ein? Praktische Versuche, die das im Modell nachstellten, waren bislang nicht sehr überzeugend. Es heißt, berädete Fuhrwerke sollen nicht zum Einsatz gekommen sein, da zu jener Zeit angeblich das Rad noch nicht erfunden war. Wie passt das zum mathematischen Wissen, das »verschlüsselt« in den Maßdaten der Cheopspyramide enthalten ist?

Fantastische Überlieferungen bringen *Levitation* ins Spiel. Menschen und Gegenstände, die sich in die Luft erheben, als gäbe es keine Schwerkraft? Das kennen wir von den publikumswirksamen Tricks der Illusionisten. Können übersinnliche Kräfte dasselbe bewirken? Es gibt allein 230 katholische Heilige, denen diese Fähigkeit zugeschrieben wird. Tibetischen Mönchen soll das Kunstwerk mittels spezieller Atemtechniken ebenfalls gelungen sein. Und für die Weisheitspriester im Pharaonenland waren Gravitationsrätsel offenbar auch nichts Ungewöhnliches. Als der König die Pyramiden erbauen ließ, sollen die Steine »lebendig« geworden sein, erzählt eine Sage. Auf die Blöcke seien Papyrusblätter mit magischen Sprüchen gelegt worden. Darauf wurden die Steine von einem Eingeweihten mit einem Stab angeschlagen, bewegten sich durch die Luft und wurden an den Ort gebracht, wo die Pyramiden stehen. Ein ägyptisches Märchen? Wäre möglich. Doch vielleicht steckt hinter unverstandenen »Zaubersprüchen« mehr, als wir zu wissen glauben. So lange liegt es nämlich nicht zurück, dass wir das Verschicken einer E-Mail in Sekundenschnelle quer durch die dunklen Kanäle des Cyberspace als aberwitzigen Hokuspokus bezeichnet hätten.

Viele Esoteriker glauben, dass sich hinter der speziellen Pyramidenstruktur und der Dreieckssymbolik eine heute noch nicht enträtselte Weltformel verbergen könnte, eine Art kosmisches Wissen, das möglicherweise die Botschaft einer untergegangenen Zivilisation an die Nachwelt ist. Die Urquellen liegen tief verwurzelt in den Mythen und Religionen der Welt. Als Symbol, das schon auf Felsgravuren der Altsteinzeit zu finden ist, verkörpert das Dreieck mit der Spitze nach oben die *männliche* Zeugungskraft, umgekehrt steht es als *weibliches* Element der Welt, als gebärender Schoß. Große Bedeutung hat die Dreiecksform in der alchemistischen Philosophie: Hier gilt das männliche Symbol als *Feuer*, das Dreieck mit Spitze nach unten als *Wasser*. Legt man beide Symbole übereinander, ergibt das ein Zeichen, das nach indischen Lehren »die göttliche Vereinigung, aus der bis in alle Ewigkeit alles wird,« bedeutet. In Europa bringt man das Symbol vor allem mit dem jüdischen Davidstern, auch »Siegel des Salomon« genannt, in Verbindung. Volkstümlich ausgedrückt steht es auch für »Zauberkunst« und »Hexagramm«.

Das Bild von einem Gott als dreigegliederte Einheit, sprich Dreifaltigkeit, hat ebenso eine bedeutsame Rolle in der Pyramidensymbolik. Man könnte meinen, sie sei auf den christlichen Glauben beschränkt, doch es gibt diese Vorstellung ebenso im Hinduismus, im alten Griechenland oder bei den alten Ägyptern. Im Leidener Amunhymnus aus dem 14. Jahrhundert v. Chr. heißt es dazu: »Drei sind alle Götter: Amun, Re und Ptah, keinen gibt es ihresgleichen. Verborgen ist sein Name als Amun, als Re wird er wahrgenommen, sein Leib ist Ptah.«

Das populärste Pyramidensymbol ist jenes mit dem »allsehenden Auge Gottes«. Der Ursprung dazu könnte wiederum in der ägyptischen Mythologie zu finden sein. Es gibt Analogien zur Vorstellung vom »Sonnenauge des Gottes Re«. Besonders die Bruderschaft der Freimaurer bediente sich dieses »sehenden Auges«, um darauf zu ver-

145

weisen, dass »der allmächtige Baumeister aller Welten« sämtliche Geheimnisse des Lebens durchdringt. Dank fleißiger Verschwörungstheoretiker wie Dan Brown ist die Pyramide mit Auge das wichtigste Symbol der geheimnisumwitterten Illuminaten aus dem 18. Jahrhundert. Historisch belegt ist eine Verbindung zu dem Orden nicht. Was man gesichert sagen kann: Der Geheimbund hatte »Die *Eule* der Minerva« zu seinem Statussymbol gewählt.

Die Pyramide mit dem allsehenden Auge auf der Rückseite der Ein-Dollarnote. Versteckte Symbolik der Freimaurer und Illuminaten?
(Bild: Archiv Reinhard Habeck)

Am auffälligsten ist die Wiedergabe der Pyramide mit Auge auf der amerikanischen Eindollarnote – ein Grund, weshalb das Symbol häufig mit Einfluss und materiellem Gewinn verknüpft wird. Ein bewiesener Zusammenhang zu den Bünden der Freimaurer oder der Illuminaten fehlt auch hier. Doch findet sich auf der Währungsnote eine ungeheure Anhäufung von Zahlen- und Bildsymbolen, die zumindest stutzig macht: Ist es Zufall, dass sich auf der Banknote ein abgedrucktes Siegel mit den drei Symbolen »Waage, Zimmermannswinkel und Schlüssel« findet? Oder dass am Fuße der dargestellten Pyramide die römische Zahl MDCCLXXVI, also 1776, verewigt ist, jenes Jahr in dem in Bayern die Illuminaten offiziell gegründet wurden? Und wieso versteckt sich an der oberen rechten Ecke des Dollars bei der Ziffer »1« eine winzige Eule, die nur mit der Lupe zu entdecken ist?

Manche Geschichten sind so verrückt, dass sie wahr sein müssen, nicht einmal der erfindungsreichste Drehbuchautor wäre dazu imstande, sie zu schreiben, weil nur das Leben sie erzählen kann.

Ein Beispiel für eine solch verrückte Geschichte führt uns in den Dschungel von Ecuador. Dort liegt ein altes Goldgräberland, das sich La Mana nennt, etwa zwei Autostunden von der Pazifikküste entfernt. Die Adern sind längst erschöpft, die meisten Stollen verlassen. In einem dieser Gänge machte der ecuadorianische Ingenieur Guillermo Sotomayor 1984 eine unglaubliche Entdeckung: Zehn Meter unter der Erde fand er Behälter, in denen 350 groteske Artefakte aus Keramik, Stein und Metall verstaut waren. Jedes dieser Fundstücke ist ein Rätsel für sich und zeigt eine Charakteristik, die für Ecuador untypisch ist: fremdartige Götterskulpturen im Yoga-Sitz; Steine mit eingravierten Pyramidenzeichen, Spiralen und anderen geometrischen Mustern; polierte Steinplatten und Trinkgefäße mit Kristallen bestückt, die Sternkonstellationen darstellen; ein metallener Rundhelm; Objekte mit Markierungen, die den Chakra-Energiezentren des Menschen entsprechen, sowie eine Menge weiterer archäologischer Abnormitäten. Sotomayor fand heraus, dass ein Großteil der kuriosen Sammlung unter ultravioletter Strahleneinwirkung atemberaubende Effekte in rötlich-blau phosphoreszierendem Licht produziert.

Dies gilt besonders für das ansehnlichste Exponat der Kollektion: ein Pyramidenstein, 21 Zentimeter hoch, 24 Zentimeter breit und sieben Zentimeter tief. In den Gegenstand sind 13 Stufen mit fluoreszierenden Elementen eingraviert und darüber befindet sich ein Auge mit Pupille. Hebt man den Pyramidenstein in die Höhe und blickt unter das Fundament, zeigt sich eine weitere Eigentümlichkeit: schriftähnliche Symbole und markierte Punkte, die in der Anordnung einen Konsens mit dem Sternbild des Orion aufweisen. Das pyramidenförmige Unikum entspricht der berühmten Zeichnung auf der Rückseite der Eindollarnote. Sollte der Fund aus Ecuador wirklich das Original sein, das als Motiv für die amerikanische Banknote Pate stand? Das wäre eine Riesensensation. Doch wie alt ist der Pyramidenstein wirklich? Wie ist dieses Artefakt gemeinsam mit den anderen fremden Objekten ins zentrale Andengebiet gelangt? Hat sich ein begabter Kunsthandwerker einen Spaß erlaubt? Aber wer macht sich die große Mühe, durchdenkt raffiniert die okkulte Symbolik, fabriziert aufwendig Steine mit verborgener Leuchtkraft, deponiert sie heimlich in unterirdischen Stollen, ohne etwas damit anzufangen?

Die skurrilen Fundsachen sind seit einem Vierteljahrhundert bekannt. Dennoch sind sie bisher nicht wissenschaftlich analysiert worden. Aufwendige Untersuchungen sind kostspielig. Offizielle Institute zeigen keine notwendige Ambition, sich mit der Datierung und der Herkunft dieser »verrückten Funde« zu befassen, da sie nichts mit der präkolumbischen Kultur zu tun haben können. Der Finder Guillermo Sotomayor kann nicht mehr befragt werden, er verstarb 2005 nach schwerer Krankheit. Heute werden die bizarren Schätze von German Villamar, einem einheimischen Landwirt mit Hang zur Esoterik, gehütet.

Die Lösung zum Rätsel könnte mit dem Fundort La Mana zusammenhängen. Der Ortsname lässt jedenfalls Gleichklänge mit anderen Kulturen erkennen. Beispielsweise wird in altindischen Sanskrittexten der Begriff »Mana« mit »Geist« oder »mentaler Körper« gleichgesetzt. Auch die Polynesier und Melanesier wissen von »Mana«. Sie bringen dieses Wort mit *Magie* in Verbindung, die weitgehend ihr Leben bestimmt. Dazu heißt es im Lexikon für Völkerkunde: »Unter diesem Worte (Mana) verstehen wir einen in jedem Lebewesen haftenden, aber auch auf Gegenstände übertragbaren Seelen- oder Kraftstoff, der als etwas Transzendentes oder Metaphysisches aufgefasst wird.«

Guillermo Sotomayor machte 1984 in einer verlassenen Goldmine eine unglaubliche Entdeckung: In mehreren Keramikbehältern lagerten Hunderte skurrile Artefakte. Wer sie hinterlassen hat und warum, konnte bis heute nicht ermittelt werden. (Bild: Bernhard Moestl)

*Eingang in die ehemalige Goldmine von La Mana in Ecuador.
Hier wurden zehn Meter unter der Erde mysteriöse Leuchtobjekte
gefunden, deren Herkunft ein Rätsel ist. (Bild: Bernhard Moestl)*

Nichts anderes wird der heilenden und wundersamen Wirkung feinstofflicher Pyramidenkraft nachgesagt. Wer immer die Leuchtobjekte hergestellt hat, er muss irgendeinen plausiblen Grund dafür gehabt haben, sie in einer aufgelassenen Goldmine von La Mana zu deponieren. Doch welches Motiv könnte das sein? Woher stammen die unbegreiflichen Fundstücke? Wer hat sie wann und wozu angefertigt? In diesem Archäologie-Krimi ist nur eines sonnenklar: Das letzte Kapitel dazu wurde noch nicht geschrieben …

Wissenschaft und Glaube

Für Menschen, die Wunder suchen, ist die alltägliche Welt voller verwunderlicher Dinge. Wenn es aber um die Beweisaufnahme für übersinnliche und regelwidrige Phänomene geht, müssen wir eingestehen, dass dies sehr mühsam ist. Die Beurteilung vorliegender Belege wird seit jeher kontrovers geführt. Doch genau das ist ja das Spannende und Faszinierende an der Thematik. Gelöste Probleme interessieren uns nicht, die ungelösten sind es, bei denen unser Verstand gefordert ist. Paranormales hält sich nicht an bestimmte Tageszeiten, sondern tritt plötzlich und unvermittelt auf. Wie alles Metaphysische sind auch Psi-Begabungen, verborgene Erdenergien oder geisterhafte Erscheinungen schwer dingfest zu machen. Ein Prinzip der Naturwissenschaften besagt aber, dass beweiskräftige Experimente nur dann Geltung haben, wenn sie bei identischer Versuchsanordnung von einem anderen Forscher mit gleichem Ergebnis wiederholt werden können. Doch wie soll man eine Spukgestalt, einen Kugelblitz oder eine Manifestation der Jungfrau Maria dazu überreden, an einem festgelegten Zeitpunkt zu erscheinen und physikalisch messbare Daten zu hinterlassen?

Für die strenge Wissenschaft gilt nur, was wissenschaftlichen Kriterien standhält und mit unseren fünf Sinnen fassbar ist. Grenzwissenschaftliche Phänomene haben ihre eigenen Gesetze. Deshalb erkennen nur wenige Gelehrte der etablierten Schule in spontan auftretenden Erscheinungen ein lohnendes Forschungsziel. Die gleichen Berührungsängste bestehen bei ähnlichen Unmöglichkeiten wie dem UFO-Rätsel, Wunderzeichen im Korn, okkulten Praktiken oder esoterischen Lebensweisen. Für kritische »Geister« sind sie nichts weiter als Illusion, Aberglaube oder Betrug. Von der Regenbogenpresse abgesehen, ist das Übernatürliche für wissenschaftliche Printmedien und TV-Magazine ein Tabu. Die Gefahr, dass man womöglich einem Scherz aufsitzen könnte, wie es oft genug vorgekommen ist, schreckt offenbar davon ab, sich wertfrei mit diesen »spinnerten Geschichten« auseinanderzusetzen. Wenn Paranormales doch zur Schlagzeile wird, dann gerne unter der Lupe der »Wissenschaftspolizei«, die ihre Augen nach allem offenhält, was nach Täuschung, Irrglaube und Fälschung aussieht.

Es ist nicht zu leugnen, dass sich der Großteil spektakulärer »übersinnlicher Phänomene« letztlich als Schabernack herausstellte, der durch findige Trickkünstler, Scharlatane und Spaßvögel verursacht wurde. Niemand bestreitet, dass uns die subjektive Wahrnehmung manchmal einen Streich spielt und wir Opfer einer Sinnestäuschung werden können. Das überzeugendste Argument der Skeptiker: Bisherige Studien haben gezeigt, dass die Existenz übersinnlicher Wahrnehmungen unter kontrollierten Bedingungen wissenschaftlich *nicht* zu beweisen ist. Was aber, wenn es eines Tages doch gelänge? Wäre es dann überhaupt noch paranormal? Dies führt zu der weit verbreiteten Auffassung, dass etwas, das man nicht beweisen und erklären kann, besser für nicht existent zu halten ist.

Wahn statt Wirklichkeit? Aber ist der Generalverdacht, alles sei Humbug, zulässig? Ein wissenschaftlicher Nachweis für die behauptete *Nicht*-Existenz von »anderen Wirklichkeiten« fehlt genauso. Das Resultat daraus ist ein erbitterter Glaubenskrieg zwischen Wissenschaft und Esoterik. Psi-Gegner vermuten, dass Menschen deshalb an das Übersinnliche glauben, weil es ihrem religiösen Bedürfnis nachkommt. Sie *wollen* an dem Irrealen festhalten, obwohl die Logik dagegenspricht. Ich behaupte: Es gibt einen ebenso starken Drang, an etwas *nicht* glauben zu wollen. Angenommen es erklärt jemand hartnäckig, der Mars werde erst in dem Moment rot, wenn man ihn anschaut, so muss dies ungläubiges Kopfschütteln oder gar Aggression hervorrufen. Diese selbstverständliche Abwehrhaltung hat auch etwas mit Angst vor dem Neuen und Unbekannten zu tun, das dogmatische Prinzipien auf den Kopf stellen könnte, die man bisher für einzig richtig hielt. Meine These: Die Ungläubigkeit oder sogar Feindseligkeit gegenüber dem Unerklärbaren ist vielleicht nichts anderes als heimliche Furcht. Doch wer fürchtet etwas, von dem er sowieso überzeugt ist, dass es Unsinn ist? Allerdings: Wer fürchtet nicht etwas, von dem er nicht wirklich glaubt, dass es Unsinn ist, was aber, wenn es doch sinnvoll wäre, die Grundlage seines Weltbildes ändern würde?

Neue revolutionäre Ideen, die dem bisherigen Wissen widersprechen, lösen immer Entsetzen und Widerstand aus. Das zeigt uns die Geschichte der Wissenschaft. Ihr Pfad ist lang, steinig und gepflastert mit Irrtümern. Es gibt keine unumstößliche »Wahrheit«. Wäre es so, würden wir heute noch glauben, die Erde sei eine Scheibe und das Zentrum des Universums. Wir wüssten auch nichts von gigantischen Schwarzen Löchern in den Milchstraßen, die so dicht sind, dass nicht einmal Licht ihnen entkommen kann. Auch die bizarren Neutrino-

Elementarteilchen, die durch Planeten rasen können, als gäbe es sie nicht, wären bloß Spuk. Fortbewegungsmittel wie die Eisenbahn wären Utopie geblieben, wenn man den wissenschaftlichen Erklärungen des 19. Jahrhunderts gefolgt wäre. Man befürchtete, das »die blitzschnelle Bewegung der Wagen bei Reisenden eine Gehirnerschütterung« auslösen könne, »bei Zuschauern Schwindel und andere nervöse Zufälle herbeiführen« würde, und man müsse deshalb »die Schienen mit hohen Holzwänden umgeben, um die Bahn den Blicken des Publikums zu entziehen«.

Solche Befürchtungen lassen uns heute schmunzeln, genauso wie künftige Generationen über gängige Hightecherrungenschaften wie Internet, Handy oder »Nacktscanner« schmunzeln werden. Und wenn sich die Vorstellung einer übersinnlichen Wirklichkeit bewahrheiten sollte? Was hätte das für Konsequenzen? Eines wäre gewiss: Unser rationalistisches Weltbild käme ordentlich durcheinander. Ein wissbegieriger Mann, der schon jetzt sehr viel für möglich hält, ist der österreichische Experimentalphysiker Anton Zeilinger. Der Professor der Universität Wien untersucht mit seinen Mitarbeitern intensiv das seltsame Verhalten kleinster Teilchen, nämlich der Quanten.

Schwerpunkt seiner Studien sind utopisch anmutende Teleportationsversuche über sogenannte *Verschränkungen* von Lichtteilchen. Vorstellen kann man sich das so wie zwei Würfel, die, wenn man gleichzeitig würfelt, immer dieselbe Zahl liefern. Was wie Hexerei klingt, ist in der Welt der Quanten Wirklichkeit, nur hat man dort nicht mit Würfeln zu tun, sondern mit Atomen, Elektronen oder Photonen. Albert Einstein (1879–1955) nannte dies »spukhafte Fernwirkung«. Das physikalische Rätsel dabei: Zwei Teilchen verhalten sich trotz großer Distanz wie eine Einheit. Ändert einer der Zwillinge seinen Zustand, »spürt« das der andere sofort und ändert sich mit. *Wie* dieser telepathische Informationsaustausch funktioniert, weiß man nicht. *Dass* er funktioniert, hat Anton Zeilinger erstmals 2003 mit Experimenten bewiesen, bei denen verschränkte Teilchen ohne Kabel quer über die Donau »gebeamt« wurden.

Welche Schlüsse dürfen wir daraus für unsere sogenannte Wirklichkeit ziehen? »Meine Meinung ist«, philosophiert Zeilinger, »dass unser Weltbild – die Dinge, die man Wirklichkeit nennt, Tür, Tisch, Kasten mit all ihren Eigenschaften – nicht völlig unabhängig vom Wissen, das wir von ihr haben, existiert. Jetzt darf man es sich aber auch nicht so leicht machen und sagen, aha, alles spielt sich nur in unserem Kopf ab. Es ist viel komplizierter: Wahrscheinlich können wir zwischen *Wirklichkeit* und *Wissen* oder *Wirklichkeit* und *Information* nicht trennen. Das ganze Weltbild ist ein offenes. Es ist sehr viel mehr möglich, als man meint oder auch zulassen möchte. Das ist mitunter unangenehm – die Menschen wollen ja Sicherheit, aber die ist nur eine vermeintliche.«

Wäre es da nicht ebenso denkbar, dass auch Geist und Materie in ähnlicher Weise »verschränkt« in einem für uns noch unerklärbaren Informationskontakt stehen? Womit wir wieder in der Welt der paranormalen Kräfte, Geister und irrealen Phänomene wären. Die meisten Psi-Forscher ziehen heute Parallelen zu den verblüffenden Entdeckungen der Quantentheorie. Die Frage ist nun, ob Spukphänomene oder andere bizarre Effekte als Suggestion und Täuschung in der Wahrnehmung abgetan werden können, wie Skeptiker behaupten, oder ob nicht viel eher unsere Modelle von der Vorstellung der Wirklichkeit unzulänglich sind.

Einen viel freimütigeren Umgang mit dem Übersinnlichen pflegen viele Naturvölker. Bei ihnen gehören körperlose, unsichtbare Wesen zur Realität. Mithilfe von Schamanen, die sich in Trance oder Ekstase versetzen, wird eine Verbindung mit dem Jenseits oder anderen seelischen Welten aufgenommen. Das Bemühen, solche Wesen aus einem unbekannten Jenseits in unsere Welt hereinzuholen, ist hierbei nichts Ungewöhnliches. Es ist vielmehr ein Teil ihrer erlebten Wirklichkeit. Die Vorstellung von dem allgegenwärtigen Wirken übernatürlicher Geister und Götter geht Hand in Hand mit dem Glauben an die Wirksamkeit magischer Kräfte. Im spirituellen Verständnis der Naturvölker ist der gesamte Kosmos von geisterhaften Wesen belebt. Was macht uns so sicher, dass es nicht wirklich so ist?

Der italienische Psi-Forscher Ernesto Bozzano (1862–1943) hat in seinem Buch »Übersinnliche Erscheinungen bei Naturvölkern« derartige Phänomene anschaulich dokumentiert. So berichtet Bozzano beispielsweise über das schamanistische Ritual des »Shaking Tent«, des bebenden Zeltes, das 1939 bei kanadischen Ureinwohnern beobachtet wurde. Hierbei kam es zu dem Sichtbarwerden einer rätselhaften Lichtgestalt, dem zahlreiche Augenzeugen beiwohnten. Eingeleitet wurde das Ritual mit stundenlangen Trommelschlägen und Tänzen, bis sich ein nicht festgepflocktes Zelt zitternd vom Boden erhob, und

»wo es gestanden hatte, war nun die materialisierte Gestalt eines kräftigen, weißgekleideten Indianers zu sehen. Als das Zelt so weit stieg, dass die Gestalt vollständig frei stand, machte diese mit dem Kopf Zeichen des Grußes, worauf alle Indianer enthusiastisch Grüße ausriefen. Hierauf senkte sich das Zelt langsam wieder, und bevor es den Boden berührte – das heißt, solange die mit weißen Mokassins verkleideten Beine des Gespenstes noch sichtbar waren –, sahen wir sie an Ort und Stelle verschwinden ...«

Naiver Aberglaube einer »primitiven« Naturreligion oder doch die Manifestation einer verborgenen Realität, die in unserem hoch technisierten Computerzeitalter erst wieder neu entdeckt werden muss?

Der polnische Lyriker Stanislaw Jerzy Lec (1909–1966) hatte einen hellsichtigen Verdacht: *In Wirklichkeit sieht alles anders aus, als es wirklich ist.*«

SAGENHAFTE ZEITEN

*»Wer in der Zukunft lesen will,
muss in der Vergangenheit blättern.«*

André Malraux (1901–1976)

Untersberger Sagenschatz, unterirdische Mächte und unheimliche Zeitrisse

Etwas beschäftigt uns alle: das Phänomen »Zeit«. Doch jeder verwendet und deutet den Begriff anders. Die Unterschiede kommen bei Wortbildungen und Redewendungen zum Ausdruck: »Die Zeit ist gegen uns«, notiert Zukunftsdenker Clark. Historiker Willi seufzt: »Ich spüre den Zahn der Zeit.« Mediziner Algund tröstet: »Die Zeit heilt alle Wunden.« Fotograf Bernhard zeigt Bilder im »Zeitraffer«. Künstler Udo weiß: »Meine Gemälde sind zeitlos.« Inzwischen errechnet Statistiker Dietmar den »Zeitwert«, um seinen Kühlschrank möglichst schnell und effizient auszuräumen. Dessen ungeachtet mahnt Verschwörungstheoretiker Viktor: »Wir sitzen auf einer Zeitbombe.« Mayaforscherin Gisela glaubt, dass am 21. Dezember 2012 ein neues »Zeitenalter« anbrechen wird. Pastor Walter-Jörg winkt ab: »Für die Apokalypse habe ich absolut keine Zeit.« Therapeutin Elvira erkennt: »Heute ist meine schönste Zeit.« Wallfahrer Janosch jammert: »Mir läuft die Zeit davon.«

Aussagen wie diese beziehen sich auf unklare Zeitabläufe und Zeitspannen. Zeit, im Sinne der Uhrzeit, braucht ein messtechnisches Bezugsmittel. Physikalisch betrachtet wird mit »Zeit« die Abfolge von Ereignissen bestimmt. Die Richtung ist festgelegt: Gestern, jetzt und morgen. Die Gegenwart bildet sich aus der Vergangenheit und schreitet voran in die Zukunft, die vor uns liegt. Es kann nicht umgekehrt sein, dass Zukünftiges gestern war. Oder etwa doch?

Und ewig lockt der »Wunderberg«

Ein Platz, an dem mit »Sesam öffne dich« ein Zeitportal aktiviert werden kann? Das klingt utopisch. Gleich ein ganzes Dutzend solcher

Pforten soll es direkt vor unserer Haustüre geben – in der Alpenregion Salzburg zwischen den Ortschaften Grödig und Berchtesgarden.

Hier, im bayrisch-österreichischen Grenzgebiet, erhebt sich majestätisch mit fast 2000 Metern Höhe der sagenhafte Untersberg. Das eigentümliche Gebirgsmassiv zieht seit jeher Heimatforscher, Mystiker, Esoteriker und Alpinisten in seinen Bann. Der Volksmund taufte ihn »Wunderberg«. Ein passender Titel, der mit vielen unglaublichen Geschichten und mysteriösen Vorfällen verbunden ist. Der älteste schriftliche Namenshinweis auf den Berg findet sich in der Urkunde Erzbischof Konrads IV. von Salzburg vom 28. Juni 1306. Darin ist vom »Undarnsperch« die Rede. Der Begriff steht für »untern«. Aber warum diese Bezeichnung? War die Unterwelt gemeint? Der jenseitige Aufenthaltsort übermenschlicher Götter?

Einige Historiker erkennen darin lediglich die im Umland gebräuchliche Redensart für eine Nachmittagsjause. Wenn von Salzburg aus die Sonne über dem Berg stand, war es das Zeichen für eine Rast und Essen. Mir erscheint die ältere Auslegung plausibler, wonach es der »Berg der Unteren«, der »in den Berg Entrückten« ist. Damit werden die Geschehnisse um den »Wunderberg« treffend auf den Punkt gebracht. Es wimmelt nämlich von Sagen und Legenden, worin beschrieben wird, wie arglose Menschen unerwartet in Kontakt mit seltsamen Bergbewohnern kamen. Es heißt, sie seien von Wunderwesen ins hohle Berginnere entführt worden. Dort sollen sie eines Zauberreiches ansichtig geworden sein, von dem sie später, nach ihrer Rückkehr in die reale Welt, in märchenhaft anmutenden Schilderungen zu berichten wussten.

In den meisten Geschichten dienen Zwerge als Lockmittel. Die beschriebenen Geschöpfe sind keine Schönheiten, nie größer als ein Kleinkind, sind von menschenähnlicher Gestalt und haben oft eine graublaue Gesichtsfarbe. Niemand hat den Charakter der Untersberger Zwergen-Familie treffender und poetischer beschrieben als der österreichische Literat H. C. Artmann (1921–2000): »Sie sind zumeist, mit wenigen Ausnahmen, von zartem Blau, schön wie ungeborene Sonnen, liebenswürdig, unberechenbar, hässlich wie schreckliche Schlangenwurzeln, hilfreich, sinnlich bis zum Exzess, den Wissenschaften gewogen, durchsichtig geisterhaft wie Irrwische, nicht greifbar, warm wie Fleisch und Blut eines Menschen oder Tieres, leicht wie Rauch im Wind, schwer wie ungeseigertes Silber, winzigklein, moosrosenäugig,

Galerie skurriler Marmorzwerge aus dem frühen 18. Jahrhundert, Salzburger Mirabellgarten. Wer sie geschaffen hat, ist nicht bekannt. Seit Jahrhunderten behaupten Menschen, sie seien von solchen kleinwüchsigen Geschöpfen in den Untersberg gelockt worden. Aberglaube, oder steckt doch mehr dahinter? (Bild: Reinhard Habeck)

durch Wände und Schlüfte des Berges bis an die Sterne ragend, abgründig bösartig, makellos wie Kristall oder schnell wie Planeten im All eines Staubkorns.«

Die Wichte scheinen wahre Supertalente zu sein. Seltsam, aber in ihrem Umfeld spielt oft die Zeit verrückt, so auch bei einer bekannten Untersberg-Sage um ein entrücktes Brautpaar. Erzählt wird von einem verschwundenen Hochzeitszug im Salzburger Land. Zuerst wurde im

Dorf des Bräutigams gefeiert, dann sollte die Party im Nachbardorf ihre Fortsetzung finden, wo die Eltern der Braut wohnten. Die frisch Vermählten zogen gemeinsam mit ihren fröhlichen Hochzeitsgästen und singenden Musikanten die Straße entlang. Als sie zum Untersberg kamen, soll sich plötzlich eine Felswand wie von Geisterhand geöffnet haben und ein »graues Männlein« stand vor ihnen. Die Gesellschaft war verdutzt, aber neugierig genug, um dem Zwerg ins Berginnere zu folgen. Die Gruppe spazierte durch eine Reihe prunkvoller Räume, bis sie in ein Zimmer mit reich gedeckter Tafel kam. Alle setzten sich zu Tisch und nahmen nach Herzenslust von den köstlichen Speisen und Getränken. Vielleicht ein Fehler, denn »bald nach dem Mahle schliefen alle ein«. Welche sonderbare Nahrung wurde verspeist? War sie präpariert, um wie starkes Schlafpulver zu wirken?

Als sie erwachten, führte sie der geisterhafte Gnom wieder hinaus aus dem Berg. Dort angekommen, merkten die irritierten Hochzeitsleute, dass die vertraute Umgebung verändert war. Obwohl hell die Sonne schien, erkannten sie die Gegend nicht mehr wieder. Menschen, die ihnen begegneten, verstanden kaum ihre Sprache. Sie irrten umher, bis sie schließlich in ein Dorf kamen und dessen Namen erfragten. Als Antwort erhielten sie den Namen ihres Heimatortes. Trotzdem hatten sie den Eindruck, als wären sie in einem fremden Land. Denn dort, wo einst ihre Wohnhäuser standen, waren andere, neu errichtete Gebäude. Das Brautpaar suchte mit seinem Gefolge Rat beim Pfarrer. Dieser studierte die alte Dorfchronik und fand einen Eintrag, wonach vor mehr als 100 Jahren (andere Texte sprechen sogar von 500 Jahren) ein junges Brautpaar und weitere Personen auf Nimmerwiedersehen verschwunden seien.

Der Bericht einer erstaunlichen Zeitreise. Wo aber liegt der Ursprung solch wunderlicher Geschichten? Wir wissen, dass dem Berg schon in römischer und vorchristlicher Epoche besondere Bedeutung beigemessen wurde. Die zahlreichen Siedlungsspuren der Kelten, aber auch jene unter den Römern abgebauten Steinbrüche belegen es. Sie sind um den Untersberg konzentriert. Doch erst ab dem 16. Jahrhundert »explodiert« die kuriose Sagenbildung von »Bergmännlein«, »Wildfrauen« und »in Höhlen entrückten Menschen«.

Bei der Überlieferung vom verschwundenen Hochzeitszug fehlen Datum und Namen der betroffenen Leute. Die erwähnten Dörfer sollen St. Leonhard und Grödig gewesen sein. Historisch belegt ist das nicht. Eine seriöse Überprüfung der Geschehnisse ist somit nicht möglich. Weiters fällt auf, dass diese Untersberg-Sage gewisse Anklänge an die Legende von den »Sieben Schläfern« aus Ephesos aufweist. Zufälligkeiten? Handelt es sich um die gleichen Phänomene der Zeitverschiebung an völlig verschiedenen Plätzen? Oder haben wir es mit einer Wandersage zu tun, die im Mittelalter in leicht veränderter Form vielerorts weitererzählt wurde?

Letzteres könnte man annehmen, wären da nicht auch Übereinstimmungen, die nachweislich viele Jahrhunderte alt sind und über die Weltmeere reichen. Denken wir etwa an den heiligen Berg Mount Shasta in Kalifornien. 4317 Meter ist er hoch und von Höhlensystemen durchzogen. Legenden erzählen, es gäbe in den riesigen Felsmassen eine verborge Stadt. »Kleine Menschen« würden im Berg hausen. Sie sollen die Fähigkeit besitzen, nach eigenem Willen zu erscheinen und können sich angeblich unsichtbar machen. Gleiches beinhalten die Mythen vom Untersberg. Zudem gibt es jede Menge gut dokumentierte Fälle, wo bis hinein in die Gegenwart Zeitanomalien und deren Begleiteffekte anschaulich beschrieben werden.

Die älteste Handschrift, die darauf Bezug nimmt, stammt von dem Stadtschreiber und Rechtsgelehrten Martin Pegius. In seinen Schriften entdeckte man ein Werk aus dem Jahre 1582, das von »Wundern im Untersberg bei Salzburg« berichtet. Bemerkenswert ist, dass Pegius nicht nur nacherzählt, sondern persönliche Erlebnisse einbezieht. Er schreibt über mysteriöse Begegnungen mit »Venusfrauen«, »Zwergenwesen«, »historischen Persönlichkeiten der Antike« und von Höhlen, die im Licht »eines großen Karfunkelsteines taghell« erstrahlten. Zeitphänomene werden ebenfalls erwähnt. So soll seine Gattin Kontakte mit einer engelsgleichen Untersbergfrau gehabt haben, die sich als »Königin von Saba« zu erkennen gab. Das Datum der ersten Zusammenkunft ist genau vermerkt: Sonntag, 19. Februar 1581. Die Zauberin forderte Frau Pegius auf, sie möge sich für drei Jahre in den Untersberg »hinein versprechen«. Diese lehnte zunächst ab, folgte aber dann dem Lockruf der geheimnisvollen Dame. In der Folge schrumpften drei Jahre zu wenigen Augenblicken. Als Pegius' Frau nach einer knappen Stunde wieder aus der Unterwelt auftauchte, erzählte sie von vielen Wunderdingen, die sie gesehen haben will. Ihr Mann schrieb die Erlebnisse eifrig nieder und hinterließ der Nachwelt ein abenteuerliches Schriftstück.

Lazarus und der »Untersberg-Code«

Die zentrale Mythe zum Untersberg ist die »Lazarus-Geschichte«.
Sie mutet noch rätselhafter an. Da in ihr der Schlüssel zur Wahrheit
stecken könnte, ist es die Mühe wert, die geschilderten Erlebnisse genauer zu hinterfragen und zu analysieren. Die Handlung wird je nach
Bild- und Handschrift in die erste Hälfte des 16. oder 17. Jahrhunderts
verlegt. Die Dokumente lagern im Salzburg Museum, im Salzburger
Landesarchiv oder befinden sich in Privatbesitz. Soweit bekannt, existieren 18 Versionen, die alle erst im 18. Jahrhundert niedergeschrieben
worden sind. Der Kern der Sage ist immer gleich: Ein Mönch führt Lazarus ins Berginnere, wo ihm ein verborgenes Zauberreich offenbart
wird. In allen Fassungen bezieht sich das Geschehen auf weit zurück-
liegende Ereignisse. Demnach könnten ältere Urtexte existiert haben,
ob verschollen, noch nicht entdeckt oder vernichtet, das sei dahinge-
stellt.

Aus den erhaltenen Quellen geht deutlich hervor, dass mit Laza-
rus jedes Mal der Gehilfe des Stadtschreibers von Bad Reichenhall
die Hauptperson der Erzählung ist. Sein Vorname ist und bleibt stets
Lazarus. Was stört ist sein Nachname: Je nach Niederschrift lautet er
Günzner, Gitschner, Giczmayr, Geuer, Myntzler, Eitzner oder Aigner.
Sind diese Abweichungen allein durch zeitbedingte Änderungen der
Schreibweise ein und desselben Familiennamens erklärbar? Wirklich
überzeugend ist diese nüchterne Erklärung nicht.

Könnte es sein, dass auch die Namensgebung »Lazarus« einen tie-
feren symbolischen Sinn in der Untersberg-Legende hat? Hebräisch
bedeutet der Name »Gott hat geholfen«. Im Johannesevangelium der
Bibel lässt Jesus einen Mann namens Lazarus von Bethlehem durch
ein Wunder von den Toten auferwecken. Seither gilt er als Schutzpat-
ron der Totengräber. Kryptozoologen sprechen vom »Lazarus-Effekt«,
wenn sie auf ausgestorben geglaubte Tierarten stoßen. Und in der Medizin kennt man das »Lazarus-Phänomen«, wenn irrtümlich der Tod
eines Menschen erklärt wird, der in Wirklichkeit aber noch lebt und
eine scheinbare Auferstehung erfährt. In der französischen Stadt Au-
tun sollen die Gebeine des Heiligen Lazarus liegen.

Wo sich hingegen die Begräbnisstätte »unseres« Lazarus aus der
Untersberg-Sage befinden könnte, weiß niemand. Nur so viel: Im Alter
von 65 Jahren, kurz vor seinem Ableben, soll Lazarus seine persönli-

chen Notizen mit den geschilderten Erlebnissen seinem Erben anvertraut haben. Der deutsche Sagenforscher Leander Petzoldt, bei dem Lazarus den Familiennamen Gitschner trägt, bemerkt dazu:»Er hinterließ einen ehelichen Sohn Johann (einen zu Bergheim bei Salzburg ansässigen Bauern), der später jedem gern mitteilte, was sein Vater im Untersberg gesehen hatte.«

Die Geschichte vom Eintritt in eine andere Welt mit späterer Rückkehr in die vertraute Wirklichkeit ist außergewöhnlich. Sie erinnert an eine Auferstehung aus dem Totenreich. Nomen est omen, der Name ist ein *Zeichen* – aber deuten wir es allemal richtig? Von der Lazarus-Sage wissen wir, dass sie bis in die Gegenwart stetig neu nacherzählt und sprachlich unserer Zeit angepasst wurde. Einerseits gut, dass Vergangenes somit in unserem Gedächtnis erhalten bleibt, anderseits besteht auch die Gefahr, dass ursprüngliche Aussagen mit der Weitergabe entstellt werden. Das muss nicht einmal mit Absicht geschehen, es passiert einfach, wie beim Kinderspiel»Stille Post«, wobei eine Meldung laufend dem nächsten Teilnehmer ins Ohr geflüstert wird, bis am Ende der»Fahnenstange« Missverständliches, Umgedeutetes oder einfach Nonsens herauskommt.

Einige Historiker glauben, dass die ursprüngliche Geschichte im 16. Jahrhundert von einem Geistlichen des Augustiner-Chorherrenstiftes St. Zeno bei Reichenhall verfasst worden ist. Gewisse Erzählmotive erinnern an die Vision der Mechthild von Magdeburg (um 1207–1282), die im 13. Jahrhundert aufgezeichnet wurde. Ebenso lassen sich Ähnlichkeiten zur geheimen Offenbarung des Evangelisten Johannes finden. Ob zufällige Gemeinsamkeiten oder literarische Vorlage, bleibt Spekulation.

Halten wir uns an jenen Bericht, in dem die unglaublichen Geschehnisse am weitesten zurückdatiert werden, nämlich ins Jahr 1523. In dieser Handschrift mit dem Titel»Die Propheceyung, so im Undtersperg zu Reichenhall geschehen ist, im 1523. Jahr« erzählt Lazarus Günzner in der Ich-Form. Entgegen anderen Auslegungen bedeutet dies: Der Autor berichtet aus erster Hand, ist selbst der Erzähler und gibt persönlich wieder, was er mit eigenen Augen gesehen hat und für wahr hält. Das spricht meines Erachtens dafür, dass Lazarus Günzner tatsächlich *selbst* der Verfasser der Texte ist. Mehr noch: Lazarus nennt Personen, die mit ihm gemeinsam eine verblüffende Entdeckung auf dem Untersberg bezeugen. Die Chronik wird im Salzburg Museum unter Archivnummer »Hs. 2398« aufbewahrt und enthält 21 Illustrationen. Neben der Pegius-Handschrift gelten die Aufzeichnungen von Lazarus Günzner als ältester schriftlicher Beleg zur Untersberg-Sage.

Im altdeutschen Originaltext steht geschrieben:

»... auf dem Undtersperg gegen Salzburg spaziren gangen, mein Herr, der Stattschreiber, Herr Martin, der Stattpfaarer, der Herr Pfleger, und sonst auch ein Burger zu Reichenhall, und sein mir miteinander auf dem Undtersperg nach einer tiefen Clam, einen schmallen Steig, da khammen wür an als gefähr in ein Loch wie ein Kürchenhöll und vor unter den Hochen Thron, darinen war ein Schrüfft mit silbern Buechstaben eingehaut in der Wandt, das haben wür also gelesen und geschaut, danach sein wür wiederumb haimbgangen. Und wie wür dahaimb sein gewesen, da haben wür von der Schrüfft geredt, nach dem hat mein Herr Stattschreiber und Herr Martin als Stattpfaarer mich widerumb hinaufgeschickht, ich solte ihnen die Schrüfft abschreiben, dasselbig hab ich gethan und bin allein hinaufgangen, welches geschehen ist zu den lesten Unser-Frauen-Tag im Hörbst, sie haben mich sonst auch offt ausgeschickht, sobald ich hinauf bin khommen, so hab ich abgeschrieben, und ist eben eingehaut gewesen mit silbern Buechstaben ...«

Wir erfahren, dass Lazarus Günzner mit seinen Kollegen im Herbst über eine tiefe Klamm nahe dem Hochthron marschiert ist. War damit der Salzburger oder der Berchtesgadener Hochthron gemeint? Aus der Schilderung geht das nicht klar hervor. Es ist aber naheliegend, dass mit »tiefer Clam« die auffälligste Bergstruktur am Untersberg gemeint ist – die Mittagsscharte. Sie liegt genau an der Grenze zwischen Bayern und dem Salzburger Land. Hier sollen vermehrt Licht- und Sonnenphänomene sowie Zeitanomalien wahrgenommen worden sein. Erzählt wird, dass sich alle paar Jahre zu Maria Himmelfahrt, also am 15. August, ein Zeitportal öffnet und ein Sprung in eine unbekannte Parallelwelt möglich wird.

Interessant ist, dass es in unmittelbarer Nähe eine Höhle gibt, die »Steinerner Kaser« genannt wird. Hier kommt es bei günstiger Wetterlage tatsächlich Mitte August zu einem faszinierenden Lichtspiel. Sonnenstrahlen dringen durch einen schmalen Felsschlot ins Innere und erleuchten den Raum. Die Bergsteigerin Dzintra Pededze aus Lettland war 2006 Augenzeugin dieses bezaubernden Naturphänomens. Wie es dazu kam, hat sie mir mitgeteilt: »Ich hatte gelesen, dass sich die Höhle Steinerner Kaser irgendwo in der Nähe der Mittagsscharte befinden soll, aber niemand konnte mir die genaue Stelle nennen. Dann am 21. Juni habe ich den Eingang zufällig gefunden, just zum Augenblick, als der Sonnenstrahl ins Innere des Ganges leuchtete und mir einige Aufnahmen mit meiner Kamera geglückt sind. Dass ich exakt zum richtigen Zeitpunkt vor Ort war, ist für mich ein kleines Wunder.«

Ob Lazarus Günzner die Höhle kannte, ist nicht mehr als eine Vermutung. Aber egal wo er und die anderen Ausflügler damals wanderten, allzu weit vom Hochplateau waren sie offenbar nicht mehr entfernt. Sie entdeckten eine Aushöhlung und staunten über eine kryptische Schrift, die mit silbernen Buchstaben in den Fels graviert war. Daheim diskutierten sie über Sinn und Inhalt, konnten sich aber keinen Reim daraus machen. Also wurde der Stadtschreibergehilfe neuerlich auf den Berg geschickt, diesmal allein, um eine exakte Abschrift auf Papier zurückzubringen.

Lazarus fand die Stelle wieder und schrieb die Buchstabenkombination genau auf. In der ältesten Lesart erinnern die Zeichen und Symbole an einen geheimen Computercode. Er lautet:

»S. d. d. occo. x.
Satrnrop, 5. a. f. 5. 1. d.
P. 6. m. 6. a. t. 5. q. o. t. m. 5. r. u. a. t.
m. 519. r. l. v. e. p. 55. a. tt. tt. l. x missm
ariu. a. o. u st g c x 5. 1. 19. altomvraco
mic r l y. pymi. l o p m i. v m l t. t g«

Was mag der Buchstabensalat bedeuten? Nonsens oder ist er der Schlüssel zum Verständnis des Untersberg-Mythos? In späteren Fassungen fehlt der Abdruck der Geheimsymbole oder er wird im Sinne christlicher Glaubensvorstellung völlig verändert mit dem lateinischen Ausdruck

»S. V. R. G. E. T. S. A. T. U. M.«

wiedergegeben. »Surget satum« steht für »Aufgehen wird, was gesät worden ist«. Davon ist in der Variante von Lazarus Günzner aber nichts zu lesen. In einer weiteren Auslegung heißt die Kombination:

»S. O. R. G. E. I. S. A. T . O. M.«

Beweggrund und Sinn dieser Textmanipulation liegen im Dunkel der Geschichte. Wie immer man es dreht und wendet: Der echte

Untersberg-Code wartet nach wie vor auf seine Enthüllung. Welcher arbeitswillige Krypthograf wird die unsterbliche Kopfnuss knacken?

Die Entdeckung der »Spiegelwelt«

Was geschah mit Lazarus nach beendeter Abschreibarbeit? Aus der Schrift erfahren wir, dass es zu spät für die Heimreise war. Die Nacht brach herein und Lazarus entschied sich in der Klamm zu übernachten. Als er am nächsten Morgen erwacht, kommt es zu einer unheimlichen Begegnung.

Der originale Wortlaut in der Handschrift vermerkt:
»Und am Pfingstag fruhe, als ich hab wöllen widerumb haimbgehen, da hab ich in die Weithe geschaut und bin ein wenig auf Pertlsgaden zuegangen, und wie ich also hab umbgeschaut am Herabgehen in die Weith, da sach ich vor mein stehen ein Barfuesser-Münich, der hat ein Prefierbuech gelesen und auf der einen Achsel trueg er ein grosse Burth Schlissl, er grüesset mich und sagt zu mir, Lazarus, wo bist du gewesen oder wo wilst du hin, hast du gössen oder hungert dich, da ich ihm alle mainung erzöhlet, sagt er zu mir, Lazarus, gehe mit mir, ich will dir zu essen geben und trinckhen geben und will dir zeigen, was oben am Loch oder an der Wandt ist eingehau ...«

Wenn wir davon ausgehen, dass Lazarus für seinen zweiten Untersberg-Aufstieg kein halbes Jahr benötigt hat, wird hier offensichtlich, dass irgendetwas mit den Zeitangaben nicht stimmen kann. Heißt es im früheren Abschnitt, Lazarus sei im Herbst mit seinen Kollegen auf den Berg marschiert, erfahren wir nun, es sei *Pfingsten*. Der genaue Zeitpunkt dafür ist jeweils vom Osterdatum abhängig. Nach alter Tradition ist es der fünfzigste Tag nach der Auferstehung Christi, womit der Pfingstsonntag stets in die Zeit zwischen 10. Mai und 13. Juni fällt. In der Apostelgeschichte werden dazu die Erfahrungen der Jünger Jesu geschildert. »Als der Pfingsttag gekommen war, geschah ein Brausen vom Himmel und sie wurden von dem heiligen Geist erfüllt«, heißt es in der Bibel. Auch vom »Pfingstwunder« ist die Rede, bei dem die Jünger Jesu in fremden Sprachen sprechen und andere Sprachen verstehen. Bei Lazarus ist es nicht der Heilige Geist, sondern ein barfüßiger

165

Geistlicher, der plötzlich erscheint. Die Gestalt in der Kutte weiß, wer der Schreiberling ist, denn sie begrüßt Lazarus mit seinem Namen, obwohl sich die beiden zuvor noch nie begegnet waren. Dann wird Lazarus von dem Kuttenträger in den Wunderberg geführt.

Dazu wieder im Originaltext:

»… *sein mir miteinander wiederumb zurückh hinauf gegen den Hochen Thron, da sein wür khommen an ein grosse eiserne Thür, da hat er aufgespört mit ainem Schlissl aus derselbigen Burth, die er getragen hat, und bis an das rechte Thor, ich hab mir nichts gefürcht oder etwas sonders gedacht, und unter dem Thor hat es eine stainene Panckh gehabt, da sagt er zu mir, Lazarus, lege dein Huet dieweil daher auf die Panckh, so magst du wiederumb heraus, oder willst du gar hierinnen bleiben, und dieweil du hierinnen bist, so sprich zu niemand khein Worth, es sag einer was er will, aber mit mir darfst du wohl reden und mich wohl fragen, und mörk auch eben, was du hörest oder syhest bey uns. Mit deme Worthern seyn mir durch das Thor hineingegangen, da ist gestandten ein grosser starckher vieröckheter Thurm und ein Uhr daran mit Gold wohlgeziert, und er sagt zu mir, Lazarus, sich auf die Uhr, auf welche Stund der Zaiger steht, und der Zaiger stundt auf 7.*«

Vor dem eisernen Portal in die Fremde wird Lazarus aufgetragen, seinen Hut auf eine Steinbank zu legen, damit er später wieder unbeschadet in die ursprüngliche Welt zurückkehren kann. Nachdrücklich wird er aufgefordert, während seines Aufenthalts im getarnten Höhlenreich stumm zu bleiben, selbst wenn er von Bewohnern des Berginneren angesprochen werden sollte. Es ist nur erlaubt, mit dem Mönch Gespräche zu führen. Dieser diktiert Lazarus, er solle sich alles, was er sieht, ganz genau merken. Und auch der Faktor »Zeit« spielt wieder eine wesentliche Rolle, denn Lazarus muss wissen, dass es beim Eintritt in die Unterwelt exakt sieben Uhr ist. Warum ist das alles wichtig? Wäre es ein fiktiver, belangloser Märchentext, benötigte es dieser strengen Unterweisung nicht. Zumindest könnte der Geschichtenleser vom Autor erwarten, dass der Sinn dieser Belehrung auch erklärt wird.

Lazarus Günzner schildert, wie er von dem Ordensbruder immer weiter ins Höhlenlabyrinth des Untersberges gelotst wird. Nach einer Weile erblickt er ein prächtiges Gebäude, das ihn an ein Kloster mit zwei goldenen Türmen erinnert. Er sieht einen Brunnen mit fließen-

166

In der Untersberg-Sage wird Lazarus von einem anonymen Mönch ins Innere des Berges geführt, wo ihm ein Zauberreich offenbart wird. (Bild: R. Freisauff, 1880)

dem Wasser, einen finsteren Wald, saftige grüne Wiesen und Obstbäume, die Früchte tragen. Die beiden wandern durch die Klosterpforte und plötzlich stehen sie in einem Raum, der so riesig ist, dass Lazarus kaum das Ende des Kirchenchors erfassen kann. Dort wird er zum »*Sacramentheusl*« gebracht, wo neben einem Stiegenabgang ein

Stuhl steht. Lazarus wird vom Mönch aufgefordert, an der Stelle zu verweilen und sich alles zu merken, was er beobachtet, »*bis ich wider zu dir khomb und dich wöckh führ*«. Hinzugefügt wird: »*Die Kürchen hat mehr als 300 Altär und 30 Orgeln.*« Kaum ist der Mönch fort, »*giengen yber die Stiegen herab 300 Münich, jung und alt, in Holzschuehen*«. Beim Vorübergehen schauen sie Lazarus streng an und bereiten einen Gottesdienst vor. Die Glocken beginnen zu läuten, und »*da khammen vill grosse Schaaren Volckhs gen Kürchen, die mit schönnen, hochzeitlichen Kleydern bekhleidet waren, da hueb man an Meess zu lösen auf allen Altären, man hebt auch das Hochambt mit Andacht und Figuriren, und schluegen auf allen Orglen und brauchten auch allerley musicallische Instrument, es lauthet also wohl und süess.*«

Messe und Menschenmassen wirken auf Lazarus wie eine Projektion aus dem realen Leben. Und doch ist ihm die Sache nicht geheuer, denn er schreibt: »*mich hat gedunckht, ich wer im Himmel*«. Ist Lazarus untergetaucht in eine getarnte »Spiegelwelt«, die parallel zur fassbaren Wirklichkeit existiert?

Der Mann staunt jedenfalls über das Gesehene und berichtet weiter: »*… nach den Seegen gieng das Volckh alles wieder haumb und die Münich die Stiegen wider hinauf.*« Lazarus bleibt allein in der großen Kirchenhalle zurück, »*bis es 12 schlueg, als dann kham derselbige Münich widerumb zu mir und führt mich hinauf yber die Stiegen …*« Er erreicht einen Speisesaal mit »*weithen Kirchenfenster unverglast*«, wo ihm zu essen und zu trinken gegeben wird. Genau zur »*Nonnzeit*«, gemeint ist Punkt drei Uhr nachmittags, wird Lazarus in eine Bibliothek geführt. Wieder sind die Fenster offen, »*dadurch sahe ich auch die Leuth yber den Anger hin und her gehen von ainem Orth oder Waldt zu dem andern, und ich fraget den Münich, wer sie wehren …*«.

Worauf der Mönch antwortet, dass es Menschen »*zu ihrer Zeit*« sind, nämlich ehemalige »*Keyser, König, Fürsten, Grafen, Freyherrn, Ritter und Knecht, Cardinal, Bischoff, Praelaten, Pröbst, Prior, Techant, Pfaarherrn und andere guete geistliche und weltliche Leuth …*«. Zu *ihrer* Zeit? Merkwürdig. Was hat der Schreibgehilfe Lazarus Günzner damals wirklich gesehen? Der Mönch gibt ihm zu verstehen, dass die Personen, die er gerade putzmunter herumlaufen sieht, in Wahrheit aus einer *anderen* Zeit stammen. Liegt darin die Lösung für alle Ungereimtheiten?

Weissagung aus dem Schattenreich

Bei seinem Aufenthalt in der Anderswelt darf Lazarus in geheimen Büchern schmökern,»*die ich sahe, die wahren aus Rindten der Paummen und aus Heuten gemacht, und auch mit alten, besten Buechstaben geschriben, ich kundte gar wenig darinen lesen, aber er leset mirs vor und sagt mirs, was sie inhielten mit ihren Verstandt, und ich fandt auch darinen die silbern Buechstaben, so hievor in der Höllen oder Capell in der Wandt sein eingehaut worden, die ich abgeschriben hab, das zeigt mir der Münich und löst mirs vor …*«*

Es sind offenbar sehr alte Werke. Lazarus blättert darin, doch die Schriftzeichen sind ihm fremd, er kann das Geschriebene kaum entziffern. Der Mönch liest vor, übersetzt und erklärt die Bedeutung. Sogar das Geheimnis des Buchstaben-Codes, mit der die abenteuerliche Geschichte ihren Anstoß nahm, ist in einem der Weisheitsbücher enthalten. Mehr wird aber nicht verraten. Der Leser erfährt nur, dass während des Aufenthalts im Büchersaal auf einmal die »*Vesperzeit*« angebrochen ist, Zeit für Abendgottesdienst und Nachtmahl.

Anschließend wandern beide zum großen Glockenturm mit goldener Uhr. Lazarus erkennt die Pforte wieder, durch die er am frühen Morgen ins Berginnere gekommen war, wundert sich aber über weitere Eingänge:»*Der hat zu bayden Seyten eiserne Thürn beschlossen, auf ieder Seyten 6 …*« Der Mönch erklärt ihm, dass sich hinter jedem dieser zwölf Tore ein Geheimgang befindet, der jeweils zu einem besonderen Ort in der Umgebung führt.

In der Fassung von Lazarus Günzner werden allerdings nur zehn namentlich genannt:»*St. Pärtlmee zu Pertisgaden*« (St. Bartholomä am Königsee in Berchtesgaden),»*St. Zenno bey Reichenhall*« (Kloster St. Zeno in Bad Reichenhall),»*Salzburg St. Ruprecht in Thumb*« (Dom zu Salzburg),»*St. Michael in die Inzel*« (St. Michael in Inzell, westlich von Bad Reichenhall),»*Feldtkhürchen*« (wahrscheinlich Feldkirchen bei Ainring nahe dem Walserfeld),»*Gmain zu Unser-Lieben-Frauen zu Reichenhall*« (Frauenkirche in Großgmain),»*Peter und Paul zu Reichenhall bey der Statt*« (St. Peter und Paul in Bad Reichenhall),»*St. Peter*« (wahrscheinlich St. Peter in Salzburg),»*St. Dionisi*« (St. Dionysius in Vigaun bei Hallein) und »*St. Maximillian*« (St. Maximilian in Maxglan, heute Salzburg). Die zwei anonymen Kirchenportale werden in den Chroniken unterschiedlich angeführt: St. Valentin zu Marzoll (St.

Valentin Kirche in Bad Reichenhall) und ein Gotteshaus in Seekirchen (Seekirchen am Wallersee nahe Salzburg) kommen in die engere Wahl. Noch am selben Abend wird Lazarus zu einer Nachtwanderung eingeladen. Ein Tor öffnet sich und er steigt mit dem Mönch über eine lange Treppe hinunter ins Dunkle. Der Mönch gibt einen kleinen Hinweis: »… *jetzt gehen mir tieff unter ainen See.*« Am Zielort angekommen, nimmt Lazarus wieder an einem Gottesdienst teil und erfährt von zukünftigen Ereignissen. Dann macht sich das seltsame Paar auf den Weg zurück in die Hohlwelt zum Untersberg.

In den folgenden Nächten wiederholt sich die eigenwillige Zeremonie. Lazarus gelangt durch die anderen elf Tore zu wundersamen Plätzen. Hier wird ihm aus »*grossen Buechern*« prophezeit, was sich zukünftig »*in der Welt würd zuetragen und verändern*«. Es ist eine furchterregende Weissagung. Sie wird mit »*Krüeg, Hunger, Theurung, Kranckheiten und Kummer, Angst und Noth und greulichen Sterben der Pestilenz und andern erschröcklhichen, greulichen Todt*« umschrieben.

Bei einem der Rundgänge erblickt Lazarus eine Menschentraube in historischen Gewändern und »*ein kayser unter dem Volckh der hat ein guldene Cron auf trueg einen keyserlichen Scepter in seiner Hand, er hat einen langen gräben Barth, der gieng ihm auf den Laz hinab …*«

Hier knüpft die bekannteste Sage vom Untersberg an, die von einem Kaiser und seinem Hofstaat erzählt. Der Name des Herrschers ist umstritten. Bei Lazarus Günzner ist es »*Kayser Friedrich, der verzückt ist*«. Gemeint ist offenbar der Hohenstaufer Friedrich I., genannt Barbarossa (um 1122–1190). Von ihm wissen wir, dass er sich mehrmals in der Stadt Salzburg aufgehalten hat. Andere Quellen nennen den fränkischen Herrscher Karl den Großen (747–814), Friedrich II. (1194–1250), Friedrich III. (1415–1493) oder Kaiser Karl V. (1500–1558)

Die Szene, in der die Überlieferung spielt, ist immer ähnlich: In einer großen Halle im Berginneren schlummert der Kaiser mit seinem Gefolge in einem todesähnlichen Schlaf. Nur selten, etwa alle 100 Jahre einmal, glückt es einem Sterblichen, dem Gebieter ins Antlitz zu blicken. Es heißt, wenn der lange Bart des Kaisers drei Mal um einen vor ihm stehenden Marmortisch gewachsen ist, steht das Ende der Welt bevor. Und wenn 24 Raben drei Mal um den ganzen Berg kreisen, erwacht der Kaiser aus seinem Tiefschlaf. Aber er muss trotzdem noch in der Anderswelt verweilen, so lange, bis der magische »Zwergenstein«

Zeitgenössische Darstellung vom schlafenden Kaiser und seinem Hofstaat, der angeblich alle hundert Jahre aus seinem Schlaf erwacht, um zu erfahren, ob der Zeitpunkt gekommen sei, mit seinem Heer zum letzten Gefecht gegen den »Antichristen« ins Feld zu ziehen. (Bild: R. Freisauff, 1880)

gefunden worden ist, mit dem die Wunderwesen des Untersbergs in Menschen »umgewandelt« werden können. Erst wenn dies gelingt, so weiß die Sage, kehrt der Kaiser mit seinem Heer zu den Lebenden zurück, um auf dem Walserfeld zum allerletzten Gefecht gegen ungläubige Frevler in die Schlacht zu ziehen.

Historiker erkennen in der Legende eine Wandersage, deren geschichtliche Vorlage auf den deutschen Berg Kyffhäuser zurückgeht.

Der Berg mit 473 Metern Höhe liegt an der Grenze Thüringens zu Sachsen-Anhalt. Dem Volksglauben nach soll dort im Inneren Barbarossa mitsamt seinen Getreuen vor sich hindämmern, um eines Tages zu erwachen, das Reich zu retten und es wieder zu neuer Herrlichkeit zu führen. Die Ähnlichkeit mit der Untersberg-Sage ist unbestreitbar. Aber wer hat von wem kopiert?

Erst ab dem 16. Jahrhundert übernimmt Barbarossa die Rolle des schlafenden Herrschers in der Kyffhäuser-Sage. In früheren Fassungen wird auf Kaiser Friedrich II. Bezug genommen. Legenden über entrückte Helden, die bis zum jüngsten Gericht in einem Berg sitzen, gibt es jede Menge. Sie reichen bis zum mythischen König Artus. In Cheshire im Nordwesten Englands gibt es einen Ort namens Alderley Edge, wo es eine verborgene Höhle geben soll, in der gemäß einer Legende Artus und seine Gralsritter schlafen. Sie warten, wie Kaiser Friedrich, auf die Wiedererweckung, um ihr Land in eine neue Ära zu führen.

Wo und wann diese Vorstellung ihren Anfang nahm, lässt sich nicht mehr eruieren. Es ist jedoch sehr wahrscheinlich, dass auch die Untersberg-Sage vom schlafenden Kaiser in das Salzburger Land »eingewandert« ist. Würde das die Aufzeichnungen von Lazarus Günzner in ihrer Glaubwürdigkeit untergraben? Nicht unbedingt. Die »Barbarossa-Passage« könnte von damals amtierenden Machthabern und der christlichen Obrigkeit hinzugefügt worden sein, was für den Wahrheitsgehalt der Lazarus-Sage spricht: Schreibgehilfe Günzner betont mehrmals, dass er alles, was er im Auftrag des Abtes zu Papier gebracht hat, mit eigenen Augen sehen konnte und »*seynd wahrhafftig*«. Das belegen zudem viele logische Details, die der Autor seinen Beobachtungen beifügt. So erwähnt er nicht nur den alten Kaiser (den er auch umhergehen sieht) und verstorbene Leute, sondern auch etliche Bekannte, die in der realen Welt, aus der er kommt, noch leben. Lazarus ist verwirrt. Ihm ist nicht bewusst, ob diese Wunderbergsbewohner Geister sind oder nicht. Wenn die Personen, die er sieht, aber nicht tot sind, wie können sie dann gleichzeitig im Inneren des Berges wandeln?

Lazarus lässt dieser Widersinn keine Ruhe, intuitiv spürt er, dass irgendetwas nicht stimmt und hakt nach:»... *da fragt ich den Münich, was ihr Thain und Handlung hierinnen sey.*« Das war offenkundig die falsche Frage, denn»... *da hueb er sein Hand auf und gab mir einen entsäzlichen Backhenstreich an das linckhe Wang, denselbigen hab ich*

*all mein Lebtag empfundten, und mich zornlichen angefahren, sprach er
zu mir, was darfst du der Geheimbnus Gottes nachfragen, du solst um
das fragen, was noth zu wissen, der Geheimbnus Gottes darfst du nit
nachfragen oder was ihr Thain hierinnen sey.«* Der wissbegierige Lazarus erhält vom Geistlichen eine Ohrfeige.
Weshalb die Schelte? Manchmal liegt in der Frage bereits die versteckte Antwort. War der pfiffige Schreiberling aus Bad Reichenhall der
Wahrheit zu nahe gekommen?

Zurück in die vertraute Realität

Die Handschrift vermerkt, dass Lazarus Günzner eine Woche im
Untersberg verbrachte, dort ein Zauberreich erblickte, dass spukhafte Gestalten seinen Weg kreuzten und er aus alten Büchern düstere
Zukunftsprognosen erfahren hat. In dieser Zeit muss er keinen Hunger leiden, er wird *»wohl gehalten mit Essen und Trinckhen«*, während
die Untersbergbewohner selbst keinen Appetit verspüren. Waren die
wahrgenommenen Geschöpfe feinstofflicher Natur und benötigten
deshalb keine Nahrung? Wie wirklich war das Gesehene? Beobachtete
Lazarus projizierte Hologramme aus dem Hyperraum?

Nach vielen wunderlichen Erlebnissen erklärt ihm der Mönch am
siebten Tag: *»Lazarus, es ist Zeit, das du wider hinaus gehest, oder willst
du gar hierinnen bleiben, so magst du es wohl thain.«* Gefangen in einer
Parallelwelt? Nein, die Ewigkeit will der junge Mann im Wunderberg
nicht verbringen, denn die dauert bekanntlich sehr lange, besonders
gegen Ende … Also macht Lazarus deutlich: *»… ich sprach, ich will widerumbh hinaus, und er gab mir widerumbh zu essen und trincken wie
zu vor, an denselbigen Orth und gab mir 2 Laibl Brodt auf den Weg …«*
Dann wird Lazarus zu jener geheimen Pforte geführt, durch die er
eine Woche zuvor in die fremde Unterwelt eintauchte.

Für mich ist das eine der brisantesten Stellen in seinem Bericht:
*»… du lebest, darnach hat er mich widerumbh zu den Thurn, dadurch
ich hinein bin gangen, geführt, er sagt zu mir, da sez widerumb dein
Huet auf, und er lag noch wie ich ihn hingelegt hab, er sprach zu mir,
Lazarus schau auf und an die Uhr, da stundt es widerumbh auf 7, als wie
ich hinein bin gangen, er führt mich durch das Thor hinaus, bis an das*

Orth, da er zu mir ist khommen, in dieser Stund ist er noch lang bey mir gewesen und sagt zu mir mehr vill von den kümmerlichen Zeiten, so sein werden und sich zuetragen, und befilcht mir, ich solts fleissig beschreiben und fleissig aufmörckhen, was ich gehört und gesehen hab in disen wunderlichen Berg, alsdan geseegnet er mich und sprach weither zu mir, Lazarus, sich, das du es niemand sagest vor 35 Jahren, also lieb dir dein Leib und Leben ist, so aber die Zeit verlauffen würd, so magst du es wohl sagen ...«

Der Kreis schließt sich. Aber wer versteht den Sinn der Symbolik? Haben wir es mit einer Fantasystory zu tun, die im frühen 16. Jahrhundert angesiedelt ist und erst im 18. Jahrhundert niedergeschrieben wurde? Oder ist es ein Tatsachenbericht, der sich auf ältere Quellen beruft?

Schließt man Schwindel, Halluzination und Traumerlebnis aus, dann ergeben sich drei Hypothesen, eine fantastischer als die andere.

Erstens: Lazarus Günzner hatte an der Todestür angeklopft, war klinisch tot, unternahm eine Seelenwanderung mit Geisterkontakten und kehrte danach wieder zu den Lebenden zurück.

Zweitens: Er ist einer Raumverzerrung zum Opfer gefallen, fiel unfreiwillig in ein »Zeitloch« und fand sich als eine Art »Zeitreisender« in einer anderen Dimension wieder.

Drittens: Parallelweltler, die zeitgleich zur bestehenden Realität existieren, manifestierten sich vor seinen Augen.

Erinnern wir uns: Lazarus wurde beim Eintritt in die Anderswelt untersagt, mit Unterbergsbewohnern zu sprechen. Die einzige Ausnahme war sein geistlicher Pförtner. Die Chronik gibt keine Auskunft darüber, was passiert wäre, wenn Lazarus dieses Verbot gebrochen hätte. Wäre die Kausalität, eines der Grundprinzipien der Physik, verletzt worden? Hätte dies Konsequenzen gehabt für den geschichtlichen Ablauf? Etwa so, wie bei der 1985 gestarteten Kino-Trilogie »Zurück in die Zukunft«?

Der Film erzählt die Geschichte des Schülers Marty McFly, gespielt von Michael J. Fox, der versehentlich per Zeitsprung in das Jahr 1955 zurückkatapultiert wird. In diesem Jahr ist er noch gar nicht geboren. Seine Mutter verliebt sich in ihn, was zu Komplikationen führt. Der junge Mann versucht nun, die ursprüngliche Vergangenheit wiederherzustellen. Gelingt das nicht, was wäre die Folge? Würde die Mutter womöglich nicht seinen Vater heiraten und er gar nicht geboren werden? Wenn er aber gar nicht zur Welt kam, wie hätte er dann eine Zeitreise begehen können?

Dieses Zeitparadoxon gilt für viele Naturwissenschaftler als Hindernis bei der kühnen Idee, in die Vergangenheit zu reisen. Aber nicht alle Physiker betrachten Ausflüge ins Gestern und Vorgestern als unmöglich. Manche räumen ein, dass ein Zeitreisender immer nur den Lauf der Ereignisse bestätigen könnte, egal, was er unternimmt. Um den freien Willen des Menschen stünde es dann allerdings schlecht, weil bei diesem Modell das Schicksal schon vorherbestimmt wäre.

Den Ausweg aus diesem Dilemma bietet wiederum eine Deutung der Quantenphysik, wonach unser Universum nur eines von unendlich vielen Paralleluniversen ist. »Ein Zeitreisender wäre demnach einfach der Auslöser für eine alternative Weltgeschichte, die nicht derjenigen entspricht, aus der er stammt. Sie fände in einem anderen Universum statt«, stimmt der deutsche Astrophysiker Niels Boeing zu und ergänzt: »Der freie Wille wäre gerettet, aber wie könnte der Zeitreisende sicherstellen, dass er bei der Rückkehr seine ursprüngliche Welt wiederfindet?«

Exakt diese Problematik wird in der Lazarus-Sage elegant gelöst, zwar nur symbolisch, aber doch genial. Kehren wir noch einmal zum Auftakt der Geschichte zurück und erinnern uns an den Augenblick, als der Sprung in die Anderswelt glückte. Lazarus wird aufgefordert, seinen Hut auf eine Bank vor das Portal zu legen, denn nur *»so magst du widerumb heraus, oder willst du gar hierinnen bleiben«*. Lazarus soll sich gut merken, dass die Turmuhr 7 Uhr geschlagen hat. Was das Ritual bedeutet, erfahren weder er noch die Leser. Bei der Rückkehr das gleiche Spiel, der Uhrzeiger steht wie bei seinem Eintritt auf 7. Er muss den Ort verlassen, sofern er nicht für immer im Untersberg bleiben will. Als er sich von der »Spiegelwelt« trennt, liegt sein Hut völlig unverändert auf der Bank, *»wie ich ihn hingelegt hab«*, obwohl angeblich inzwischen eine Woche vergangen war. Kein Regen, kein Windhauch, nichts hat den Hut vom ursprünglichen Platz gefegt, so als hätte er ihn eben erst hingelegt.

Lazarus wird abermals ermahnt, sich alles, was er gehört und gesehen hat, genau zu merken und fleißig aufzuschreiben, und er erhält den ausdrücklichen Befehl, wenn ihm sein Leben lieb sei, dürfe er vor Ablauf von 35 Jahren niemandem davon erzählen. Wieder ein Zeiträtsel, das schleierhaft bleibt. Warum jahrzehntelanges Schweigen? War-

175

um wäre sein Leben gefährdet, wenn er sich nicht daran halten würde? Lazarus jedenfalls hält sich an das strikte Gebot. In späteren Versionen heißt es, dass ihn Stadtpfarrer und Stadtschreiber wegen seiner langen Abwesenheit zur Rede stellten, er jedoch schwieg und ihnen nur die Abschrift der in der Klamm gefundenen Felszeichen übergab.

Welches Geheimnis bewahren die Hieroglyphen? Könnte das Fazit aus der Übersetzung sinngemäß lauten: »Ihr Menschen der anderen Realität seid im Multiversum nicht alleine«?

Unheimliche Begegnungen aus jüngerer Zeit

Welche Schlüsse dürfen wir aus den alten Untersberg-Mythen ziehen? Erkennen wir ihren wahren Kern? Skeptiker werden einwerfen, dass Geschichten über Zeitportale, verschwundene Menschen und Kontakte mit Zwergen aus dem Aberglauben früherer Zeiten entstanden sind, die der aufgeklärte Mensch von heute nicht mehr ernst zu nehmen habe. Aber wie zum Trotz passieren rund um den Wunderberg nach wie vor höchst merkwürdige Dinge, die jedem *vernünftigen* Deutungsversuch widersprechen.

Dazu zählt ein Erlebnis, das Mitte der 1970er-Jahre dem Berchtesgadener Zahnarzt Eugen Köberle widerfahren sein soll. Auf einer von ihm selbst besprochenen Tonbandkassette sind die Geschehnisse dokumentiert. Demnach wanderte der Arzt am 18. August 1975 von Ettenberg Richtung Almbachklamm und wurde dabei von einem schweren Unwetter mit Hagelschlag überrascht. Köberle irrte stundenlang umher, bis er spätabends schließlich am Ende der Klamm unter dem Berchtesgadener Hochthron die einsame Auergrabenhütte entdeckte. Das Haus war unbewohnt und versperrt, aber im Schutz des Vordaches fand er auf einer Holzbank eine notdürftige Schlafstätte. Blitz und Donner rissen ihn mehrmals aus den Träumen. Als er im Morgengrauen wieder einmal aufschreckte, erkannte er vor sich eine kleine Gestalt.

Köberle im Tonbandprotokoll: »Es war ein Zwerg. In diesem Moment erinnerte ich mich an die alten Legenden, wo Menschen von Gnomen in die Hohlwelt des Wunderberges gelockt wurden, von der man munkelt, es könnte sich um eine Art Energiezentrum, ja sogar um eine UFO-Basis handeln.«

Eugen Köberle behauptete, 1975 von einem geheimnisvollen Zwerg in den Untersberg geleitet worden zu sein. (Bild: Archiv Reinhard Habeck)

Mit einer stummen Handbewegung soll das Männlein ihn zum Mitkommen aufgefordert haben. Wie hypnotisiert erhob sich der Bergwanderer von seiner harten Liegestatt und machte sich mit dem Knirps auf den Weg. »Regen und Wind waren mir dabei völlig egal. Ich war nur noch bestrebt, den vor mir herstapfenden Zwerg nicht aus den Augen zu verlieren«, erläutert Köberle in seinen Aufzeichnungen. »An einer Höhle im Fels des Untersberges machten wir Halt, und wieder winkte mein kleiner Führer nachzukommen, aber was ich dann im Inneren des Berges gesehen und erlebt habe, soll und muss mein Geheimnis bleiben. Denn so wurde es mir aufgetragen, und so gedenke ich es auch zu halten …«

Wie schon Jahrhunderte früher Lazarus Günzner soll Köberle ebenso eine Woche im Gebiet des Untersbergs zugebracht haben. »Die unvorhersehbare Begegnung hat mein weiteres Leben geprägt, und ich schwöre, dass es sie wirklich gegeben hat.« Die wahren Hintergründe der Geschichte bleiben ungeklärt. Der Zahnarzt nahm das Rätsel mit ins Grab, er verstarb 1979.

Nicht weniger mysteriös mutet das Erlebnis von Ingomar von Lex an. Der heute 56-jährige österreichische Vertreiber biologischer Nahrungsmittelzusätze war 1956 für Stunden im Untersberg verschwunden. Er war damals ein nicht mal 3-jähriger Bub, der gerne auf dem großen Familienanwesen am Südhang des Untersbergs herumtollte. Da bei diesen Ausflügen stets Schäferhund Jacky beschützend bei ihm war, machten sich die Eltern keine Sorgen. Doch eines Tages im Mai waren der Kleine und sein vierbeiniger Begleiter verschwunden. Trotz intensiver Suche fehlte von den beiden jede Spur.

Sein Vater Hjalmar von Lex hatte zu jener Zeit die Geschehnisse aufgeschrieben und meinem Autorenkollegen Peter Krassa († 2005) und mir für unser 1993 erschienenes Sachbuch »Die Palmblattbibliothek« zur Verfügung gestellt. In den originalen Notizen des Barons heißt es:»Diesmal war Ingomar nach dem Frühstück um 9 Uhr fortgegangen und zu Mittag immer noch nicht zurück, auch der Hund war unauffindbar und lautes Rufen meinerseits, das vom Hund stets durch Bellen beantwortet wurde, blieb aus.«

Erst nach 14 Uhr tauchte ein gut gelaunter Ingomar mit dem Hund wieder auf. Der Bub war sich der langen Abwesenheit offenbar nicht bewusst. Als nämlich der Vater von ihm wissen wollte, wo er gewesen sei, kam die überraschende Antwort:»Ich war bei einem Freund, einem Zwergerl.« Dieses»Untersberg-Mandl«, so erzählte Ingomar, hätte ihn im Wald hinter dem Haus angesprochen und in eine Höhle geführt. Auch der sonst Fremden gegenüber misstrauische Schäferhund war dabei. Durch einen schmalen Gang,»der gar nicht finster war«, kamen sie zu einem See, wo sich viele Leute aufhielten.»Was waren das für Leute?«, fragte der erstaunte Vater und dachte an Höhlenforscher. Ingomar verneinte und sagte:»Das waren andere Leute, die waren alle durchsichtig, ja, man hat durch sie richtig durchschauen können, aber sie waren nicht böse.« Nachdem die »Durchsichtigen« versprochen hatten, sie würden Ingomar von nun an beschützen, brachte das Zwergerl ihn und Jacky wieder zum Höhlenausgang zurück. Dann, so erzählte Ingomar, seien sie gleich nach Hause spaziert. Der Bub glaubte, »nur kurz« von daheim weggewesen zu sein. In Wirklichkeit war ein halber Tag vergangen. Minuten hatten sich zu Stunden gedehnt.

Ingomar von Lex 1956: Der Junge war stundenlang spurlos verschwunden. Als er unvermutet wieder auftauchte, erzählte er seinem Vater, er sei im Untersberg gewesen und habe »durchsichtige Menschen« gesehen. (Bild: Hjalmar von Lex)

Ingomar von Lex heute. Er las die Aufzeichnungen seines Vaters, der festgehalten hatte, dass der Bub im Untersberg Seltsames erlebte, und machte erneut Bekanntschaft mit dem Unerklärlichen. (Bild: Ingomar von Lex)

Dem erwachsenen Ingomar von Lex ließen die Aufzeichnungen seines Vaters keine Ruhe. Er vermochte sich nicht mehr an die Einzelheiten von damals zu erinnern. Lange Zeit nahm er deshalb an, seine Kindergeschichte beruhe auf Einbildung. Das änderte sich mit der Teilnahme an einem Meditationsseminar, wo Ingomar von Lex als geistige Rückführung noch einmal miterlebte, was ihm als Kind widerfahren war. Die wiedergewonnene Erinnerung deckt sich mit den Notizen seines

Vaters. Seither zog es den Mann immer häufiger hinauf zum Untersberg. Und tatsächlich, bei einer seiner Wanderungen fand von Lex jene Stelle wieder, wo er als kleines Kind von einem Zwergerl aufgefordert wurde, ihm zu folgen. Er habe sich dabei gefühlt, als wäre er »nach Hause gekommen«.

Ingomars Vater vermutete aus den Schilderungen seines Sohnes, dass der wundersame Platz im Gebiet des in den 1930er-Jahren eingestürzten »Drachenlochs« (1247 Meter) gewesen sein dürfte. Das aber will dieser nicht bestätigen und hält den genauen Standort geheim, um den »schönen Platz vor allzu neugierigen Augen zu schützen«. Was ihn dort besonders bewegt: Bei einem seiner Besuche sei es wiederum zum Kontakt mit fremden Wesen gekommen, die er sogar auf Fotos festhalten konnte. Optische Täuschung? »Keineswegs«, betont Ingomar von Lex, »diese Wesen sind winzig, oft nur einen Daumen groß, und man sieht sie etwa so, als würde man durch ein Glas schauen.«

Die Wahrnehmung stimmt mit vielen Untersberg-Sagen überein, wonach »Untersberg-Mandln« die Fähigkeit besitzen sollen, sich mittels Tarnkappe unsichtbar zu machen. Bemühungen, der kleinen Untersberger habhaft zu werden, scheiterten den alten Legenden zufolge immer kläglich. Einmal beobachtete ein Bauer drei Kobolde, die sich beim »Brünnlein bei der Seebühelbrücke« aufhielten. Er schlich sich leise heran und wollte sie fangen, »aber als er sie zu packen meinte, hatte der Bauer nichts mehr in den Händen«. Die Männlein hatten sich unsichtbar gemacht.

Ein Ammenmärchen, erfunden wie Harry Potters Tarnmantel? Das ist doch völlig klar, sagen skeptische Rationalisten. Anders sehen das die Wissenschaftler der Duke Universität von North Carolina in der amerikanischen Stadt Durham. Der Projektleiter David Schurig und seine Kollegen bewiesen im Experiment, dass das Unsichtbar-Machen im Prinzip funktioniert und die Entwicklung einer »echten« Tarnkappe bald Realität sein könnte. Vor wenigen Jahren gelang im Labortest der erste Schritt dazu. Dabei wurden elektromagnetische Wellen um ein Objekt herumgelenkt, statt von ihm reflektiert zu werden. Dort, wo vorher etwas war, ist es so, also wäre nur leerer Raum. Die Tests glückten zunächst nur im Mikrowellenbereich, wie sie etwa von Satelliten und Handys benutzt werden.

Im Januar 2009 gelang dann ein weiterer bedeutender Fortschritt mithilfe neuer und spezieller Hightechmaterialen. Ihre Eigenschaften

Das sagenhafte Drachenloch am Untersberg vor dem Einsturz 1930. Ticken die Uhren an bestimmten Plätzen anders als in unserer Realität?
(Bild: Archiv Reinhard Habeck)

verdanken sie nicht der chemischen Zusammensetzung, sondern einer speziellen Struktur, die in der Natur nicht vorkommt. Auf ihrer Oberfläche wiederholen sich bei bestimmter Anordnung tausendfach winzige Nanostrukturen, die kleiner sind als die Wellenlänge der einfallenden Strahlung. »Das komplexe Material kann damit einfacher dem sichtbaren Licht angepasst werden«, erklären die Wissenschaftler, die ihre Studien auch im altehrwürdigen Fachmagazin »Science« veröffentlichten. Anders ausgedrückt: Mit dieser Methode können Objekte, egal welcher Größe, nicht nur für das Radar unsichtbar gemacht werden, wie etwa bereits beim Stealth Bomber der amerikanischen Luftwaffe, sondern sie verschwinden auch für das menschliche Auge. Nur logisch, dass sich vor allem die Militärs für die neuen Technologien interessieren und weitere Forschungsstudien finanzieren.

Wenn Fantasy ein wissenschaftlicher Fakt wird, stellt sich die Frage, ob nicht auch sagenhafte Berichte über beobachtete Wesen, die plötzlich erscheinen und ebenso schnell verschwinden, neu bewertet werden müssen. Das Gleiche gilt für Fotos, wo Unsichtbares nach der Entwicklung sichtbar wurde. Den Niederösterreichern Hans († 2009) und Martina Fichtenbauer ist es bei einem Ferienausflug in den Schweizer Alpen so ergangen. Im August 2005 wanderte das Paar auf der Griesalp im Berner Oberland nördlich des Dreispitzes (2520 Meter) nahe beim Tschingelsee. Mit ihrer Videokamera filmten sie das reizvolle Bergpanorama und nahmen einen alten, abgestorbenen Baum ins Visier. Fassungslos betrachteten die Fichtenbauers später ihre Aufnahmen: Eine Sequenz zeigt in der Aushöhlung des Baumes die Gestalt eines Zwerges. Nur eine kuriose Lichtspiegelung oder mehr? Das Ehepaar schwört, dass an den Aufnahmen nichts manipuliert worden ist.

Wer weiß wirklich, wie viel Realität in den Märchen von Naturgeistern, Kobolden, Tarnkappen und unsichtbaren Welten steckt?

Clark Darlton und »Die neun Unbekannten«

Wenn Sie behaupten, Sie seien von kleinen grauen Kreaturen in ein UFO verschleppt worden, kann es leicht passieren, dass Sie zum Gespött Ihrer Umgebung werden oder den Spitznamen »Lügenbaron« verliehen bekommen. Anders bei Science-Fiction-Autoren: Von ihnen wird blühende Fantasie geradezu verlangt. Je unwirklicher, desto besser.

Ein Meister seines Genres war der deutsche Humanist und Schriftsteller Walter Ernsting (1920–2005). Mit positiven Utopien schrieb sich der Visionär seit den 1950er-Jahren in die Herzen vieler Menschen. Nahezu 400 fantastische Romane und Kurzgeschichten hat Ernsting bis in die 1990er-Jahre veröffentlicht. Seinen ersten literarischen Wurf landete er mit einem raffinierten Geniestreich. Weil sein damaliger Verleger Romane unbekannter deutscher Autoren ablehnte, erfand er (als Herausgeber und Übersetzer der ersten deutschsprachigen Science-Fiction-Reihe UTOPIA) den Autor Clark Darlton. Unter diesem Pseudonym bot er seinen eigenen Roman »UFO am Nachthimmel« als angebliche Übersetzung aus dem Amerikanischen an. Als der Trick aufflog, hatte der Name »Darlton« längst Kultstatus erlangt. Nur ein Narr hätte jetzt die Erfolgsrakete Darlton noch zum Stoppen gebracht.

Mit der wöchentlich erscheinenden Romanreihe »Perry Rhodan – Der Erbe des Universums«, die er gemeinsam mit Karl-Herbert Scheer (1928–1991) erfand und 1961 aus der Taufe hob, erreichte der »Vater der deutschen Science-Fiction« schließlich ein Millionenpublikum. Mit weit über einer Milliarde gedruckter Schriften avancierte »Perry Rhodan« zur erfolgreichsten Science-Fiction-Romanreihe weltweit. Ursprünglich angedacht für 30 Ausgaben, wurde Band 2500 längst übersprungen. Heute sorgt rund ein Dutzend Autoren für eine spannende Fortsetzung der kosmischen Abenteuer.

Für Walter Ernsting waren »Ad Astra! – Auf zu den Sternen!« und das Streben nach einer geeinten Menschheit Leitmotive seines literarischen Schaffens. Zu einer Zeit, als bemannte Flüge zum Mond von manchen Wissenschaftlern noch als Ausgeburten der Fantasie angesehen wurden, wusste Ernsting bereits von der kosmischen Bestimmung des Menschen. Wissenschaft und Technik verändern unser Weltbild mit atemberaubender Geschwindigkeit. Viele seiner utopischen Vorstellungen wurden von der Realität überflügelt. So sagte Ernsting 1956 im Roman »Die Zeit ist gegen uns« die erste bemannte Mondlandung für das Ende der 1960er-Jahre voraus, den ersten Satelliten für 1958 und den Marsflug durch Sonden für 1970. »Im Grunde ist alles realisierbar, was der menschliche Verstand erfindet. Gäbe es nicht politische und andere Probleme, insbesondere wirtschaftliche, so lebten wir sicherlich schon heute in der Zukunft«, hat er mir einmal im Gespräch diktiert und dabei aussichtsreich ergänzt: »Selbst der Flug zum Alpha Centauri ist eines Tages auch keine Utopie mehr.« Mit einer Einschränkung: »Vorausgesetzt, das Raumfahrtprogramm wird nicht eingestellt und die Menschheit ist intelligent genug, sich nicht zu vernichten.«

Die globale Schicksalsfrage ist auch Thema seines letzten, serienunabhängigen Romans »Die neun Unbekannten«. Der Klassiker wurde 1983 erstmals veröffentlicht und ist später unter dem Titel »Die unterirdische Macht« neu aufgelegt worden. Darin beschreibt der Autor das Wirken einer uralten, geheimnisvollen Elite, die die Entwicklung der Menschheit mit überlegenen technischen Mitteln überwacht und beeinflusst. Einige Menschen ahnen die Wahrheit. Durch Zufall stößt ein Mann auf die Spur der »Neun Unbekannten« und sein Leben verändert sich seitdem radikal. Er selbst wird in den Geheimbund der »Weltlenker« aufgenommen, nachdem er die Prüfung bestanden hat. Ernstings Roman gibt den sensationellen Bericht dieses Mannes wieder. Zeitanomalien, Untersberg und unerforschte Höhlen spielen dabei eine zentrale Rolle.

»Nichts ist fantastischer als die Wahrheit!«, schreibt Ernsting im Buch »Die neun Unbekannten«. Aber was ist wahr? Und ist es überhaupt ein fingierter Roman? Wie bei Lazarus Günzners historischen Aufzeichnungen über die Entdeckung einer Parallelwelt lesen sich die Texte so, als hätte der Schreiber alles selbst miterlebt. Hat er es womöglich? Was beruht auf Fakten, was ist dichterische Freiheit? Das fragen sich manche Leser, die den Spuren von Clark Darlton gefolgt sind. Mit Vorliebe hat der Autor tatsächlich lebende Personen und Ereignisse, die wirklich stattgefunden haben, in tollkühne Handlungen eingebaut, eine Ehre, die 1985 auch mir zuteil wurde. In der Geschichte »Krumme Geschäfte« spielt der Protagonist Habeck einen Weltraumagenten, der sich auf dem 4000 Lichtjahre von der Erde entfernten »Dreiackers Planet« als Besitzer der »Pinte zum Rüsselmops« tarnt. »Perry Rhodan«-Leser glaubten lange Zeit, »Habeck« sei eine Erfindung von Clark Darlton. Das amüsierte Walter Ernsting königlich.

Die gewitzte Vermischung zwischen Authentischem und Fiktion ist ihm besonders 1979 mit dem Prä-Astronautik-Thriller »Der Tag, an dem die Götter starben« gelungen. Darin hat er sich selbst und Götterforscher Erich von Däniken zu Hauptdarstellern gemacht. Der Dokumentarroman handelt von einer kleinen, steinernen Sphinx, die das Geheimnis der außerirdischen Götter bewahrt. In einer entlegenen Andenfestung existiert eine fortgeschrittene Zivilisation, die an Raum und Zeit nicht gebunden ist.

Ähnlich die Situation im Buch »Die neun Unbekannten«: Auserwählte sind im Besitz geheimen Wissens und lenken aus dem Verborgenen die Geschicke der Welt. Gerüchte über mächtige Geheimgesellschaften, die im Hintergrund ihre politischen, wirtschaftlichen und okkulten Fäden ziehen, gibt es viele. Verschwörungstheoretiker haben ihre Freude daran und behaupten, »Illuminaten«, »Skull and Bones« und andere getarnte Organisationen hätten längst die Weltherrschaft übernommen. Wahr ist: Berichte über geheime Bünde, die anonym und diskret agieren, sind seit Anbeginn der Antike überliefert. Der Mythos von den »Neun Unbekannten« gehört dazu. Die historische Quelle führt zu Kaiser Ashoka (um 305 v. Chr. – 232 v. Chr.). Der ehemals blutrünstige Herrscher der altindischen Maurya-Dynastie schwor nach dem Massaker von Kalina (heute das Gebiet Orissa in Nordindien) der Gewalt ab und konvertierte zum Buddhismus. Er verzichtete auf weitere Eroberungen und ließ die Prinzipien einer gewaltfreien Gesellschaft verbreiten. Nicht nur in seinem Imperium, auch in Nepal, China, Tibet und der Mongolei fand Kaiser Ashoka viele Anhänger, wobei er andere Religionen und Glaubensbekenntnisse akzeptierte. Fortan lebte er tugendhaft, schaffte den Kult der Tieropfer ab, predigte eine vegetarische Lebensweise, förderte die soziale Wohlfahrt und widmete sich gezielt der Friedensförderung. Er verbot die Kriegsführung und wollte für alle Zeiten sicherstellen, dass Errungenschaften des menschlichen Geistes nicht mehr als Waffen missbraucht werden können. Von nun an sollten alle Forschungen und Erkenntnisse über die Substanz der Materie und der Energien bis hin zu massenpsychologischen Techniken nur wenigen Eingeweihten reinen Herzens zugänglich sein. Die Legende erzählt, Kaiser Ashoka habe vor über zwei Jahrtausenden gemeinsam mit nahezu überirdischen Wesen den Geheimbund der »Neun Unbekannten« gegründet. Diese hochintelligenten Hüter des Wissens hatten die Aufgabe, neun einzigartige Bücher zu schreiben. Damit sollten die zukunftsweisenden Kenntnisse der Menschheit im Geheimen bewahrt bleiben. Neun Unbekannte, neun Bücher, neun Wissensgebiete: Psychologische Kriegsführung; Physiologie; Mikrobiologie; Umwandlung von Elementen; irdische und nichtirdische Kommunikation; Gravitation; Kosmogonie; Licht; Evolution.

Der springende Punkt: All diese Wunderwerke haben – wie die Fortsetzungsserie »Perry Rhodan« – kein absehbares Ende. Die heimlichen Bücher werden laut Mythe fortlaufend über die Jahrhunderte von einem Mitglied des exklusiven Zirkels weitergeführt. Ist die Zeit eines »Unbekannten« abgelaufen, erbt ein würdiger Nachfolger den Wissensschatz und ergänzt ihn mit neuen Einsichten. Ein »Unbekannter« der Gegenwart wäre mit dem angesammelten Erfahrungsschatz von 2000 Jahren im Besitz unvorstellbarer Macht. Aber kein Normalsterblicher würde davon erfahren, denn das wichtigste Gebot der Geheimnisträger lautet: absolutes Stillschweigen.

Nimmt man den Mythos beim Wort, kann man darüber grübeln, wer die erlauchten Mitglieder im Roulette der »Neun Unbekannten« waren. Einer fantastischen These folgend könnten es unsterbliche, nicht irdische Wesen oder Zeitreisende sein, die über die Jahrhunderte verschiedene Identitäten angenommen haben. Es gäbe eine ganze Galerie genialer Alchemisten, Mystiker und historischer Geistesgrößen, die ins Bild eines solch übermächtigen Bundes passen würden: Leonardo da Vinci, John Dee, Albertus Magnus, Paracelsus, Roger Bacon oder der Graf von Saint-Germain wären aussichtsreiche Kandidaten.

Die französischen Autoren Louis Pauwels (1920–1997) und Jacques Bergier (1912–1978) nennen in ihrem Wälzer »Aufbruch ins dritte Jahrtausend« einen Kontaktmann zum Geheimbund: Papst Silvester II. (um 940–1003), der auch unter dem Namen Gebert von Aurillac bekannt ist. Sein Wissen von der Mathematik, Astronomie, Philosophie und den Naturwissenschaften war für die damalige Zeit enorm und brachte ihm den Ruf eines Hexenmeisters ein. Es heißt, der Benediktinermönch habe seine erstaunlichen Kenntnisse bei einer Indienreise erworben. Die Begegnung mit einem der »Neun Unbekannten« soll dann vor Ort der Auslöser für den »Intelligenzsprung« gewesen sein. Fest steht, dass Gebert eine Frühform der arabischen Ziffern einführte, eine mechanische Uhr, eine Dampforgel und andere »Zaubergeräte« erfand. Und er soll der Legende nach einen mechanischen Bronzekopf besessen haben, der auf weltliche und geistige Fragen mit »Ja« und »Nein« antworten konnte. Nach dem Tod Silvesters II. sei das »magische Haupt« eiligst zerstört worden, weiß die Kirchenchronik. Eine binäre Maschine, Vorläufer der Computer, konnte vor mehr als 1000 Jahren von nicht Eingeweihten nur als Teufelswerk verstanden werden.

Mythos oder Realität? Walter Ernsting selbst sagt:»Ich vermute, dass es die neun Unbekannten gibt, jedenfalls stelle ich es mir so vor, aber für ein wissenschaftliches Sachbuch reicht die These nicht. Ich habe die Idee deshalb in einem lebendigen Roman verpackt, denn ob die Wächter der Menschheit wirklich existieren, lässt sich weder beweisen noch widerlegen.«

In seinem Buch nennt Ernsting die hypothetischen Plätze, wo »Die neun Unbekannten« ihre Geheimbasen mit den Büchern der Macht vor der Öffentlichkeit verborgen halten: Mount Aylmer in Kanada, Pedra Gávea in Brasilien, das Shangri-La-Tal in Tibet, Karisimbi in Afrika,

Links: Vor mehr als 2000 Jahren soll der altindische Kaiser Ashoka mit übermächtigen Wesen den geheimen Bund der »Neun« gegründet haben. Sie sollen seither das Geschick der Menschheit beeinflussen.
(Bild: Archiv Reinhard Habeck/Quelle: www.obskuristan.com)

Rechts: Walter Ernsting alias Clark Darlton: Was wusste der Zukunftsdenker über »Die neun Unbekannten«?
(Bild: Archiv Reinhard Habeck)

der Mount Woodroffe in Australien, Gebiete im Bermudadreieck zwischen Florida, Puerto Rico und den Bahamas, der Mount Shasta in den USA und »unser« geheimnisumwitterter Untersberg: Orte, wo immer wieder von Zeitverschiebungen und ungeklärten Vorfällen berichtet wird.

Auch über Lazarus Günzner hieß es, er sei einer geheimen unterirdischen Bibliothek ansichtig geworden und durfte in wissenschaftlichen Werken schmökern, konnte die fremdartigen Buchstaben aber nicht entziffern. Gibt es eine Verknüpfung zu den Weisheitsbüchern der »Neun Unbekannten«? War der anonyme Mönch, der Lazarus in den Untersberg führte, Mitglied des exklusiven Vereins?

Walter Ernsting geht in seinem Roman darauf nicht ein. Es gibt aber noch einen Aspekt, der mit den Aufzeichnungen von Lazarus verbunden ist: der Platz bei der Kirche St. Maximilian. Er liegt in Maxglan im Westen der Stadt Salzburg. In der »Lazarus-Sage« ist es einer der zwölf wundersamen Orte, die vom Untersberg durch heimliche Gänge erreichbar sind. Gotteshaus und angrenzender Friedhof werden seit dem 14. Jahrhundert urkundlich erwähnt. Im Januar 2005 fand Walter Ernsting alias Clark Darlton hier seine letzte Ruhestätte. Neben dem Grabstein ragt ein kleiner Felsblock heraus. Auf ihm ist ein Bild angebracht, das den Schriftsteller sitzend in einem Raumschiffstuhl zeigt. Auf seinem Schoß hockt Mausbiber »Gucky«, ein pelziger, blitzgescheiter Zwerg mit großen Ohren, Spitzzahn und übermenschlichen Psi-Kräften. Der freche »Retter des Universum« ist einer der beliebtesten Außerirdischen in der Science-Fiction-Literatur, könnte aber genauso gut aus einer Höhle im Untersberg gehüpft sein.

Weltraumheld »Gucky« machte Walter Ernsting unsterblich. Ob der geniale Zukunftsdenker jemals mit einem Vertreter des »Neuner-Bundes« Kontakt hatte? Wer weiß? Wenn es die »Weltlenker« tatsächlich gibt oder gegeben hat, dann könnte Walter Ernsting einen der neun persönlich gekannt haben. Geäußert hat er sich in diese Richtung unter Freunden, überprüfbar ist dies leider nicht mehr. Und dass der Fantast vielleicht selbst ein kosmischer Eingeweihter gewesen wäre, können wohl nur Träumer ernsthaft glauben. Mit der Vorstellung humorvoll kokettiert hat er aber immer gerne.

Ein nachweislich 2500 Jahre altes behelmtes Keramikköpfchen, das aus einer Höhle in Ecuador stammt, ist durch die verblüffende Ähnlichkeit zum Weltraumhelden »Perry Rhodan« berühmt geworden.

Als ich Walter Ernsting ein Foto davon zeigte, reagierte er mit gespieltem Ärger: »Waaas? Haben die Halunken schon damals meine Ideen geklaut?« Und verschmitzt fügte er hinzu: »Na ja, ich lasse halt überall etwas herumliegen – und nachher finde ich es nicht mehr wieder …«

Die »Geisterhöhle«

Höhlen sind magische Plätze, die unsere Fantasie seit frühgeschichtlicher Zeit beflügeln. Könnten es auch Eingänge in andere Dimensionen sein? Utopische Gedanken, die im Untersberger Sagenschatz unerschöpfliche Nahrung erhalten. Rund 250 Kraftplätze soll es rund um den Wunderberg geben, wo seit früher Epoche Zeitverluste, Veränderungen im Bewusstsein und andere unerklärliche Phänomene bis zum heutigen Tag wahrgenommen werden.

Der Untersberg ist das höhlenreichste Gebirge der Alpen. Es ist mit gigantischen Hohlräumen durchzogen wie ein Schweizer Emmentaler. Als längster Stollen gilt das »Windlöcher-System« mit über 16 Kilometern Ausdehnung. Wie viele Höhlen tatsächlich existieren, kann nur geschätzt werden. Etwa 400 sind bekannt, aber nur knapp die Hälfte davon wurde wissenschaftlich erforscht, vermessen und katalogisiert. Kreativ ihre Namensnennung wie »Ausfallgang«, »Bibelforscherdoline«, »Bierfasslhöhle«, »Blätterteigschacht«, »Hundsrückenhöhle« »Orgelpfeifenschacht«, »Nixloch« oder »Sackloch«.

Erst im 19. Jahrhundert gelang es Höhlenforschern, das Innere des Berges genauer zu erkunden. Wieso aber gibt es dann viele Zeugnisse über »in den Berg entrückte« Menschen, die bereits Jahrhunderte zuvor »endlos lange und riesige Hallen« sowie »unterirdische Seen« bildlich beschreiben? Wie erklärt sich, dass von Dingen erzählt wird, die gemäß unserem Wissensstand anno dazumal noch unbekannt gewesen sein müssten? Gleiches gilt für die in der Lazarus-Sage erwähnten zwölf unterirdischen Verbindungsgänge zu Untersberger Ortschaften. Die Angaben decken sich mit den jüngsten Entdeckungen im Wunderberg. Wirklich nur Zufälle?

Im Juli 2008 gelang deutschen Forschern im mächtigen Bergstock ein Höhentiefenrekord. Mitglieder der »Arbeitsgemeinschaft für Höhlenforschung Bad Cannstatt« stiegen auf 1879 Metern in die »Riesending-Schachthöhle« ein, überwanden einen engen Stollen, der bisher als Höhlenende galt und seilten sich über tiefe Schluchten einen Kilometer (!) ins Berginnere ab. Während der fünftägigen Expedition wurden 800 Meter neue Gänge lokalisiert und riesenhafte Gewölbe erkundet. Was besonders verblüfft: In 930 Metern Tiefe stießen die Kletterprofis auf einen See, der nur mit dem Schlauchboot überquert werden konnte. Das 70 Meter lange Gewässer befindet sich im Höhenniveau der Ortschaft Ettenberg. »Einen Ausgang haben wir leider nicht gefunden«, bedauert der Expeditionsteilnehmer Thomas Matthalm. Er und seine Kollegen wissen aber, dass sie noch nicht am Ziel sind: »Die Riesending-Höhle führt vermutlich 150 Meter weiter in die Tiefe, dann kommen wir ans Grundwasser.« Somit können nach außen führende horizontale Seitengänge nicht ausgeschlossen werden. Starker Luftzug, der in der Unterwelt spürbar war, ist ein Indiz dafür. Die Experten glauben jene Stelle zu kennen, wo sie irgendwann nach weiteren Vorstößen herauskommen könnten: Fürstenbrunn im Norden des Untersbergs.

Der kleine Ort gehört zur Gemeinde Grödig und ist mit der Untersberger Sagenwelt eng verflochten. Hier sprudeln die wichtigsten Quellen, liegen die Zentren der Marmorsteinbrüche sowie Siedlungsspuren der Kelten und Römer und eine Reihe geheimnisvoller Höhlen: die Stadt Salzburg mit Trinkwasser versorgende »Quellhöhle«, die »Oberen Fürstenbrunnhöhlen«, der »Doppelschacht«, der »Brunntalschacht« und das »Karlsohr«. Mit dieser kleinen Schachtöffnung hat es seine besondere Bewandtnis. Der Volksglaube besagt, dass Menschen, die in die Tiefe hineinhorchen, Kaiser Karl (oder einen anderen verstorbenen Helden) hören können. Vielleicht ein Überbleibsel aus heidnischer Zeit, als der finstere Spalt unter anderem Namen für Götterorakel Verwendung fand? Noch heute wird das »Karlsohr« gerne für »Loslassrituale« genutzt, indem ein Stein, der symbolisch mit etwas belegt wird, was man loswerden möchte, in den dunklen Schacht geworfen wird.

Des Seltsamen nicht genug, soll es einen unterirdischen Gang geben, der durchs »Karlsohr« vorbei an vielen Klüften und unnahbaren Wegen zum sagenhaften Walserfeld und einem wunderbaren Birnbaum führt. Wie bereits in der alten Handschrift von Lazarus Günzner erwähnt: Der Prophezeiung nach soll hier zur Endzeit ein zu neuem Leben erwachter Kaiser die letzte Schlacht gegen den Antichrist antreten.

Es gibt noch eine ungenannte Höhle in Ortsnähe zu Fürstenbrunn: Die Höhle ohne Namen. Sie ist wenig bekannt, liefert aber immer wieder Anlass für Schauergeschichten. Spekuliert wird, ob es eines jener Zeitportale in die Anderswelt sein könnte, über die schon lange gemunkelt wird. Eine (fiktive?) Beschreibung, die mit der Höhle in Zusammenhang stehen könnte, findet sich im Roman »Die neun Unbekannten« von Walter Ernsting. Jedenfalls genug Gründe, sich vor Ort ein wenig umzusehen.

Rückblick auf den Sommer 2009: Ich treffe mich am Fuße des Untersbergs mit zwei deutschen Forschern: Chris Dimperl, Journalist und Templerexperte aus Neuötting, sowie Hobbyhistoriker Tom Distler aus Wasserburg am Inn, der Schamanismus lehrt und Rückführungen macht. Unser Ziel ist Fürstenbrunn auf der österreichischen Seite des Untersbergs. Unterwegs erfahre ich, dass der Roman »Die neun Unbekannten« und persönliche Kontakte zum Autor ihr Interesse am Wunderberg geweckt haben. Seither ist das sympathische Forscherduo emsig bemüht, den historischen Kern der Anderswelt-Legenden zu ergründen. »Für die meisten naturbezogenen Völker der Erde sind Berge heilig, gelten als Brücke zwischen Himmel und Erde«, betont Tom Distler. »Sie strahlen eine Aura aus, der man sich nur schwer entziehen kann, das gilt in unserer Region speziell für den Untersberg.«

Beide Spurensucher haben bei ihren Recherchen schon vielerlei Merkwürdigkeiten erlebt. Chris Dimperl nennt ein wiederholt beobachtetes Phänomen: »Viele Sagen um den Untersberg berichten von gespenstischen ›Bewohnern‹, die gelegentlich noch heute auf ihre Weise ›Guten Tag‹ sagen. In der kleinen Fürstenbrunner Höhle ohne Namen wurden wir mit einem Nebel konfrontiert, der plötzlich eine unheimliche Gestalt anzunehmen schien.«

An die erste Erkundung 2007 erinnert sich Chris Dimperl nur mit Gänsehaut. Bestätigt wird dieser Eindruck von einem anderen Augenzeugen, dem Pädagogen und Heilpraktiker Roland Gerstmayr aus Augsburg. Was er mit Chris bei der Entdeckungstour an Nebulösem erlebte, hat er mir später schriftlich mitgeteilt. Hier sein Bericht: »Als wir erstmals die Höhle entdeckten, war dies eher ein Zufall, da wir ursprünglich die weiter oben in der Klamm von Fürstenbrunn liegenden bekannten Höhlen erreichen wollten. Als wir den Eingang betraten, waren wir beide mit Taschenlampen ausgerüstet, Chris zusätzlich mit Digital-Camcorder und ich mit meiner Digitalkamera. Der Camcorder war mit Betreten der Höhle eingeschaltet. Das rote Aufnahmelicht leuchtete die ganze Zeit über. Ich erwähne das, weil es Bedeutung für ein später auftretendes Rätsel hat. Als wir ein Stück weit in der Höhle waren, machte ich bei einer nach rechts abzweigenden Nische eine Aufnahme. Der Vorteil von Digitalkameras ist, dass eben geschossene Bilder gleich auf dem Display betrachtet werden können. Das Foto zeigte Nebelschwaden. Ich dachte zuerst, es könnte Kondenswasser sein, entstanden durch unsere Atemluft oder aufgrund der kühlen Temperatur in der Höhle. Ich machte weitere Aufnahmen, aber das Ergebnis war immer gleich: Auf dem Display wurde Nebel abgebildet, der mit freiem Auge nicht sichtbar war. Ich drehte mich herum, damit ich ein Foto vom hinteren Höhlenbereich machen konnte, doch dort war kein Nebel zu erkennen, weder visuell noch auf meiner Kamera. Temperaturschwankungen konnten das Gewölk jedenfalls nicht befriedigend erklären.«

Beim weiteren Vordringen in den Gang wurde der Spuk stärker. Einige Meter ging es noch, dann war das Ende der Höhle abrupt erreicht und die beiden standen vor einer felsigen Grenze. Gerstmayr schreibt in seinem Protokoll: »Von der hinteren Wand fotografierte ich in die Richtung zum Höhleneingang. Und wiederum sah ich auf meiner Kamera dichten Nebel. Ich schoss noch ein Foto und war erschrocken, was auf meinem Display zu erkennen war: Der neblige Schleier hatte Gestalt angenommen! Es sah aus wie ein gespenstisches Wesen, das seine Hand mit nur drei Fingern nach mir ausstreckte. Ich riet Chris dazu, die Höhle rasch zu verlassen. Er hatte ebenso ein beklemmendes Gefühl und wir verließen den unheimlichen Ort. Später habe ich mich neugierig noch einmal hineingewagt und stellte fest: Weder in der Nische noch im hinteren Bereich war irgendetwas Seltsames zu bemerken. Die Geisterhöhle war wieder eine ganz normale Höhle.«

Ein Schreckbild aus einer anderen Welt? Oder doch nur eine optische Täuschung? Gerstmayr vermag es nicht zu sagen, räumt aber ein, dass die Fotos, später in Originalgröße am Computer betrachtet, »nicht mehr so gruselig« wirkten »wie in den Augenblicken in der Höhle«.

Rätselhaft bleibt das Geschehen dennoch aus einem anderen Grund. Dazu Roland Gerstmayr resümierend: »Die Höhle war der letzte Ort, den wir an diesem Tag aufgesucht hatten. Als wir abends daheim bei Chris in Neuötting ankamen, waren wir gespannt, ob der Camcorder etwas Ungewöhnliches aufgezeichnet hatte. Wir kopierten das unbearbeitete Videomaterial auf DVD und schauten es uns am Bildschirm des Fernsehers an. Die Filmqualität war bestens. Aber als jene Stelle kam, wo wir die Höhle betreten hatten, wurde es wirklich mysteriös. Auf den Aufnahmen ist zu sehen, wie wir in den Höhleneingang marschierten und nur eine Sekunde später wieder aus ihr herauskamen. Die komplette Sequenz in der Höhle fehlt! Es ist so, als hätte sie jemand herausgeschnitten. Der Camcorder hat funktioniert, war nicht defekt, denn alles außerhalb der Höhle wurde einwandfrei aufgezeichnet. Wir haben keine Erklärung dafür.«

Ob Trugbild, Naturschauspiel oder Zeitriss: An bestimmten Untersberger Kraftplätzen, dort, wo sich Nebelschwaden gerne manifestieren, tritt ebenso das »Wunder« der Zeitverschiebung konzentriert auf. Die Berichte aus dem Mittelalter decken sich mit den Erfahrungen der Gegenwart: Auf unerklärliche Weise ist den Betroffenen Zeit abhanden gekommen. Die Abweichungen können oft nur wenige Minuten andauern oder im Extremfall, wie bei der Legende von der verschwundenen Hochzeitsgesellschaft, sogar ein Jahrhundert. Der Sozialpädagoge und Alpenschamane Rainer Limpöck aus Bad Reichenhall hat diese Phänomene genauer unter die Lupe genommen. Er hat selbst Erfahrung damit gemacht und führte viele Gespräche mit Menschen, die ihm glaubhaft über Zeitverluste und damit verbundene dramatische Umstände erzählten. Der Heimatforscher hat die alten und aktuellen Berichte gesammelt, miteinander verglichen und betreffende Orte kartografiert. Dabei wurde eine Region sichtbar, wo Zeitverschiebungen gehäuft bemerkt wurden. »Die Kyrill-Linie«, so nennt Rainer Limpöck diese Zone, »erstreckt sich vom Zentrum der Mittagsscharte bis hinunter zur Waldandacht nach Großmain.« Das Gebiet ist auch für seine geomagnetischen Verwerfungen bekannt. Rainer Limpöck hält es daher für möglich, dass »diese Erdanomalien das Zeitgefüge beeinflussen können.«

Ticken in der Fürstenbrunner »Geisterhöhle« die Uhren ebenfalls anders? Das Forschergespann Tom Distler und Chris Dimperl führt mich zum Höhlenportal. Es liegt nicht weit vom Dorfrand entfernt, Absperrung, dichter Wald und Gestrüpp sorgen aber dafür, dass es leicht übersehen werden kann. Entlang eines Baches kommen wir zu einer steilen Anhöhe. Dort klettern wir einige Meter hinauf und befinden uns vor dem Eingang. Was gleich ins Auge springt: Im Gegensatz zu den bekannten Untersberg-Höhlen wurde diese offenbar künst-

Im Inneren der Untersberger Geisterhöhle. (Bild: Elvira Schwarz)

lich in den Berg gebohrt. Diente der Stollen im Ersten oder Zweiten Weltkrieg als geheimes Waffenlager? Die Felswände sind rötlichbraun. Sollte hier Bauxit abgebaut werden? Weit geht es in die Höhle nicht hinein. Nach etwa 30 Metern ist Schluss. Dann stehen wir vor einer quadratförmigen Felswand, einem versteinerten Portal nicht unähnlich. Warum wurde nicht weitergegraben?

Der dunkle Gang ist alles andere als gemütlich. Der Wunsch, hier länger zu verweilen, kommt nicht auf. Verdächtige Nebelschwaden habe ich bei meiner Recherche nirgendwo erkennen können. Dann aber doch eine Auffälligkeit: Unsere Taschenlampen versagen und mein mitgeführter Kompass ist unbrauchbar. Eine Beschädigung? Dachte ich, doch Tage später funktionierte er wieder tadellos. Noch etwas war zu bemerken, das eine Bedeutung haben kann, aber nicht muss: Wie schon bei früheren Besuchen von Chris und Tom zeigten die Aufnahmen unserer Kameras in und vor der Höhle eine Anhäufung von »Orbs«.

Damit sind kugelförmige Gebilde gemeint, die sich als Geisterflecken bevorzugt auf digitalen Fotos verewigen. Für nüchterne Zeitgenossen sind diese in aller Welt fotografierten »Energiekugeln« physikalisch erklärbar und entstehen durch das Anblitzen von Staubkörnern, Pollen, Regentropfen oder Schneeflocken. Ob das zutrifft, wollten 2005 amerikanische Wissenschaftler der Universität Arizona herausfinden. Die Physikerin Katherine Creath und der Psychologe Gary E. Schwartz knipsten mit drei Kameras 1000 Fotos in verschiedenen Umgebungen. Auf rund 200 Bildern zeigten sich Kugelflecken. Die Experten kamen in ihrer Analyse, veröffentlicht im »Journal of Scientific Exploration«, zu dem Schluss, dass die Orbs Reflexionen sein *müssten*. Aber sind sie es wirklich?

Die gleiche Studie erwähnt einen Fall, bei dem ein »Energieball« im Rahmen einer BBC-Dokumentation gefilmt werden konnte. Gedreht wurde mit einer teuren Infrarotkamera, ohne künstliches Licht oder Blitz. Trotzdem ist ein typischer Orb in Bewegung zu sehen. Er erscheint in einer Szene auf einem Tisch, schwebt langsam darüber und verschwindet wieder. Die Forscher schließen aus, dass dieser »Geisterfleck« durch Staubreflexion entstanden ist. Eine logische Begründung fehlt bis heute.

Woher aber stammen dann diese »echten« Orbs? Esoteriker glauben an eine paranormale Herkunft. Astrale Energiefelder, antimaterielle Energiewesen, Erd- und Elementargeister, Seelen unserer Urahnen, Superexistenzen aus der Urzeit, multidimensionale Bewusstseinsformen, Informationsspeicher für höhere Instanzen oder Parallelweltler in Kugelgestalt, sind nur einige der exotischen Erklärungsversuche.

Ist die »Geisterhöhle« in Fürstenbrunn ein Nistplatz für Orbs? Das Geheimnis der künstlich geschaffenen Mine konnte ich mit meinen Untersberg-Freunden Tom Distler und Chris Dimperl nicht lüften. Rostiger Beschlag an den Seitenwänden des Zugangs macht aber etwas deutlich: Die Höhle war früher hinter einem Tor verborgen. Das erinnert an die Untersberger-Sage vom Ellhammer Hiesl. Der soll ein Holzknecht gewesen sein, der eines Tages ein großes, eisernes Tor entdeckte, das fest verschlossen war. Er konnte es nicht öffnen und bat seine Freunde aus dem Dorf um Hilfe. Die zogen mit scharfen Äxten und Brechstangen los, aber so lange und gewissenhaft sie auch suchten, die eiserne Pforte war nicht mehr zu finden.

Kryptowurm, Himmelsspuk und Marmorzwerge

Bleiben wir noch in Fürstenbrunn. Hier gibt es das kleine, sehenswerte Untersbergmuseum. Es öffnete 1989 seine Pforten, ist aber nur an Wochenenden für Besucher geöffnet. Telefonisch erreiche ich den 82-jährigen Direktor Martin Leitner. Der rüstige Ehrenbürger von Grödig nimmt sich Zeit und zeigt mir seine mit Kollegen liebevoll zusammengetragene Sammlung.

Neben einem elektromechanischen Sagenberg, der die wichtigsten Untersberger Mythen mit beweglichen Figuren und Zwergerln putzig in Szene setzt, erfährt der Gast viel Unbekanntes. Oder hätten Sie gewusst, dass 1966 im Hollerloch auf 1620 Metern Höhe nahe der Mittagsscharte eine völlig neue Tierart entdeckt wurde? Die Wissenschaft nennt den Sonderling »Typhlojulus Seewaldi«. Es handelt sich um einen 14 Millimeter langen, gelblichweißen Tausendfüßer mit zwei Beinpaaren in jedem Körpersegment. 1982 wurden weitere Exemplare dieses seltenen Doppelfüßers in Höhlen des Dachsteinmassivs aufgespürt.

Relikte aus der Kelten- und Römerzeit, entdeckt in den Marmorbrüchen am Fuße des Untersbergs. (Bild: Reinhard Habeck)

Und wer weiß, dass in den Untersberger Steinbrüchen nicht nur römische Gebrauchsware und keltische Götterfiguren gefunden wurden, sondern dass 1884 auch ein gewaltiger Riesenammonit zum Vorschein kam? Solche Urahnen der Tintenfische lebten vor 80 Millionen Jahren in den Ozeanen der Kreidezeit. Damals war auch das Gebiet um Fürstenbrunn Meeresboden. Während gewöhnliche Ammoniten höchstens 50 Zentimeter erreichten, misst das Untersberger Exemplar erstaunliche 140 Zentimeter. Das Original der Versteinerung steht im Haus der Natur in Salzburg. Noch imposanter ist der Fund aus dem Jahre 1895. Er hat einen Durchmesser von 1,80 Metern und wurde bei Münster in Nordrhein-Westfalen gefunden.

Ein Schauraum widmet sich dem Himmelsspuk der »Wilden Jagd«. Der Volksmythos erkennt in ihr ein wütendes Gespensterheer, das vor allem während der zwölf Weihnachtstage (Raunächte) mit schrillem Geschrei über den Horizont sausen soll. Es gibt Überlieferungen, die sogar behaupten, Menschen seien in die Wolken entführt und später an anderen Orten wieder abgesetzt worden. Der Salzburger Historiker Nikolaus Huber (1833–1887) vermerkt: »Gleich einem Sturmwind braust der Geisterzug heran, verworrenes Geheul schallt durch die Lüfte, man hört Pferde wiehern, Hunde bellen, Peitschenknall und Jagdrufe. Wehe dem nächtlichen Wanderer, er ist unrettbar verloren, wirft er sich nicht sogleich mit dem Gesicht auf die Erde und lässt den Geisterzug vorbeirasen.«

Welches Phänomen wurde hier beobachtet und beschrieben? Die Legende vom plötzlichen Auftauchen eines übernatürlichen Heeres ist in ganz Nordeuropa, im Alpenraum und besonders rund um den Untersberg verbreitet. Je nach Region spricht der Volksmund von der »Wilden Gjoad«, dem »schaurigen Nachtvolk« oder »Wotans Totenheer«. Auch die Erscheinungsformen zeigen Unterschiede und reichen von der »Luftfahrt böser Dämonen« bis zu »fliegenden Drachen«. Herkunft und Bedeutung der rasenden »Lufthumanoiden« sind unter Gelehrten umstritten. Denkbar wäre, dass der Begriff verwandte Sagen und Phänomene meint, die erst später im Laufe der Geschichte zum Mythos von der »Wilden Jagd« vermengt wurden. Die gängigste Erklärung führt das unbändige Treiben auf keltische Rituale zurück, die den Gott der Stürme und das grimmige Winterwetter besänftigen wollen, oder der germanische Gott Wotan, auch Wodan oder Odin genannt, stand für den Mythos Pate. Zu untersuchen wäre auch die

Bedeutung der *zwölf* Raunächte und der *zwölf* Gestalten des himmlischen Volkes. Existiert ein symbolischer Zusammenhang zu den zwölf unterirdischen Pforten, durch die Lazarus Günzner ehemals bei seiner Bergentrückung gewandert sein will?

Eine Anspielung findet sich in den »Alpensagen«, wo »Das wilde Heer vom Untersberg« erwähnt wird: »Manchmal hört man aus der Tiefe des Untersbergs kriegerische Musik und Waffenlärm, besonders dann, wenn dem Lande ein Krieg droht. Wilde Reiter und Knappen stürmen dann zur Nachtzeit durch die Gefilde von Salzburg, sich selber zur Pein und den Menschen zum Schrecken. In glühenden Panzern reiten sie auf feurigen Rossen, und auch ihre Waffen sprühen Feuer. Mit Tagesanbruch hört der wilde Umzug auf und die gespenstischen Scharen kehren *durch ein eisernes Tor* in den Untersberg zurück. Das Tor ist aber nur wenigen sichtbar und führet bei Hallthurm zwischen den abgestürzten Felsklüften ins Freie.«

Mit Hallthurm ist die älteste Passbefestigung der Fürstpropstei Berchtesgaden (1550–1803) gemeint. Die Reste davon liegen in der Nähe von Bischofswiesen im äußersten Südosten des heutigen Bayern. Zur »Wilden Jagd« gibt es auch ernst gemeinte Deutungen, die dennoch eher spaßig wirken: So soll vor langer Zeit das Geschnatter von Wildgänsen, Seevögeln und Ohrenkäuzen die Sage vom tosenden Geisterzug erzeugt haben. Bizarre Wetterextreme werden genauso diskutiert wie die kühne Hypothese früher UFO-Kontakte.

Obwohl der Ursprung der Sage verworren bleibt, lebt die Vorstellung der »Wilden Jagd« noch heute im Brauchtum weiter. Im Gebiet von Grödig ziehen alljährlich zwölf mystisch kostümierte Gestalten durchs Land, die oft von einem Fackelzug begleitet werden. Die an afrikanische Medizinmänner erinnernden Maskentänzer tauchen nach Einbruch der Dämmerung überraschend an einem zuvor geheim gehaltenen Ort auf, stören polternd, pfeifend und trommelnd die Abendruhe der Dorfbewohner und verschwinden danach blitzschnell in der Finsternis der Winternacht. Martin Leitner zeigt mir stolz die historischen Masken dieses Kults, der bis zum Ende des 19. Jahrhunderts nachweisbar ist, dann aber allmählich in Vergessenheit geriet. »Seit 1949 ist diese Tradition neu belebt und wird von der Brauchtumsgruppe Jung Alpenland ausgeübt«, freut sich Martin Leitner.

Das Lieblingsthema des rüstigen Museumsleiters ist und bleibt aber der berühmte Untersberger Marmor. Streng genommen ist es kein ech-

Noch im 20. Jahrhundert weit verbreitet, heute eine Seltenheit: durch Wasserkraft angetriebene Kugelmühlen. Schleifsteine und Drehscheibe erschaffen nach wenigen Tagen Mahldauer perfekte Kugeln aus Untersberger Marmor. (Bild: Reinhard Habeck)

ter Marmor, der unter hohen Temperaturen und Druck in kristallines Gestein umgewandelt wurde, sondern eine besondere Form des natürlichen Kalksteins. Seit dem Altertum wird er gewonnen und verarbeitet. Doch nur eine dünne Schicht im Gebiet von Fürstenbrunn ist tatsächlich jenes Gestein, das als Untersberger Marmor bezeichnet wird. Hergestellt wurde aus diesem beliebten Kalkstein vieles: die Säulenhalle des Österreichischen Parlaments in Wien genauso wie der Sarg des deutschen Reichskanzlers Otto von Bismarck (1815–1898) oder die grotesken Marmorzwerge in der Salzburger Innenstadt. Wer die versteinerten »Untersberg-Mandln« geschaffen hat, ist nicht bekannt. Nur so viel: Unter Erzbischof Franz Anton Fürst Harrach (1665–1727) sind 28 Skulpturen entstanden, die später verhökert oder zerstört worden sind. Zwölf der verbliebenen, restaurierten und teils zurückgekauften Sonderlinge, darunter eine Zwergen*frau*, sind seit 1921 im Mirabellgarten wieder zu bewundern.

199

Noch etwas Beliebtes entsteht aus dem farbenprächtigen Untersberger Marmor: Kugeln. Man könnte sogar sagen, es sind steinharte Mozartkugeln. Martin Leitner führt mich zu einer besonderen Attraktion außerhalb des Museums: die letzte in Betrieb befindliche Kugelmühle Österreichs. Aus Marmorbrocken werden würfelförmige Stücke gehauen und in die Mühle eingelegt. Durch eine raffinierte Konstruktion, bestehend aus einem Schleifstein, einer Drehscheibe und einem Wasserrad, entstehen perfekte Kugeln. Je nach Größe kann das zwei bis fünf Tage dauern. Heute werden sie nur mehr als Souvenirs oder Spielzeugmurmeln angefertigt. Das war im 18. Jahrhundert anders. Damals gab es in Salzburg 50 Betriebe, die im Jahr fünf Millionen Stück Steinkugeln erzeugten und in alle Welt verschickten. Sie wurden als Munition für Geschütze verwendet und dienten großen Segelschiffen als Ballast für ihre Kielräume. Nachdem Dampfschiffe die Großsegler abgelöst hatten, übernahmen Kohle und billige Zementklumpen diese Aufgabe. Das Ende der idyllischen Kugelmühlen war besiegelt.

Das Geheimnis von Ettenberg

Nach diesem Einblick in die fast ausgestorbene »rot-weiß-rote Kugelwelt« machen wir einen Sprung ins südlich gelegene Berchtesgadener Land. Am Ausgang der Almbachklamm hat eine zweite Kugelmühle überlebt: die letzte funktionstüchtige in Deutschland. Aber rollende Steine habe ich genug gesehen, mich interessiert ein Platz nahe der Ortschaft Marktschellenberg, von wo immer wieder Unheimliches berichtet wird. Die Stelle an der einsamen Ettenberger Landstraße wird von Einheimischen »Geisterwäldchen« genannt. Hier soll ein ortsgebundener Spuk ansässig sein. Zumindest Orbs scheinen sich in dem Winkel besonders wohlzufühlen. Viele hier aufgenommene Fotos können das belegen. Auf der anderen Straßenseite befindet sich eine kleine Erhebung. Auf der Anhöhe gibt es drei helle Steine, die kaum aus der Wiese herausragen und ein nach Osten ausgerichtetes Dreieck bilden. Für Fantasten existiert hier ein Portal in die Anderswelt, esoterische Naturfreunde nützen den Platz zum Meditieren, Radiästheten wollen mit Wünschelrute und Pendel unbekannte Erdenergien aufgespürt haben. Hinweise auf einen verborgenen Wasserlauf? Elektromagnetische Felder? Zeigt das Steindreieck die Spitzen unterirdisch lie-

*Ruinenreste im Berchtesgadener Land werden mit der Templer-Legende von den »Herren vom Schwarzen Stein« verknüpft.
(Bild: Reinhard Habeck)*

gender Felsen? Befinden sich darunter unentdeckte Hohlräume? Viele Fragen, kaum klare Antworten.

Das gilt genauso für Steinrelikte in unmittelbarer Nähe, die versteckt im Gestrüpp und Unterholz am Waldrand liegen. Einer vagen Überlieferung zufolge sind es Überreste einer Komturei, die ein deutscher Tempelritter namens Hubertus Koch mit einer kleinen Ritterschar im 13. Jahrhundert gegründet haben soll. Dieser Bund, genannt die »Herren vom Schwarzen Stein«, soll noch ein zweites, größeres Domizil am Untersberg besessen haben, wo genau, ist nicht überliefert. Es heißt nur unbestimmt, beide Standorte wären durch unterirdische Gänge verbunden gewesen. In einer Höhle soll es einen geheimen Tempel gegeben haben, in dem ein schwarzer magischer Stein aufbewahrt wurde. Er wird als »Ilua« bezeichnet und sollte bis zum Anbruch eines neuen Weltzeitalters hier verborgen bleiben. Die Geschichte behauptet, dass eine weibliche, übernatürliche Wesenheit namens Isais die Auftraggeberin gewesen sei. In der mesopotamischen Stadt Ninive,

201

heute im Nordirak, soll diese Dame dem Kreuzritter erschienen sein. Sie hätte ihm als Vision den Weg zu einem fernen Berg im Abendland gewiesen, den Koch im Untersberg zu erkennen glaubte. Dort ließ er sich dann mit seinen Getreuen nieder, um den mächtigen Ilua-Stein im Geheimen zu hüten. Es heißt, dass noch andere magische Geschenke von dem holden Superwesen übergeben wurden: ein Spiegel, mit dem man durch die Diesseits-Jenseits-Grenze blicken konnte; die zum Dolch umgearbeitete Speerspitze des germanischen Gottvaters Odin und die abgeschnittenen Haare der Himmelskönigin Isais als »Schutzmantel« für den Edelstein. Zwölf (!) Jahre lang sei die überirdische Gestalt zu bestimmten Zeiten in der Templerburg erschienen und hätte den Rittern wichtige Weissagungen übermittelt.

Soweit die kühne Erzählung. War mit Isais die altägyptische Göttin Isis gemeint? Einen »Ritter Hubertus« hat es gegeben, aber hieß der »Koch«? Sind die Ruinenreste bei Marktschellenberg wirklich Belege seiner Existenz? Und der schwarze Zauberstein? Ein Fantasy-Relikt, das mit den Sagen vom Untersberg verwoben wurde? Vielleicht ein heimliches Symbol für den legendären Heiligen Gral? Genauso wie der wundersame »Zwergenstein«, von dem es heißt, dass mit ihm der im Berg schlafende Kaiser zu neuem Leben erweckt werden könne?

Hieb- und stichfeste Quellen fehlen, womit die Sage um Isais auf recht wackeligen Beinen steht. An der Stätte, wo die dubiosen »Herren vom Schwarzen Stein« mutmaßlich eine Komturei gegründet haben, ragt ein beschrifteter Felsblock aus dem Boden, der das Jahr 1857 nennt. Ist damit das Datum der Errichtung gemeint? Dann wäre »Ritter Hubertus« sowieso ein Phantom, es sei denn, an dem gleichen Platz gab es schon früher ein viel älteres Gebäude. Das ließe sich feststellen, aber Historiker scheint der Ort nicht sonderlich zu interessieren. Warum eigentlich nicht? Würden archäologische Grabungen die Legende untermauern oder endgültig zerbröseln?

Elemente der Isais-Sage hat der Halleiner Stahlbautechniker und Schriftsteller Wolfgang Stadler in seinem ersten Roman »Steine der Macht« dramatisch verarbeitet. Trotz des unglaublichen Inhalts – etwa dass geheimnisvolle schwarze Steine die Ursache für Zeitanomalien am Untersberg wären – soll sich die Geschichte auf tatsächliche Begebenheiten stützen. Stadler kennt das Phänomen der Zeitverschiebung aus eigenem Erleben. Bei Selbstversuchen mittels Stoppuhr will er Zeitunterschiede von zwei Minuten festgestellt haben. Seither ist Stadler von den Phänomenen am Untersberg fasziniert. Genauso wie Walter Ernsting für seine »Neun Unbekannten« wählte der Autor ein Pseudonym und nannte sich Stan Wolf. »Vieles ist zu unfassbar, als dass man es einfach niederschreiben könnte«, begründet Stadler diesen Schritt. »Vielleicht sollte es auch verborgen bleiben, denn der menschliche Verstand nimmt nur Dinge zur Kenntnis, welche ihm geläufig sind.« Deshalb verfasste der Schriftsteller kein Sachbuch, sondern einen »Tatsachenroman«. Stadler alias Wolf überlässt es dem Leser zu beurteilen, was er als Realität anerkennen möchte.

Einige der mysteriösen Spuren, die der Autor in seinem Roman nennt, können aufmerksame Untersberg-Besucher selbst vor Ort überprüfen. Dazu zählt ein schwer deutbares Deckenfresko, »auf dem ein Lichtstrahl zu einem blauen Edelstein gelenkt wird«. Es soll sich in der Wallfahrtskirche Maria Ettenberg befinden. Die idyllische Stätte liegt oberhalb von Marktschellenberg, ist eingebettet in eine malerische Wiesenlandschaft und erlaubt einen freien Blick auf die umliegenden Bergriesen, den Hohen Göll, Watzmann, Hochkalter und das Untersbergmassiv.

Das spätbarocke Gotteshaus wurde 1723 unter der Regentschaft des Fürstpropstes Julius Heinrich Freiherr von Rehlingen erbaut. In manchen Nächten sollen hier »Untersberg-Mandln« ihre geheime Messe zelebrieren, sagt der Volksmund. Gegenüber im Garten vom Mesnerwirt steht ein Zwerg aus Stein, der daran erinnern soll. Vor dem heutigen Kirchenbau stand an der Stelle ein kleines Gebetshäuschen. Der Chronik zufolge ist ein wundertätiges Marienbild der Auslöser für die beginnende Wallfahrt gewesen. Erzählt wird, das Bild sei aus einem Hof in Unterettenberg auf unerklärliche Weise verschwunden und später auf einem Lindenbaum am Almberg, so hieß Ettenberg früher, wieder aufgetaucht. Ein Standortwechsel, der sich mehrmals wiederholte und als göttlicher Auftrag verstanden wurde, beim Lindenbaum eine Gnadenstätte zu errichten. Legenden über Heiligenbilder, die einen selbst gewählten Platz finden, gibt es unzählige. Sie werden oft als Motiv für den Bau einer Kirche angeführt. Ungläubige hegen den Verdacht, dass bei solcherart Gottesbeweisen mit irdischen Mitteln nachgeholfen wurde.

Übertriebene Frömmigkeit kann auch Komisches hervorbringen. Das Ettenberger Annafest hat Potenzial dafür. Es geht auf das Jahr 1746 zurück. Damals spendete die Salzburgerin M. E. Knoblachin der

Kirche einen hohen Geldbetrag mit der Auflage, dafür jedes Jahr in der Wallfahrtskirche eine Lobpreisung zu sprechen. Das wäre leicht zu erfüllen gewesen, doch die Spenderin forderte eine 40-stündige Gebetsmühle! Aus dieser ursprünglich auf drei Tage festgelegten Marathon-Andacht wurde das gekürzte, alljährliche Annafest am letzten Sonntag im Juli.

Besucher der Wallfahrtskirche können viel Ungewöhnliches entdecken: die aus einem Stück geschnitzte, über vier Meter große Holzfigur des Riesen Christopherus aus dem 17. Jahrhundert (sein früherer Standort ist ebenso unbekannt wie der Künstler, der ihn geschaffen hat); Symbole der Laurentanischen Litanei, bei der die Gottesmutter direkt angesprochen wird als »Spiegel der Gerechtigkeit«, »Sitz der Weisheit«, »Pforte des Himmels«, »Kelch der Hingabe«, »elfenbeinerner Turm« oder »Bundeslade Gottes«; eine seltene 15. Kreuzwegstation mit der Auffindung des Kreuzes in Jerusalem durch die Kaiserin Helena; ein rares Bildmotiv des schreibenden Federkiels Johannes des Täufers mit dem Lamm Gottes; der kryptische Schriftzug »Am Jüngsten Tag wird es offenbar« im Bild mit dem Titel »Die geheimen Leiden Jesu 1850«; ein großer Bombensplitter rechts neben dem Altar, der an den Bombenangriff der Amerikaner am 25. April 1945 auf Hitlers Berghof am nahen Obersalzberg erinnert.

Noch eine Eigenheit gibt es in der Ettenberger Kirche: das große und farbenfrohe Deckengemälde im Langhaus. »Es stellt im oberen Teil die Fürbitte Mariens vor der Dreifaltigkeit für das Volk Gottes dar, das durch Fürstpropst Julius Heinrich v. Rehlingen (Wappen!), den Chorherren und Stiftsbeamten, und einige Männer und Frauen repräsentiert wird. Im unteren Teil, verbunden durch den Lichtstrahl aus dem Herzen Mariens, das alttestamentliche Vorbild für das Geschehen oben, Königin Esther bittet König Xerxes um das Leben ihrer jüdischen Glaubensgenossen, die durch die Heimtücke des Ministers Aman dem Tod ausgeliefert werden sollten. Im Hintergrund der Galgen, an dem statt des Juden Mordechai Aman selbst hingerichtet wurde.« Das ist alles, was aus dem Kirchenführer dazu zu erfahren ist.

Was war der Anstoß dafür, dass diese Mythe in der Ettenberger Kirche thematisiert wurde? Welche Botschaft enthält das Gemälde? Die Auskunft darüber ist dürftig, genauso wie die Biografie des Künstlers. Ein gewisser Innozenz Anton Worath aus Burghausen bei Altötting soll es um 1725 geschaffen haben. Was überrascht, sind die vielen

204

Details, die in diesem Werk verborgen sind. Was sie bedeuten, bleibt der Interpretation vorbehalten. Beim Betrachten komme ich aus dem Staunen nicht mehr heraus: Ganz oben sieht man eine Engelschar und den Heiligen Geist als Taube, etwas tiefer rechts davon ist der Gottvater zu sehen. Er trägt einen *dreieckigen* Heiligenschein und weist mit seinem Zepter zum Himmel. Sein Blick ist auf Jesus gerichtet, der weiter unten auf der linken Seite dargestellt ist. Der Erlöser blickt hinauf zum Heiligen Geist, umfasst mit dem linken Arm das Kreuz und deutet mit der Rechten zu Maria. Diese kniet darunter auf einem Wolkengebilde zwischen ihrem Sohn und dem Allmächtigen. Maria sieht Jesus an und zeigt mit der linken Hand auf eine Menschenmenge hinter sich. Die Porträts stellen geistliche und weltliche Würdenträger aus den Anfängen des 18. Jahrhunderts dar. Den Kirchenerbauer, Propst von Rehlingen, haben Historiker identifiziert, ebenso den damaligen Stiftsdekan Cajetan Anton Notthafft. Wer aber sind die anderen Personen? Und warum wurden sie abgebildet?

Am Auffälligsten ist ein gebündelter Lichtstrahl aus dem Herzen Mariens. Er führt zu einem Spiegel, der von einem Engel gehalten wird. Von dort wird das Licht in einem nahezu rechten Winkel abgelenkt, streift einen dunkelblauen Edelstein auf dem Haarreif der Königin Esther und weist zu ihrem rechten Handrücken. Von der linken Seite wird Esther von einem Löwenkopf beobachtet. Dahinter ist König Xerxes am Thron erkennbar. Seine Augen fixieren den Schmuckstein, während sein Zepter den Lichtstrahl unterbricht und auf Esthers Herz gerichtet ist.

Der Maler hat zudem Gesetze der Heiligen Geometrie im Gemälde versteckt. Im Hintergrund des Bildes sieht man rechts neben einem Galgen eine obeliskartige Pyramide, deren Spitze in gedachter Verlängerung hinauf zum dreieckigen Heiligenschein des Himmelvaters führt. Sein Zepter hat den gleichen Richtungswinkel wie der abgelenkte Lichtstrahl vom Spiegel zum Juwel der Königin Esther. Noch etwas fiel mir auf: Die Augen von Jesus, vom Heiligen Geist, von Gottvater und von Maria fixieren geometrische Punkte. Zieht man eine Linie von Jesus' Augapfel zur Taube, weiter zum Allmächtigen und wieder zurück zu Jesus, ergibt sich ein gleichschenkliges Dreieck mit nach oben gerichteter Spitze – das *männliche* Symbol. Zieht man die Linie von Jesus direkt zum Gottvater, dann weiter zu Maria und rückwärts wieder zu Jesus, haben wir wiederum ein gleichschenkeliges Dreieck, diesmal mit der Spitze nach unten – das *weibliche* Symbol. Dies kann kein Zufall sein. Eine kirchenhistorische Beleuchtung dazu habe ich nirgendwo entdecken können. Wüsste der amerikanische Thriller-Autor Dan Brown davon, wäre die Fortsetzung für »Das verlorene Symbol« schon längst publikumswirksam zu Papier gebracht worden.

Weitere brisante Hinweise für versteckte Symbolik lassen sich in der Mythologie aufstöbern. Wir erfahren im Alten Testament, dass Königin Esther eine jüdische Waise war, die als Adoptivtochter ihres Vetters Mordechai im 5. Jahrhundert v. Chr. in der persischen Stadt Diaspora lebte. Was hellhörig macht: Der Name Esther wird abgeleitet von der Göttin Ischtar. Ischtar wiederum war eine mesopotamische Himmelsgöttin, die als Verkörperung der Weiblichkeit und Fruchtbarkeit verehrt wurde. Ischtar wurde außerdem mit der sumerischen Inanna gleichgesetzt und war die bedeutendste Göttin Babyloniens. Sie konnte in *drei* Geschlechtern erscheinen: Männlich, weiblich und als überirdisches Mischwesen. Ihr Symboltier ist der Löwe und sie gilt als Gründerin der Metropole Ninive. Manche Altertumsforscher vermuten, dass die ägyptische Göttin Isis aus der babylonischen Ischtar entstanden sein könnte. Handfeste Beweise für diese These gibt es allerdings nicht. Was jedoch auffällt: Symbole wie Spiegel, Edelstein, Ninive, Löwe, Weiblichkeit, Männlichkeit oder die Verbindung von beidem sind im Deckenfresko von Ettenberg enthalten. Gleichzeitig sind sie Bestandteil der Isais-Offenbarung.

Dazu passt ein verblüffender Fund von jenem Ort, wo angeblich Templer Hubertus Koch magische Gegenstände von einem höheren Wesen überreicht bekam: 1850 entdeckte der britische Archäologe Sir Henry Layard (1817–1894) in den Ruinen von Ninive eine perfekt geschliffene Vergrößerungslinse in exakter Form eines ellipsoiden Bergkristalls. Sie misst in der Längsachse 4,2 Millimeter, ist am Rand dünner und weist in der Mitte eine maximale Stärke von 6,2 Millimetern auf. Der doppelte Vergrößerungseffekt ist mit ihr möglich.

Mikroskopische Untersuchungen brachten winzige Spuren zum Vorschein, die auf eine Rahmenfassung ohne Abdeckung im Hintergrund schließen lassen. Heute ist die Linse von Verunreinigungen durchzogen und zeigt leichte Beschädigungen. Sie sind erst infolge des langen Aufenthaltes unter der Erde entstanden. Ursprünglich aber, so stellten Spezialisten für Steinschneidearbeit fest, muss die optische Linse völlig transparent gewesen sein. Was zusätzlich erstaunt: Das

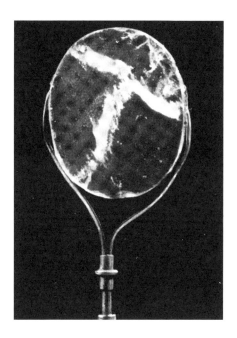

1850 in Ninive ausgegraben, heute im Nordirak: eine aufwendig polierte, plankonvexe Vergrößerungslinse aus Bergkristall. Vergleichbare optische Linsen tauchen erst im Europa des 19. Jahrhunderts auf. Woher hatten die alten Mesopotamier das Wissen und die Technologie dazu? (Bild: Ursprüngliches Copyright unbekannt; Quelle: Robert Temple)

Unikat ist plankonvex und wurde durch einen sogenannten Torodial-Schliff sorgfältig poliert, um absichtlich bestimmte Lichteigenschaften zu erzielen. Damit war sie komplizierter und aufwendiger in der Herstellung als übliche optische Gläser.

Das Problem bei der ganze Sache: Derartig präzise Linsen sind erst aus dem 19. Jahrhundert in Europa bekannt, das Ninive-Exemplar ist aber nachweislich mindestens 2600 Jahre alt. Das Schreckgespenst der Wissenschaft wird in der Abteilung für Westasiatische Antiquitäten im Britischen Museum in London aufbewahrt. Der Orientalistik-Experte Robert Temple hat den Wunderstein gemeinsam mit Optikern untersucht. Sein Resümee: »Das Stück wurde in einem langwierigen und mühsamen Versuch-und-Irrtum-Verfahren hergestellt, stellt jedoch

207

trotzdem eine technologische Meisterleistung dar, selbst bei Fehlen theoretischer Berechnungen aus der Wissenschaft der Optik. Deshalb ist es wohl eines der bemerkenswertesten technologischen Artefakte der Antike, das uns erhalten geblieben ist.«

Fast könnte man annehmen, eine überirdische Intelligenz wie die Göttin Isais hätte auf magische Weise beim Polieren mitgewirkt. Was bleibt nun von der unsicheren Überlieferung und den ominösen »Herren vom Schwarzen Stein«? Ein märchenhaftes Luftschloss? Oder eine Wahrheit, die im Laufe der Jahrhunderte immer stärker verdunkelt wurde, aber noch nicht zur Gänze erloschen ist?

Die Geheimnisse des Untersbergs sind noch längst nicht alle gelöst. Und was wissen wir wirklich vom Multiversum? Existieren Wesen aus anderen Welten? Können wir mit ihnen Kontakt aufnehmen? Welche Kraft verursacht Risse im Raum-Zeit-Gefüge?

Als der Dalai Lama 1992 Salzburg besuchte, bezeichnete er den Untersberg als »Herzchakra Europas«. Vom religiösen Oberhaupt der Tibeter stammen viele weise Sinnsprüche. Einer gehört ins Stammbuch zweifelnder Geister geschrieben: »*Das Nicht-Wahrnehmen von etwas beweist nicht dessen Nicht-Existenz.*«

Abgesang mit Dank

*»Eines Tages wird man offiziell zugeben müssen,
dass das, was wir Wirklichkeit getauft haben,
eine noch größere Illusion ist als die Welt des Traumes.«*

Salvador Dali (1904–1989)

Was passiert nach dem Tode? Gibt es ein Jenseits, andere Welten und Wiedergeburt? Wir wissen es nicht. Was für alle Menschen freilich als gesichert gilt: Wir sind nur Gast auf Erden …

Letztlich geht es darum, die uns gegebene Zeit sinnvoll zu nützen. Das gelingt dem einen besser, dem anderen schlechter. Irgendwann jedoch muss jeder von uns die letzte Reise antreten.

Nicht jeder Mensch erreicht das stolze Alter meiner Großmutter, die 95-jährig im August 2002 verstarb. Oma Margarethes spezielle Butterkekse, zubereitet nach einem Geheimrezept aus der Vorkriegszeit, waren in der Familie gefürchtet. Nicht bei mir. Ich habe sie stets mit königlichem Genuss verschlungen und bin für jeden Krümel dankbar. In Erinnerung blieb meine Großmutter auch wegen ihres spektakulären »Abgesangs«. Die sterblichen Überreste der alten Dame waren noch nicht mal beerdigt, als Oma Gretes Astralkörper meinen Stiefvater »Sir« Henry Wallinger heimsuchte. Das klingt wie ein Witz, hat sich aber tatsächlich zugetragen. Henry ist ein rational denkender Mensch, spielt gerne Schach, hält vieles für möglich, glaubt aber an wenig. Umso fassungsloser war der gute Mann, als er völlig unerwartet selbst Augenzeuge des Unerklärlichen geworden war. Einem natürlichen Drang folgend, wählte er gegen vier Uhr morgens den Weg vom Bett zum stillen Örtchen. Auf halber Strecke erschrak Henry wegen einer Gestalt und dachte im ersten Augenblick an einen Einbrecher – doch es war ein Wesen aus Licht. Mein Stiefvater schwört: »Die Erscheinung war grauweiß wie ein von Licht durchfluteter Nebel und schwebte etwa 15 Zentimeter über dem Fußboden durchs Wohnzimmer zum Balkon. Dann drehte die Person ihr Gesicht leicht zur Seite, und ich erkannte, es war Margarethe. Schließlich verschwand sie lächelnd durch das geschlossene Fenster. Der unheimliche Vorfall dauerte nur wenige Sekunden. Eine plausible Erklärung dafür habe ich nicht anzubieten.« Leicht gekränkt war meine Mutter, die den familiären Spuk verschlafen hatte: »Das hätte ich gerne miterlebt«, seufzte sie, »warum ist sie nicht mir erschienen? Ich stand ihr als Tochter doch viel näher.«

So ist es mit den spontanen Phänomenen aus der Welt des Übersinnlichen, sie sind flüchtig, nicht greifbar und schon gar nicht logisch. Was bei Betroffenen zurückbleibt, ist ein Gefühl der Faszination, aber auch der Ungewissheit.

Wie würden Sie reagieren, wenn sich plötzlich etwas völlig Unfassbares vor Ihren Augen offenbart? Passieren kann das jedem von uns. Dann stünden wir selbst vor der Frage: Sinnestäuschung oder Zeugnis einer überirdischen Manifestation?

Den Geheimrat und Dichter Johann Wolfgang von Goethe (1749–1832) hätte das nicht weiter gestört, wusste er doch eines ganz genau: *»Das Höchste, wozu der Mensch gelangen kann, ist das Erstaunen.«*

Sind Sie, liebe Leserinnen, liebe Leser, selbst »Grenzgänger des Fantastischen«? Haben Sie Dinge erlebt und gesehen, die Sie zuvor für undenkbar gehalten haben? Wissen Sie von einer verborgenen, »unmöglichen« Entdeckung, die Rätsel aufgibt? Oder sind Sie sogar selbst im Besitz eines »magischen« Gegenstandes mit ungeklärter Herkunft und Bedeutung? Wenn Sie Kritik, Anregungen oder Informationen geben wollen, freue ich mich auf ein Schreiben von Ihnen. Alle Angaben werden vertraulich behandelt. Die Kontaktdaten finden Sie auf meiner Homepage:
www.reinhardhabeck.at

Ein Buch schreibt sich nicht alleine. Recherchen und umfangreiches Quellenstudium sind ebenso notwendig wie Rücksprachen bei fachkundigen Informanten. Vor allem dann, wenn es sich wie hier um spekulative und umstrittene Sachverhalte handelt. Der Verfasser ist immer in vielerlei Hinsicht auf den helfenden Rat und die praktische Hilfe anderer angewiesen. Gelegentlich bleiben Bemühungen unbelohnt, wie die Anfrage für einen Fotoabdruck aus dem Inneren des Untersbergs, wo kürzlich bisher unbekannte Höhlensysteme erschlossen worden sind. Ich habe die Entdeckung und die verdienstvolle Arbeit der Forscher im Buch gewürdigt, aber die Herrschaften wollen Bildmaterial »nur für streng wissenschaftliche Publikationen« zur Verfügung stellen.

Ich habe das Glück, dass solche abschlägigen Antworten äußerst selten vorkommen. Wohlgesonnene Leser und Leserinnen, echte Freunde, unkomplizierte Kollegen, behilfliche Fotografen und renommierte Forscher unterstützen mich seit vielen Jahren selbstlos bei meiner kosmischen Spurensuche. Für ihren Ansporn und ihre konstruktive Kritik bin ich sehr dankbar. Bei »Kräfte, die es nicht geben dürfte« war es nicht anders.

Allen voran danke ich Prof. Hademar Bankhofer für sein Vertrauen, seine Unterstützung und für seine Freundschaft. »Mister Gesundheit«, so nennen ihn seine Freunde und die Medien gerne, hat unzählige Bestseller zu Fragen der Naturheilkunde veröffentlicht. Vier davon durfte ich humorvoll illustrieren. Vielleicht weniger bekannt: In den 1960er-Jahren widmete sich Prof. Bankhofer literarisch parapsychologischen Phänomenen, bevor er dann das Thema Gesundheit zum Schwerpunkt seines Schaffens machte.

Die für mich wichtigste Kraftgeberin beim Voranschreiten der Schreibarbeit war wieder meine »über-sinnliche« Gefährtin aus Basel, Elvira Schwarz. Sie reiste mit mir zu den Schauplätzen des Unerklärlichen, wo wir schier Unglaubliches erleben durften. Wie schon bei vorangegangenen Titeln vermochte Elvira als Testleserin sowie Übersetzerin von Artikeln wertvolle Anregungen für die weitere Abfassung zu geben.

Aufrichtigen Dank schulde ich vielen hilfsbereiten Menschen, die zum Gelingen der vorliegenden Publikation beigetragen haben, was jedoch nicht besagt, dass sie mit allen von mir in diesem Buch aufgestellten Ideen und Theorien übereinstimmen müssen. Ich nenne sie in alphabetischer Reihenfolge:

A.A.S. – Forschungsgesellschaft für Archäologie, Astronautik und SETI, Beatenberg; Werner Betz; Werner Burger; Luc Bürgin; Cornelia von Däniken; Erich von Däniken; Joky van Dieten; Chris Dimperl; Dr. Rudolf Distelberger; Tom Distler; Klaus Dona; Anke und Horst Dunkel; Franz Elsensohn; Gisela Ermel; Ariana Fiala und Walter Ernsting

(† 2005); Robert Ernsting und Familie; Martina und Hans († 2009) Fichtenbauer; Claudia und OStR. Dipl.-Hdl. Peter Fiebag; Dr. Johannes Fiebag († 1999), Lars A. Fischinger; Fremdenverkehrsamt Seefeld, Tirol; Bgm. a. D. Karl Fritsche; Grazyna Fosar und Franz Bludorf; Regina Froitzheim und Kater »Lucky« († 2005), Inge und Dipl.-Ing. Walter Garn; Roland Gerstmayr; Prof. Dietmar Grieser; Ingrid und StR i. R. Willi Grömling; Helga Habeck und »Sir« Henry Wallinger; Hubert Haensel und Familie; Renate und Walter Hain; Rainer Holbe; Hans-Peter Jaun und Irma Schirinzi; Peter Krassa († 2005); Dr. Alexander Keul; Dr. Eugen Köberle († 1979); Daniela Kornek und Karl Lesina; Walter-Jörg Langbein; Dir. Martin Leitner; Familie von Lex; Rainer Limpöck; Ernst Meckelburg († 2008); Bernhard Moestl; Dr. Heimo N. Nemec; Dzintra Pededze; Pfarrer Egon Pfeifer; Gerhard Pirchl; Conny und Mario Rank; Romana Rathkolb und Roland Kernstock; Redaktion »Mysteries«, Basel; Redaktion »Sagenhafte Zeiten«, Beatenberg; Dietmar Rücker; Salzburg Museum, Salzburg; Dr. Christian Schmidt; Seraphim Institut, Niddatal; Wolfgang Siebenhaar; Ing. Guillermo Sotomayor († 2005); Ekkehard Steinhäuser und Familie; Oliver Stummer; Verein Steinspur; Karin Tag; Untersberg Museum, Fürstenbrunn; German Villamar; Andrea Weiss und Familie und Isabell Wolter.

Nicht vergessen seien die guten Geister des Verlagshauses Ueberreuter, darunter Martina Gutmann, Johann Pröll, Thomas von Sacken, Mag. Alfred Schierer, Mag. Thomas Zauner sowie Programmleiter Melchior Müller.

Meinen Lektorinnen Mag. Elisabeth Wagner und Mag. Karin Ballauff gebührt besondere Anerkennung für ihre aufmunternden Worte und ihre konstruktive Zusammenarbeit während der Manuskriptarbeit.

Zu guter Letzt danke ich der Verlagsleitung für das ungebrochene Interesse an meinen »Nicht-geben-dürfte«-Themen, die es den Titeln zum Trotz tatsächlich bei Ueberreuter gibt. Die »Kräfte« sollten nicht der letzte »Streich« gewesen sein …

Literatur und Links

Übersinnliche Souvenirs

Bader, Meinrad P.: *Seefeld und seine Wallfahrten*, Innsbruck 1909
Bender, Hans: *Verborgene Wirklichkeit*, Freiburg im Breisgau 1974
Biedermann, Hans (Hrsg.): *Knaurs Lexikon der Symbole*, München 1989
Bingham, Hiram: *Machu Picchu – die legendäre Entdeckungsreise im Land der Inka*, München 2007
Bogun, Werner/Straet, Norbert: *Lexikon der Esoterik*, Köln 1997
Bonin, Werner F. (Hrsg.): *Faszination des Unfassbaren*, Stuttgart 1983
Bonin, Werner F. (Hrsg.): *Lexikon der Parapsychologie und ihrer Grenzgebiete*, Frankfurt am Main 1981
Bray, Warwick/Trump, David: *Lexikon der Archäologie*, 2 Bände, Reinbek bei Hamburg 1975
Briad, Jacques, *Die Megalithen der Bretagne*, Paris 2000
Bürgin, Luc: *Hochtechnologie im Altertum*, Rottenburg 2003
Cavanilles, Javier/Máñez, Francisco: *Los caras de Bélmez,* Valencia, 2007
Cavendish, Richard: *Die Welt des Übersinnlichen*, Wien 1995
Däniken, Erich von: *Götterdämmerung*, Rottenburg 2009
Däniken, Erich von: *Reise nach Kiribati*, Düsseldorf-Wien 1981
Derungs, Kurt: *Magisch Reisen Bern*, Bern 2003
Dieten, Joky van: *Messengers of Ancient Wisdom*, Noordwijkerhout ohne Jahresangabe
Distelberger, Rudolf: *Stellungnahme bei der Pressekonferenz zur Ausstellung »Unsolved Mysteries«,* Wien, 1.3.2001
Dona, Klaus/Habeck, Reinhard: *Im Labyrinth des Unerklärlichen*, Rottenburg 2004
Dopatka, Ulrich: *Die große Erich von Däniken Enzyklopädie*, Düsseldorf und München 1997
Dorland, Frank: *Der Kristallschädel von Lubaantun*, in: »Antike Welt«, Heft 3, Feldmeilen 1975

Eisenbud, Jule: Gedankenfotografie – *Die PSI-Aufnahmen des Ted Serios*, Freiburg im Breisgau 1995

Elsensohn, Franz: *Was man sich früher erzählte*, Rankweil 2001

Fawcett, Percy Harrison (Verf.)/Fawcett, Brain (Bearb.)/Pleticha, Heinrich (Hrsg.): *Geheimnisse im brasilianischen Urwald*, Wiesbaden 1996

Fiebag, Peter: *Der Götterplan*, München 1995

Fischinger, Lars A.: *Historia Mystica*, München 2009

Froitzheim, Regina: *Persönliche Mitteilungen*, Erkrath 2010

Fuss, Thomas H.: *Abusir – Mysterium einer vergessenen Technik*, in:»Das Erbe der Götter« (Hrsg.: Erich von Däniken), München 1997

Gebhardt, Wolf: *Das Rätsel der unheimlichen Gesichter*, in »P.M. Perspektive – Mystery«, Nr. 1, München 2009

Giot, Pierre-Roland: *Menhire und Dolmen*, Chateaulin 2006

Giot, Pierre-Roland: *Vorgeschichte in der Bretagne*, Chateaulin 2008

Grieser, Dietmar: *Im Tiergarten der Weltliteratur*, München 1991

Grimm, Jacob: *Deutsche Mythologie,* vollständige Ausgabe, Wiesbaden 2007

Gugitz, Gustav: *Österreichs Gnadenstätten in Kult und Brauch*, 5 Bände, Wien 1955–1958

Habeck, Reinhard: *Bilder, die es nicht geben dürfte*, Wien 2009

Habeck, Reinhard: *Erscheinungen aus dem Jenseits*, Wien 2001

Habeck, Reinhard: *Wundersame Plätze in Österreich*, Wien 2007

Haining, Peter: *Das große Gespensterlexikon*, Bindlach 1996

Hasmann, Gabriele: *Geisterjäger*, Wien 2009

Hausdorf, Hartwig: *Bizarre Wirklichkeiten*, München 2006

Hellenbrand, Ullrich/Genzmer, Herbert: *Rätsel der Menschheit*, Bath ohne Jahresangabe

Hill, Douglas/Williams, Pat: *Das Übernatürliche*, Genf 1967

Hoffmann, Hellmut/Mulacz, Peter: *PSI – die »andere Wirklichkeit«*, Wien-Klosterneuburg 2001

Holbe, Rainer: *Bilder aus dem Reich der Toten*, München 1987

Holbe, Rainer: *Ein Toter spielt Schach und andere unglaubliche Geschichten*, München 1988

Holbe, Rainer: *Phantastische Phänomene*, München 1993

Holbe, Rainer: *Verborgene Wirklichkeiten*, München 2008

Innes, Brian: *Geistererscheinungen*, Niederhausen/Ts. 1998

Jantsch, Franz: *Kultplätze im Land der Berge Tirol und Vorarlberg*, Unterweitersdorf 1995

Jürgenson, Friedrich: *Sprechfunk mit Verstorbenen*, München 1989

Keller, Werner: *Was gestern noch als Wunder galt*, Zürich 1973

Kernstock, Roland: *Wo sich die Wasser trennen*, Schrems 2006

Kohlenberg, Karl F.: *Enträtselte Vorzeit*, München 1970

Krassa, Peter/Habeck, Reinhard: *Das Licht der Pharaonen*, München 1992

Langbein, Walter-Jörg: *Geheimnisse der Bibel*, Berlin 1997

Langbein, Walter-Jörg: *Götter aus dem Kosmos*, Rastatt 1998

Langbein, Walter-Jörg: *Persönliche Mitteilungen*, Lügde 2010

Lucadou, Walter von (Hrsg.): *Dimension PSI*, München 2003

Lukan, Karl/Lukan Fritzi: *Heiliges und Wundersames*, Wien-Graz-Klagenfurt 2008

Lurker, Manfred: *Wörterbuch der Symbolik*, Stuttgart 1991

Martínez, José R.: *Las Caras de Bélmez*, Barcelona 1978

Mason, John (Hrsg.): *Rätsel des menschlichen Geistes*, London-Glarus 1978

Mayer, Joachim/Tschallener, Gabriele: *Wallfahrt nach Rankweil*, Rankweil 1994

Meckelburg, Ernst: *Zeitschock*, München 1993

Miers, Horst E.: *Lexikon des Geheimwissens*, Freiburg i. Br. 1986

Moestl, Bernhard: *Die Kunst einen Drachen zu reiten*, München 2009

Moestl, Bernhard: *Persönliche Mitteilungen*, Bangkok, Thailand 2010

Mohen, Jean-Pierre: *Die Alignements von Carnac*, Paris 2000

Morton, Chris/Thomas, Ceri L.: *Tränen der Götter*, Bern-München-Wien 1998

Noel, Graveline: *Le Puy-en-Velay*, Beaumont 2003

Oliveros, Arturo: *Monte Alban – Reiseführer deutsch*, Merida 1996

Paturi, Felix R.: *Phänomene des Übersinnlichen*, Stuttgart 1992

Permutt, Cyril: *Fotos aus einer anderen Welt*, München 1990

Pfarl, Peter: *Die schönsten Wallfahrtsorte Österreichs*, Graz 2004

Pfeifer, Pfarrer Egon: *Persönliche Mitteilungen*, Seefeld 2007

Phule, Annekatrin: *Das Lexikon der Geister*, München 2004

Ploberger, Karl: *Kristallkopf wurde nicht von den Maya geschliffen*, in: »Kurier«, 12.3.1982

Prescott, William J.: *Die Welt der Inkas*, München 1974

Ragghianti, Carlo L./Collobi, Licia R.: *Nationalmuseum für Anthropologie und Geschichte in Mexiko City*, Vaduz 1976

Sailer, Gerhard/Schatz, Mechthild: *Seefeld*, Seefeld ohne Jahresangabe

Schauber, Vera/Schindler, Hanns Michael: *Die Heiligen und Namenspatrone im Jahreslauf*, München 1985

Schneemelcher, Wilhelm: *Neutestamentliche Apokryphen*, Tübingen 1987

Schnezler, August (Hrsg.): *Badisches Sagen-Buch*, Karlsruhe 1846

Senkowski, Ernst: *Instrumentelle Transkommunikation*, Frankfurt am Main 1995

Sheldrake, Rupert: *Der siebte Sinn der Tiere*, Bern-München-Wien 1999

Shuker, Karl P. N.: *Weltatlas der rätselhaften Phänomene*, Bindlach 1996

Siebenhaar, Wolfgang: *Die Wahrheit über die Chronik von Akakor*, Februar 2006

Tag, Karin: *Der Geheimcode im Kristallschädel*, Rottenburg 2008

Thom, Alexander: *Megalithic Lunar Observatories*, Oxford 1978

Uhlig, Ralf-Dieter/Boewen, Ute: *Peru – Reiseführer und Landeskunde*, Dreieich 1995

Weidinger, Erich (Hrsg.): *Die Apokryphen – Verborgene Bücher der Bibel*, Augsburg 1990

Zingerle, Ignaz von (Hrsg.): *Sagen aus Tirol*, Innsbruck 1891

http://grenzwissenschaft-aktuell.blogspot.com/
http://www.elseip.com/
www.agrw-netz.de/
www.geopolymer.org
www.jokys-peacemission.com/
www.mitchell-hedges.com/
www.mystikum.at/
www.sagenhaftezeiten.com/
www.seraphim-institut.de/
www.spukvilla.de/
www.tonbandstimmen.de/
www.vtf.de/

Gestörte Naturkräfte

Adams, Russell B. jr. (Hrsg.): *Mystische Stätten*, Köln 1999

Amberger, Madeleine: *Kopf-Bewegung*, in: »Kurier«, Wien, 10.1.2009

Bauer, Wolfgang/Dümotz, Irmtraud/Golowin, Sergius: *Lexikon der Symbole*, München 2001

Bauval, Robert/Gilbert, Adrian: *Das Geheimnis des Orion*, München 1994

Bojanowski Axel: *Die Rätsel der russischen Eiskreise*, in: »Der Standard«, Wien, 5.2.2010

Brown, Dan: *Illuminati*, Bergisch Gladbach 2008

Bruno, Giordano: *Über das Unendliche, das Universum und die Welten*, Ditzingen 1994

Daneshmandi, Laila: *Zwei Mal knapp am Tod vorbei*, in: »Kurier, 6.9.2009

Delury, George E.: *Weltalmanach des Übersinnlichen*, München 1982

Derungs, Kurt: *Geheimnisvolles Basel*, Solothurn 2004

Devereux Paul: *Das Gedächtnis der Erde*, Aarau-München 2000

Douval, Henri Eduard: *Magische Phänomene*, Freiburg i. Br. 1956

Fba/Dp, Neuseeland: *Fallschirmspringer überlebt freien Fall aus 3600 Metern Höhe*: in: »Spiegel Online«, Hamburg, 13.2.2007

Fosar, Grazyna/Bludorf, Franz: *Das Erbe von Avalon*, München 1998

Fritsche, Karl: *Die Alpe Rona*, Bürserberg-Bludenz 2006

Fritsche, Karl: *Persönliche Mitteilungen*, Bürserberg 2010

Gebhold, Kai: *Die Theorie von Allem und die hermetische Philosophie des alten Ägyptens und Griechenlands*, Selbstverlag, Köln 2009

Gebhold, Kai: *Licht und Wahrheit – Die Säulen des Salomons/Die Schlüssel des Salomons*, 2 Bände, Berlin 2009

Gemeinde Bürserberg (Hrsg.): *Kalender, Kultstätte, Kraftplätze*; Wissenschaftliche Tagung Bürserberg 2003 und 2004, Bürserberg-Bludenz 2004

Haas, Erwin: *Galaktische Mäuse?*, in: »Tages-Anzeiger«, Zürich, 21.9.2002

Haas, Hieronymus P.: *Wallfahrtsgeschichte von Mariastein*, Mariastein 1973

Habeck, Reinhard u. Co-Autoren: *Unsolved Mysteries – Die Welt des Unerklärlichen*, Ausstellungskatalog, Wien 2001

Habeck, Reinhard: *Götter und Mysterien im alten Ägypten*, Wien 2001

Habeck, Reinhard: *Steinrätsel, Strahlenspuk und das GPS der Vorzeit*, in: »Tagungsband zum One-Day-Meeting der Forschungsgesellschaft Archäologie, Astronautik und SETI Erfurt 2006, Groß-Gerau 2006

Harwood, Jeremy: *Die Freimaurer*, Wien 2007

Hitching, Francis: *Die letzten Rätsel unserer Welt*, Frankfurt am Main 1982

Höhne, Anita: *Lexikon des Übersinnlichen*, München 1994

Holtorf, Jürgen: *Die Logen der Freimaurer*, München 1991

Höpfner, Otto: *Einhandrute und Pyramidenenergie*, Melsbach 1989

Jensen, Nils/Trumler, Gerhard: *Die schönsten Kirchen Österreichs*, Wien 2005

Kasper-Müller, Ulrike u. Co-Autoren: *Handbuch des Aberglaubens*, 3 Bände, Wien 1996

Keul, Alexander: *Ball lightning car collision near Traunstein, Bavaria*, in: »The Journal of Meteorology«, Nr. 222, Bradford-on-Avon, Oktober 1997

Kleiner, Karl: *Pater Pio – Ein Heiliger von Wunden gezeichnet*, Altötting 2002

Krassa, Peter/Habeck, Reinhard: *Licht für den Pharao*, Luxemburg 1982

Lay, Peter: *Kirlian-Fotografie – faszinierende Experimente mit paranormalen Leuchterscheinungen*, Poing 2000

Lemesurier, Peter: *Geheimcode Cheops*, Freiburg i. Br. 1978

Lovelock, James: *GAIA – Die Erde ist ein Lebewesen*, Bern-München-Wien 1992

Mauthner-Weber: »*Es ist sehr viel mehr möglich*«, Interview mit Anton Zeilinger, in: »Kurier«, Wien, 4.9.2004

Nikkhah Roya/Barrett David: *Skydiver survives 10,000 ft fall to the ground*, in: »Daily Telegraph«, London, 15.8.2009

Noetling, Franz: *Die kosmischen Zahlen der Cheopspyramide*, Stuttgart 1921

Ostler, Reinhold: *Verkehrte Welt. Hier spinnt die Schwerkraft*, in: »Mysteries«, Nr. 5, September 2004

Pirchl, Gerhard: *Geheimnis Adernsterne*, Bozen 2004

Pötscher, August M.: *Geschichte des Servitenordens*, Wien 2001

Renzo Allegri: *Padre Pio, Lehrer des Glaubens*, Hauteville 2002

Rétyi, Andreas von: *Macht und Geheimnis der Illuminaten*, Rottenburg 2004

Richter, Wolfgang: *Pioneer Anomalie: Rätselhafte Kraft im All*, in »Stern«, Hamburg, 20.4.2006

Ripota, Peter: *Das Geheimnis Gravitation*, in: »P.M.«, München, Februar 2003

Santler, Helmut: *Das große Handbuch der Wunder*, Wien 2007
Sheldrake, Rupert: *Das schöpferische Universum*, München 1983
Simons, Paul: *Froschregen, Kugelblitze und Jahrhunderthagel*, München 1997
Tischner, Herbert: *Lexikon der Völkerkunde*, Frankfurt am Main 1960
Werner, Helmut: *Lexikon der Esoterik*, München 1999
Witte, Claudia: *Feuerbälle aus einer anderen Welt*, in: »P.M. Perspektive«, München 2001
Wüst, Hans Werner: *Lexikon der Sprüche und Widersprüche*, Wien 2004
Zeilinger, Anton: *Einsteins Spuk*, München 2007

http://de.wikipedia.org/wiki/Pioneer-Anomalie
http://grenzwissenschaft-aktuell.blogspot.com/
http://vaticanobservatory.org/
www.astronews.com
www.fgk.org/
www.fosar-bludorf.com/
www.heise.de/
www.hessdalen.org/
www.kornkreiswelt.at/
www.mysteries-magazin.com/
www.seti.org/
www.wissenschaft.de

Sagenhafte Zeiten

Barber, Malcom: *Die Templer – Geschichte und Mythos*, Düsseldorf 2005
Becker, Markus: *Neue Tarnkappe: Badematte macht Objekte unsichtbar*, in: »Spiegel Online«, Hamburg, 16.1.2009
Boeing, Niels: *Ein Tunnel in andere Welten*, in: »GEO Wissen – Zeit das ewige Rätsel«, Nr. 36, Hamburg 2005
Bouchal, Robert/Wirth, Josef: *Höhlenführer Österreich*, Wien 2001
Brown, Dan: *Das verlorene Symbol*, Bergisch Gladbach 2009
Brugger, Walter: *Wallfahrtskirche Maria Ettenberg*, Marktschellenberg-Berchtesgarden 1995

Bürgin, Luc: *Lexikon der Verbotenen Archäologie*, Rottenburg 2009
Christandl, Markus: *Abstieg ins Ungewisse*, in: »tz«, München, 5.8.2008
Däniken, Erich von: *Beweise – Lokaltermin in fünf Kontinenten*, Düsseldorf-Wien 1977
Darlton, Clark: *Die besten Gucky-Geschichten*, Teil 1 und 2, Köln 1998
Darlton, Clark: *Die neun Unbekannten*, Rastatt 1983 (Neuauflage: Ernsting, Walter: *Die unterirdische Macht*, Fichtenau 2000)
Dimperl, Chris: *Persönliche Mitteilungen*, Neuötting 2009
Distler, Thomas: *Persönliche Mitteilungen*, Ampfing 2009
Erni, Stéphanie: *Zeitriss im Berg*, in: »Mysteries«, Nr. 2, März 2009
Ernsting, Robert: *Persönliche Mitteilungen*, Salzburg 2009
Ernsting, Walter: *Der Tag an dem die Götter starben*, Düsseldorf 1979
Ernsting, Walter: *Persönliche Mitteilungen*, Salzburg 2004
Farkas, Viktor: *Jenseits des Vorstellbaren*, Wien 1996
Fichtenbauer, Martina und Hans: *Persönliche Mitteilungen*, Schrems 2007
Fichtinger, Christian: *Lexikon der Heiligen und Päpste*, Salzburg 1983
Fiebag, Peter/Gruber, Elmar/Holbe, Rainer: *Mystica – Die großen Rätsel der Menschheit*, Augsburg 2005
Freisauff von Neudegg, Rudolf (Hrsg.): *Salzburger Volkssagen*, Wien-Leipzig 1880
Gaisbauer, R. Gustav (Hrsg.): *Walter Ernsting zum Gedächtnis*, Erster Deutscher Fantasy Club e. V., Passau 2005
Gerstmayr, Roland: *Persönliche Mitteilungen*, Augsburg 2009
Golowin, Sergius: *Menschen und Mächte*, Zürich 1970
Grimm, Jacob/Grimm Wilhelm: *Deutsche Sagen*, 2 Bände, Kassel 1816 und 1818
Habeck, Reinhard: *Geheimnisvolles Österreich*, Wien 2006
Habeck, Reinhard: *UFO – Das Jahrhundertphänomen*, Wien 1997
Haiding, Kurt: *Österreichischer Sagenschatz*, Wien-München 1977
Halpern, Paul: *Löcher im All – Modelle für Reisen durch Raum und Zeit*, Reinbek bei Hamburg 1997
Hausdorf, Hartwig: *Nicht von dieser Welt*, München 2008
Hawking, Stephen: *Eine kurze Geschichte der Zeit*, Reinbek bei Hamburg 1991
Herzog, Wilhelm: *Die Untersbergsage, nach den Handschriften untersucht und herausgegeben*, Graz-Wien-Leipzig 1929

Huber, Nikolaus: *Sagen vom Untersberg*, Salzburg 1901

Irlinger, Caroline: *Mysteriöses Zeitloch in der literarischen Schlosserei*, in: »Berchtesgadener Anzeiger«, Berchtesgaden, 20.6.2009

Jantsch, Franz: *Kultplätze im Land Oberösterreich und Salzburg*, Unterweitersdorf 1994

Kaku, Michio: *Im Hyperraum – Eine Reise durch Zeittunnel und Paralleluniversen*, Reinbek bei Hamburg 1994

Kammerhofer-Aggermann, Ulrike u. Salzburger Landesinstitut für Volkskunde (Hrsg.): *Sagenhafter Untersberg*, Salzburg 1991

Karl Zinnburg: *Salzburger Volksbräuche*, Salzburg 1977

Kernstock, Roland: *Es geschieht in den Wäldern – Die Wilde Jagd und andere unheimliche Ereignisse im Nordwald*, in: »Tagungsband zum One-Day-Meeting der Forschungsgesellschaft Archäologie, Astronautik und SETI in München 2007«, Groß-Gerau 2007

Kobler, Kurt/Kutzner, Joachim/Schmid, Andy (Hrsg.): *Ein Freund der Menschheit – Abschied von Walter Ernsting*, Terranischer Club Eden, Bottrop 2005

Krassa, Peter/Habeck, Reinhard: *Die Palmblattbibliothek und andere geheimnisvolle Schauplätze dieser Welt*, München 1993

Kuthmayer, Friedrich: *Alpensagen*, Wien 1915

Landesverein für Höhlenkunde in Salzburg (Hrsg.): *Salzburger Höhlenbuch*, Band 1, Salzburg 1975

Lang, Johannes: *Reichenhaller Burgenweg*, Bad Reichenhall 2004

Langhans, Heiko: *Clark Darlton – Der Mann, der die Zukunft brachte*, Rastatt 2000

Leitner, Martin: *Persönliche Mitteilungen*, Fürstenbrunn 2009

Lex, E. Hjalmar von: *Persönliche Mitteilungen*, Salzburg 1992

Limpöck, Rainer: *Die Zauberkraft der Berge*, Wien-Graz-Klagenfurt 2009

Liu, Ruopeng/Smith, David u. a.: *Broadband Ground-Plane Cloak*, Center for Metamaterials and Integrated Plasmonics, Department of Electrical and Computer Engineering, Duke Universität, Durham 2009 (s. a. »Science«, New York, Vol. 323., Nr. 5912, 16.1.2009)

Lukan, Karl: *Wanderungen in die Vorzeit*, Wien-München 1989

Mai, Klaus-Rüdiger: *Geheimbünde*, Bergisch Gladbach 2006

Ohne Autorenangabe: *Drei Deutsche auf Untersberg verschollen*, in: »Salzburger Nachrichten«, Salzburg, 19.8.1987

Pauwels, Louis/Bergier, Jacques: *Aufbruch ins dritte Jahrtausend*, Bern-München 1962

Petzoldt, Leander (Hrsg.): *Sagen aus Salzburg*, München 1993

Probst, Ernst: *Rekorde der Urzeit*, München 1992

Rétyi, Andreas von: *Die Stargate Verschwörung*, Rottenburg 2000

Riessler, Paul: *Altjüdisches Schrifttum außerhalb der Bibel*, Augsburg 1928

Schwartz Gary E./Creath Katherine: *Anomalous Orbic »Spirit« Photographs? A Conventional Optical Explanation*, in: »Journal of »Scientific Exploration«, Vol. 19, Nr. 3, Tiburon (Kalifornien, USA) 2005

Stüber, Eberhardt/Illich, Inge/Medicus, Christine: *Haus der Natur*, Salzburg 2001

Temple, Robert: *Die Kristall-Sonne*, Rottenburg 2002

Uhlir, F. Christian (Hrsg.): *Im Schattenreich des Untersberges*, Norderstedt 2004

Uhlir, F. Christian/Danner, Peter: *Untersberger Marmor*, Norderstedt 2006

Vernaleken, Theodor: *Alpensagen*, Graz 1993 (Neuauflage aus dem Jahr 1858)

Völkerling, Jörg: *Untersberg: Das süßeste Geheimnis*, in »tz«, München, 8.8.2008

Wolf, Stan: *Steine der Macht*, Neckenmarkt-Wien-München 2009

http://obskuristan.com/
www.historikerwelt.de
www.hoehlenverein-salzburg.at/
www.kraftort.org/
www.lehmpfuhl.org/
www.perry-rhodan.net/
www.sagen.at/
www.untersberg.net/
www.untersberg.org/

ISBN: 978-3-8000-7409-9

ISBN: 978-3-8000-7344-3